U0894345

罗淑芳　河北大学原中文系教授，河北省修辞学会会员，1936年生于四川乐山。1957年毕业于西南师范大学中文系。长期以来从事高校汉语教学与研究工作。曾在河北大学原中文系任硕士研究生导师，为本科生讲授语言学概论、现代汉语等课程，为研究生讲授汉语修辞史、文艺修辞等专题课。研究方向为汉语修辞与语法，在汉语修辞史、文艺修辞学以及语言风格和应用汉语研究方面有开拓性成果。在报刊发表多篇论文，有专著《修辞技巧与赏析》出版，得到广泛好评。多次获得学校教学年度优秀教师奖和优秀科研成果将。被学校聘为校话剧团顾问，原中文系师生合唱团指导、指挥，在学校年度比赛中获得优秀成绩，被评为学校优秀工会会员。1996年退休后，又被返聘，为新闻专业学生讲课十余年。

河北大学文学院教授文库

罗淑芳文集

VOLUME LUO SHUFANG

Collected Professor's Papers by School of Chinese Language and Literature of Hebei University

河北大学出版社
·保定·

出 版 人：朱文富
选题策划：杨显硕
责任编辑：冯博楠
装帧设计：赵　谦
责任校对：姚萌萌
责任印制：常　凯

图书在版编目（CIP）数据

罗淑芳文集 / 罗淑芳著 . -- 保定 ：河北大学出版社，2023.10
ISBN 978-7-5666-2231-0

Ⅰ . ①罗… Ⅱ . ①罗… Ⅲ . ①汉语－语言学－文集 Ⅳ . ① H1-53

中国国家版本馆 CIP 数据核字 (2023) 第 208429 号

罗淑芳文集
LUO SHUFANG WENJI

出版发行：河北大学出版社
地址：河北省保定市七一东路2666号　邮编：071000
电话：0312-5073003　0312-5073029
网址：www.hbdxcbs.com
邮箱：hbdxcbs818@163.com
印　　刷：保定市北方胶印有限公司
幅面尺寸：185 mm × 260 mm
字　　数：290千字
印　　张：15.25
版　　次：2023年10月第1版
印　　次：2023年10月第1次印刷
书　　号：ISBN 978-7-5666-2231-0
定　　价：98.00 元

如发现印装质量问题，影响阅读，请与本社联系。
电话：0312-5073023

序

本文集所收录的是作者在职时的科研论文与专著。论文已在当时的报刊发表，专著亦已出版过，现今将其收集起来，并以文集形式出版面世。

文集内容，可以概括为“风格与修辞”。风格与修辞，皆以语言为中心课题，展开研究和论述。

所收文字分为上编与下编两部分，上编是“风格”，下编是“修辞”。上编六篇论文，一是对马克思语言风格及其典范意义的研究；二是对艺术语言、小说语言和诗歌语言风格的研究。下编是两篇论文和一部专著，其内容，一是对文艺修辞以及修辞研究史的探讨；二是论述汉语修辞的内容形式和技巧；三是对各种语体风格的评论；总之，是从理论与实践的结合上较系统深入地论述语言风格与修辞的要义。语言风格和修辞艺术体现了语言的活力和张力。各种文体语言，既要合乎其语体要求，又要体现作者的语言个性。那些创作了辉煌著作的名人大家，无疑都是语言巨匠，都有鲜明的语言风格和修辞特色，并产生了广泛影响，值得我们认真研讨和学习。

本文集收录的论文和专著突出的特点是：理论联系实际，从语言应用实践中论述和揭示语言风格与修辞的丰富内涵，具有开拓性。例如对马克思语言风格典范意义的研究有首创性，引起强烈反响；对文艺修辞学、汉语修辞史和现代汉语应用的修辞研究又有明显的前瞻性和开拓意义。尤其是淑芳擅长以艺术语言阐述语言艺术，在论述语言风格、揭示语言修辞丰厚内涵、论述语言锤炼以及修辞技巧和赏析等方面，展现了独特的视角与诗性的魅力。

回忆四十多年前原中文系学术报告会上，淑芳在限时二十分钟的时间内介绍《马克思的语言风格及其典范意义》论文时，多次引发热烈鼓掌，专家和听众兴奋不已。当时已耄耋之年的魏际昌教授，当场要去那一万五千字的手稿，回家进行抄录，令人感动。此举不仅是对淑芳的鼓励，而且是对马克思语言风格魅力的由衷敬佩和高度赞赏，至今令人记忆犹新。

古人云，文以载道。载道之语言需要修辞。语言修辞是一门学问。修辞技巧与赏析所想论述的正是这门学问的要道。这些文字几十年来不曾被人忘记，今天重新出版，提供给语言文学爱好者与研究者参考，同时也是对淑芳几十年教学与科研生涯的深切回味。

彭黎明

2022 年 9 月 3 日

目　录

上编　语言风格

下编　语言修辞

上编

语言风格

马克思的语言风格及其典范意义*

马克思是科学共产主义的创始人，同时也是超群出众的语言巨匠。

曾有人这样赞誉着《资本论》："理论上，像钢铁那样坚密，利刃那样锋锐；内容上，像海洋那样渊博丰富；文章上，就像它的真理那样，健全、美丽、动人。"《资本论》如此，马克思的其他论著亦是如此。是的，我们在折服于马克思的精辟论述的同时，不能不倾倒于马克思高超绝妙的语言艺术。

精邃、犀利、非凡的逻辑力

马克思的语言，无论是阐述马克思主义基本原理，还是回击形形色色的机会主义；无论是论述剩余价值规律，还是宣称共产主义的主张，都表现出政论语言高度的逻辑力，惊人的概括力，力透纸背的尖锐和鞭辟入里的直接与深刻。

"马克思是个严格的修辞家，他常常花很多时间力求找到需要的字句。"任何精辟的论述，在于真理的概念、推论、判断、结论，用高度精确、严密、透晰的语言形式有力地表现。在《路易·波拿巴雾月十八日》中，作者以极有限的篇幅，概括了法国革命历史上"被抹得灰色而又灰色"的一页。1848 年法国二月革命后，政治局势中那种种"惊人的矛盾的最复杂的混合"，统统被凝聚于十三个平行并举的匀整句子之中。语言的抽象力、概括力与逻辑力达到如此高强的地步，如果没有超人的驾驭语言的能力，很难构成这一幅色调浓重的灰色的历史横面画页。这一页画，抵得上整整一部历史著作的容量。

开创了整整一个时代的《共产党宣言》，"篇幅不多，价值却相当于多部巨著"。其中有一段揭露资产阶级本性的精彩文字。这段文字，深刻、犀利、透彻地将资产阶级的冷

---

* 此文载于《河北大学学报（哲学社会科学）》1983 年增刊。

酷无情的剥削和赤裸裸的金钱关系——从社会到家庭、从生父到亲兄，皆以金钱为联结纽带的本质，披露得痛快淋漓；凡是资产阶级统治的地方，就连宗法社会尚存的“田园诗般”的关系、“宗教的虔诚”“骑士的热忱”“小市民的伤感”“职业的灵光”以及罩在家庭关系上“温情脉脉的面纱”，凡属人类社会的人伦、人道与人情，统统被一手交钱一手交货的现金交易所代替，统统被淹没在冷酷剥夺的“冰水”之中。马克思笔下的资产阶级，是一个大写的“钱”，整个资本主义社会，是一个由更大的“钱”字为间架组成的建筑实体，一个剥削与金钱主宰着一切的罪恶社会。在那里面，唐·吉诃德式的义举、《加拉黛亚》的悠扬牧歌、柔蜜欧与朱丽叶的赤恋之情，被榨取、豪夺与金钱的狂热所取代，《阴谋与爱情》变成了金钱与爱情。这是一段以无情对无情的揭露！它概括了自莎翁以来古典作家、历史学家笔下展现的整个资本主义社会的面貌与罪恶，揭示了“对直接生产者的剥夺，是用最残酷无情的野蛮手段”，在“最疯狂的贪欲的驱使下完成”的“资本主义积累的历史趋势”。

马克思语言的精髓、锋利与严谨，有时达到哲理诗一般的深邃境地，闪烁着格言警语的锋芒。马克思将无比纷繁的剥削形式掩盖下的根源，浓缩为两个字：“资本”。他说：“剥削者只同一个：资本。”一语凿开了厚厚的冰层，露出资产阶级赖以存在和发展的基石和支柱。马克思在致路·库格曼的信中谈到关于“偶然性”在历史发展进程中的地位和作用时指出：“如果‘偶然性’不起任何作用的话，那么世界历史就会带有非常神秘的性质……发展的加速和延缓在很大程度上是取决于这些偶然性的，其中也包括一开始就站在运动最前面的那些人物的性格这样一种偶然情况。”这是从有史以来全部斗争实践中探求和总结出的哲理精髓，它对无产阶级的事业，具有何等重要的指导意义；1848 年法国六月起义失败，巴黎无产者的鲜血必将染红欧洲革命的旗帜，于是我们高呼：革命死了，革命万岁！马克思用哲理诗句表达了起义失败后的深刻思索和必胜信念。马克思的全部论述语言充分体现了理论语言在语义表达上的最富于论证力的精粹形式。

深挚、炽热、饱蘸激情

马克思不仅是理论家，也是杰出的宣传家。他以深挚、炽热、饱蘸激情的语言，将共产主义真理广布于世，感召着人们敬仰真理、向往真理、奔赴真理、为真理而战。他的文笔，一反理论语言的所谓“零度风格”，盛满着激情，那激情的潮水，如“万斛泉源，汩汩而来”，似泱泱的大海，风涛澎湃。

马克思以极大的热情赞颂了巴黎公社社员自我牺牲的英雄气概，他纵情高呼：“这些巴黎人，具有何等的灵活性，何等的历史主动性，何等的牺牲精神！……历史上还没有过这种英勇奋斗的范例。”当巴黎还在硝烟弥漫时，马克思就总结了公社的经验教训，而且激昂地预言着：公社的原则是永存的、是消灭不了的。

在《中国革命和欧洲革命》一文中，马克思愤怒地谴责英帝国主义对中国的罪恶掠夺，又万分欣喜地赞扬了中国的革命，指出革命的反侵略性质。在《英人在华的残暴行为》中，愤怒地揭露了被卖到秘鲁沿岸又在古巴被卖身为奴的受骗的契约华工的悲惨命运，谴责了“在各通商口岸干出的伤风败俗的欺凌中国人的丑闻”。马克思冲破帝国主义重重的新闻封锁，以“世界公民”和国际共产主义战士、组织者的身份、良知、果敢、热情和义不容辞，将英帝国主义对华的血债累累的侵略罪行公之于世，这在19世纪列强欺世，凌辱我国、贪婪吸血而又鲜为世人所知的黑暗岁月，对我国的民族解放斗争是多么珍贵有力的同情与声援呵！

当共产主义已成为一种势不可挡的势力，以致使欧洲所有的反动派不得不结成“神圣同盟”而采取联合行动时，马克思以凛凛的激愤和无比的自豪斥嘲着：有哪一个反对党不被它的当政的敌人骂为共产党呢？又有哪一个反对党不拿共产主义这个罪名去回敬更进步的反对党人和自己的反动敌人呢？这铮铮作响的两语反诘，揭露了反对派们彼此不惜以将异己者骂为共产党来保护自己，来对抗自己的反对派，来使那些“更进步的反对党人”蒙受“不白之冤”，表达了马克思对一幕幕资产阶级党派在议会座席上相互争吵指骂的丑剧的讽刺，概括了共产主义运动初期的政治形势。

李卜克内西在《回忆马克思》中说过：《路易·波拿巴雾月十八日》的语言就是箭和投枪……如果憎恨、轻蔑、对自由的热爱曾经在什么地方用燃烧、破坏和激昂的语句表达过，那就是在《路易·波拿巴雾月十八日》这本书里。这本书把塔西佗的严肃的忿怒，尤维纳利斯的尖刻的讽刺和但丁的神圣的怒火综合在一起来了。在《法兰西内战》中，马克思以同样的语辞，无情地勾画了臭名远扬的政客梯也尔的嘴脸，并指出，“他的社会活动编年史就是一部法兰西灾难史”。

雄浑、宏朗、鼓角般昂奋

“鼓天下之动者存乎辞。”宣传鼓动力，有赖于慷慨语辞。政论文章，是最直接地服务于社会政治斗争的，因而政论体式语言被修辞学家们称为“宣传鼓动语体”。这种体式的语言，就其社会功能讲，不仅要求逻辑说服力，激情的感召力，还要求而且也必然地要求伴以激越的音调、昂奋的鼓点、奔放的舞步。马克思的论著，叱咤着一股浩然之气。读着它，犹如听到面对强敌而高视阔步的游行队伍里传来的雄壮的《国际歌》，听到从群众集会讲台上传来的挥斥风雷的演说，听到从拉雪兹神父墓地墙垣旁边数百名宁死不屈者气贯长虹的豪言。真理的宣传者、无产阶级解放利益的卫士，必须具备铿锵作响、掷之有声的金石语言，必须使语言具备特有的豪壮的论战气派。马克思的语言正是具有这种可贵的素质。这种以"昂壮"为基调的语言，是真理的无往不胜、气势的永不衰竭的反映；是精神个性的永不枯萎、永不懈疏的乐观、热情、睿智、诚挚、顽强、充满青春活力的反映；是为冲破和压倒各式各样强大的政敌、论敌的谬说、诡辩、欺骗、奸狡、贪婪、残暴而作无情斗争的需要的反映；是真理的探求者、发掘者、阐述者、宣传者、鼓动者与实践者的战斗风格的反映。

马克思在《国际工人协会总委员会关于普法战争的第一篇宣言》里，以伟大的国际共产主义运动的领导者的乐观高亢语调，表达了全世界无产者以阶级情谊和共同利益联结起来的团结、信念和并肩作战的坚强意志，预示了和平劳动的新世界必将诞生："英国工人阶级向法国工人和德国工人伸出了友谊的手，他们深信……全世界工人的联合终究会根绝一切战争。官方的法国和官方的德国彼此进行同室操戈的斗争，而法国的工人和德国的工人却互通和平与友谊的音讯。"《法兰西内战》又以深情、激切的笔调赞颂着巴黎工人的无畏精神："受过五月饥饿煎熬的巴黎，片刻没有犹豫。它英勇无畏地决心经受同德国阴谋分子进行斗争的一切风险，尽管当时有着普鲁士的大炮从它自己的堡垒上威吓着它……"接着，高声欢呼公社的胜利："一八七一年三月十三日清晨，巴黎被'公社万岁！'的雷鸣般的呼声惊醒了。"

在昂奋的基调中，也时有不同调式的交替。时而高扬，时而沉雄；时而急促，时而疏放，变化有致。《法兰西内战》一文中，马克思淋漓尽致地揭露了梯也尔的卑劣；接着以理性的冷峻，揭穿了资产阶级的"文明""正义"的虚伪冷酷："以赤裸裸的野蛮行为和无法无天的报复行为"向赤手空拳的巴黎工人、妇女、儿童进行反扑；而后，是对暴行的愤怒控诉："这种在战争结束以后还大肆杀戮，以致为如何处置成堆的尸首感到困难的文明，真是太出色啦！"；旋即，怒不可遏地斥责梯也尔的弥天大罪："同样是冷酷无情地大批杀人；同样是不分男女老幼地屠杀；同样是拷打俘虏；同样是残酷迫害，不过这一次是迫害整个阶级；同样是野蛮追究隐藏起来的领袖，使他们无一幸免；同样是纷纷告发政治仇敌和私敌；同样是摧残根本和斗争无关的人们，不同处只在于罗马人没有用多管炮来整批整批地击毙俘虏……罢了。”何等凌厉激切的控词！何等大快人意的轰击！这种揭露，酷似射向刽子手们的尖利的子弹，酷似鸣奏着狂飙呼啸，雷电轰隆的交响曲段。

自然，激昂之中亦不乏畅朗与轻快，严峻之中亦常有嘲讽的辛辣与幽默，饴读者以谈笑风生、意趣洋溢之乐。这多种音调旋律的交替、跳荡、映衬，造成文章语流的波澜起伏。时而激流直泻、万马奔腾、电闪雷鸣，时而浪花飞溅、轻骑戏踢、春雨荡洒。李卜克内西在回忆马克思时说：“在《福格特先生》一书中，风格是愉快、诙谐的，使人不禁想到莎士比亚的欢乐，即由于发现了一个法尔斯达夫在身上找到了无穷的笑料的源泉所引起的欢乐！”在马克思的笔下，那班对现代历史进程无知到可笑地步的封建主们，以及成天只知道对他们的“新统治者”叽叽咕咕念咒符的贵族之辈，“为了拉拢人民，……把无产阶级的乞食袋当作旗帜来挥舞。但是，每当人民跟着他们走的时候，却发现他们的臂部带有旧的封建纹章，于是哈哈大笑，一哄而散”。轻松而辛辣的嘲笑，扯下了这帮为了骗取同情不得不装模作样的贵族老爷的“社会主义”商标。《路易·波拿巴雾月十八日》又以幽默家的微妙口吻，描绘了山岳党在行政权力与立法权力之间的犹豫：“当时山岳党所处的地位就像布利丹的驴子一样，不同的地方只在于不是要在两袋干草之间选择哪一方诱惑力更大，而是要在两顿棒打之后决定哪一方打得更痛。一怕尚加尔涅，二怕波拿巴：老实说，这种处境绝不是英雄好汉的处境。”真是五味俱全的绝妙嘲弄，使人不禁想起《跳蚤之歌》线谱上令人捧腹大笑的绘声绘色的装饰音符。

生动、浓郁、文采缤纷

马克思的文笔，不仅理真情浓、气宇轩昂，而且精美形象、兴味无穷，具有散文的优美韵致。理论文字，特别是政论文字，如果只有木质之实，而无斑斓之文；只有陶土之器，而无镂刻之华，便只能给人理智认识，却难以撼动人心。

马克思的全部论著中，凡是熠熠闪光、大放异彩、迸发智慧火花的地方，往往是精当巧妙地运用了充分体现他精神个性的语辞格式之处。

无产阶级政党的战斗纲领《共产党宣言》，开卷之首便以“幽灵”这个神秘、虚幻、不可捉摸而带宗教色彩的反喻形象的出现和徜徉不散，表明了共产主义运动已经形成一股强大的政治势力，它潜行于整个欧洲而不可抗拒，表明了共产主义的一切敌人对它的极端仇视与万分惊恐。作者仅仅以一个反喻形象，便无可辩驳地、形象地表明了《共产党宣言》撰写的必要和目的。我们说，在如此庄严的历史性文献的宣言起首，用比喻的手法说明著述的意图，这恐怕是前所未有的开创性先例。比喻，本是文学作品的常用辞式，然而用在这里，却丝毫无损于“宣言”这种高级公文体式文章的庄严色彩，反而加强了这类文章所期求的引人入胜的艺术表达力、论证力与宣传鼓动力；比喻，特别是突破了常规比喻模式的“借喻”，具有更直接、更迅速地将读者从实际生活体验导向理性思考的效果。这是马克思在阔步挺进的逻辑论证中“不断与社会实际接触”的，常用而十分成功的语言手段，也是他文辞更为精美之处。在理论阐述中，适当地伴以这类比喻形象的内在逻辑力量，可以造成理论内容的深广性、丰厚性、可触可感和可信性。这种语辞格式的运用，使理论内容犹如大江托载的远帆飞舟，深根支撑的粗枝大叶，沃土滋养的肥粒硕果。

《共产党宣言》中对所谓“真正”的社会主义，做了十分生动透彻、耐人寻味的形象披露：这种人“不属于任何阶级，根本不存在于现实世界，而只存在于云雾弥漫的哲学幻想的太空”，是“吓唬来势汹汹的资产阶级的稻草人”，是德意志各帮专制政府“用来镇压德国工人起义的毒辣的皮鞭和枪弹的甜蜜的补充”，它们给自己的那几条干瘪的“永恒真理”披上一件“用思辩的蛛丝织成的、绣满华丽辞藻的花朵和浸透甜情蜜意的甘露的外衣，这件光彩夺目的外衣只是使他们的货物在这些顾客中间增加销路罢了”。如果只是直接说明它们“根本不存在于现实世界”，它们是假社会主义，那就难于将其只能做可怜的“甜蜜补充”的“永恒真理”身上的一圈圈光环彻底抹掉，难于将其欺骗性做如此绝妙而彻底的揭穿。这种以喻物身上的特制华服，对披在枯柴瘦骨身上的“沙丽”的揭露，较之纯逻辑的发展和理辩语言的揭露有力得多，生动得多。

马克思曾责问：“既然议会制度将一切事情交给大多数决定，那么议会以外的大多数又怎能不想也作决定呢？既然你们站在国家的顶峰上拉提琴，那么你们又怎样因为站在下面的人们跳舞而惊奇呢？”多么出色的喻象！多么耐人咀嚼的讥诮！只许小提琴曲悠扬飘荡，却不许庶民百姓闻声起舞，那么，“民主”“自由”“平等”“人权”的高调头还唱个什么呢？“提琴独奏者可以独展所长，一个乐队却不能没有乐队长”一个简明而小巧的比方，便说明了大规模社会生产，必须有统率者的经济理论的重大问题。马克思十分喜欢运用而且善于运用这类比喻，甚至在批判黑格尔等的思辨哲学如何从概念中推出实在的逻辑用语时，都加以采用：“固然……然而……还……好像……但是……因此，正是这些魔术般的钩子把思辩的论述之链的各个环节紧紧地连接在一起。”形象有力地嘲讽了那种拿客观存在去附会自己的概念的唯心主义者们的推论程式和秘诀，揭露了靠这种程式与秘诀才得以生存的本末倒置的思辩体系的真谛。

马克思还常常运用那种把人的性情注于事物、使之异化为人的比拟辞式。这种辞式的恰当运用，最能再现来自读者亲身经历的、丰富而深广的联想与感受，唤起一种熟识亲切感，使文章情趣荡然。《法兰西内战》在揭露妄自称为“社会救主”的那个“以政变为出生证书，以普选为批准手续，以宝剑为权杖”的第二帝国时说：“它的金融诈骗庆祝了自己纵横世界的欢乐；民众的贫困，在卑鄙无耻的骄奢淫逸的景象的对照下，显得格外刺目。”第二帝国的黩武本性，贪婪本性和腐朽本性，被这一利剑刺穿了。《六月革命》对那个作为基佐战斗口号的应声虫卡芬雅克高喊“秩序”的罪恶行径，愤怒地写道：“秩序！——他所发射的霰弹在炸开无产阶级的躯体时这样轰鸣。”这是对资产阶级共和派的“秩序”的本质揭露！霰弹的轰响声绝非是喊话，而霰弹的射击却是为了“秩序”，却是出自高喊“秩序”的人手中的血腥棍棒。这样一个拟物手法，形象而凌厉地将沾满血污的“秩序”布片撕得粉碎，让其“秩序”的反动面目裸露于光天化日之下，接着，斩钉截铁地回击道：“资产阶级既然这样提出问题，就必须用六月革命——霰弹和街垒来回答。”无产者必须对这帮无情杀戮者针锋相对，以牙还牙。《一八四八年至一八五〇年的法兰西阶级斗争》一文，对秩序党提出的所谓象征六月革命胜利的候选人，作了如下的绘写：“这位可笑的候选人是斯巴达式的家长勒克莱尔，不过他身上的英雄甲胄被报刊一片片地扯了下来，在选举中遭到惨败。”对这位神气活现的冒牌英雄的嘲讽和揭露，实引人发笑，令人深思。比拟手法的运用，不仅使文辞寓意深刻、透辟，而且使论辩呈现出栩栩如生、绚烂多彩、挥洒自如而又兴味无穷的特色。

马克思还长于直接抓住事物的特有表征，借以代替事物本身的“借代”辞式。这是一种既经济简洁而又生动形象的笔法，往往收到别开生面的艺术效果，发挥出异乎寻常的论证力。马克思曾指出，19 世纪法国二月革命是具有世界历史意义的壮举，“却被狡猾的骗子所葬送”，“结果，不是社会本身获得新的内容，而只是国家回到了最古的形态，回到了宝剑和袈裟的极端原始的统治”。《一八四八年至一八五〇年的法兰西阶级斗争》的结尾写道：“只有浸过了六月起义的鲜血之后，三色旗才变成了欧洲革命的旗帜——红旗！”革命必须经过暴力行为才能获得胜利，才能取代王朝统治。

在理论的逻辑发展过程中，时时随着感情激流的勃发与冲击、随着文思的纷飞、想象的驰骋而排笔纵横，使论述的语流，有如排炮齐鸣、千骑出击；又似连珠落盘、画卷驰展。那酣畅淋漓、势如破竹的排比句子，伴着整齐匀称、节奏鲜明的音调旋律，将辞理的发展层层推进，出新升华。这种辞式的运用，在语言如箭和投枪般的《路易波拿巴雾月十八日》尤为突出，它以一气呵成的排句，揭露了秩序党歪曲和滥用“社会主义”的无知、低庸和诓骗，揭露了秩序党恶劣行径对民众的愚弄、麻痹和蛊惑。《法兰西内战》更是以排炮般的反语，谴责了“建立在劳动奴役制上的罪恶文明”。谴责了突然把公社的巴黎变成魔窟的维护“秩序”的嗜血恶狗：“这场骇人听闻的变化在世界各国资产阶级的意识中证明什么呢？不过是证明公社搞了一次反对文明的阴谋！……不过是证明了这个公社不是人民自己的政府……不过是证明公社在两个月用温和态度和人道精神遮盖了它那恶魔般的嗜血本性……”这是接过敌人射过来的发发子弹，更为猛烈地还击了敌人幸灾乐祸的阴毒狞笑和颠倒是非的诽谤。

应当特别提到的是“回环”辞式的运用。这种辞式的使用频率，在别的论著家的著述中是少见的。“回环”辞句的恰切运用，不仅使语言精美而富于高度概括力，而且呈现出语辞的循回往复的艺术特色、增添论辩色彩。这种语言格式往往鲜明地反映出事物的对立统一的辩证关系。马克思仅用了一个回环句子“批判的武器不能代替武器的批判”，便概括了具有极为深刻的哲理内容的论断。这种在词语和句式上回往来复，取得了既反映两种事物、概念之间的内在的不可分割的联系，又反映了它们截然有别的辩证关系的效果，使真理的海涵获得最洗练、最熨贴、最精巧而又遒劲有力的“物质外壳”和“直接现实”。这种辞式的用例，在无处不是精粹言辞的《〈黑格尔法哲学批判〉导言》中，俯首即是。哲学不仅要揭开宗教的天国偶像的神秘，也必需拨开对现实世间的偶像的迷信的云雾；哲学不仅必须从神权中解放历史，更需要为人权做反“异化”的斗争。“自我异化的神圣形象”和“非神圣形象中的自我异化”，是两个既联系而又区别着的哲学范畴。马克思运用回环手法将其形成对照，鲜明地、逻辑地向哲学提出了迫切的现实任务。在以回环句式命定的文题《道德化的批判和批判化的道德》中，马克思将德国的那帮“既不满于反动，又反对进步；无力使敌手出丑，就滑稽地对他破口大骂的”，“以自己的道德高尚而自鸣得意的庸夫俗子的行为”，斥为“鲁莽式的愤怒，愤怒式的鲁莽”。真可谓寓严厉的批判和讽刺于富有幽默韵致的谐谑之中。这种顺势拈来地将被修饰语，回复为修饰语使之造成互为修饰关系、强烈对照的手法，反映了恰到妙处的鲜明美、整齐美和节奏美，闪现出作者使用语言的机智。

理论阐述，需要不断引证史实和现实事例。马克思在引证中，尤其在对一些重大社会政治经济问题的论辩中，常常出奇不意又为情理所使然地将一些高度浓缩的借喻和比拟形象，糅合到同一个句子之中，使理论与实例的形象补充有机结合、融为一体，大大缩短其间距离，这样，理性逻辑更为丰腴饱满而富有直觉感，实例的形象又更理性化而富有论辩说服力，这种笔法，可谓纵笔成趣、别具一格，充分反映了马克思语言风格的独特性与用语的创造性。“这是一种包罗万象的杂烩羹，撒上了折中主义的经济酱油，对于准备考官职的人倒是有用的。”这种把哲学术语和日常生活的事物形象用语糅捏到一起的巧妙移就，对于那些资产阶级经济学家的唯心而杂乱不堪的见解的剖析，是多么耐人咀嚼！多么机灵的幽默！多么生动辛辣的讽刺！在《道德化的批判和批判化的道德》中，对那个被认为是“最好的共和国”的缔造者海因岑的宣言的捧场，马克思给予如下评价：“应当说，他们在评定牧人和山羊两者在道德方面谁数第一时所表现的那种犹豫不决的态度是诚恳的。”

马克思的全部论述中，除去运用上述多种语辞格式，还常常对所要论及的人物、事件、场景，做直接的、具体的、形象的，有时甚而是合理夸饰性的描绘，一般不作毫无生气的平铺直叙，不运用抽象的概括的理性语言。面对那些论及的人物、事件、场景，马克思常以文学家的笔触、画师的彩笔、雕刻家的刀锋、摄影师的镜头，作艺术的裁取性的绘写、刻画和映照，给论战增添了新鲜别致的风采。马克思常常把严肃的理论揭露和批判精神，融进栩栩如生的形象描绘之中。《资本论》在谈到资本家的劳动实质时写道：“他不是自己也劳动么？但他自己的工头和经理，忍不住要笑。同时，他自己在发一阵内心的笑以后，又把原来的面孔恢复了。”资本家的可笑窘态和丑恶的嘴脸，简直是卓别林式的出色的滑稽表演形象！充分表现了马克思那喜剧著作家的幽默讽刺才能，那善于透过典型细节描绘，勾勒典型形象所必备的绝妙的语言艺术。自然，这种论述中引证例证的形象描绘，不同于文学作品中的典型形象刻画，而是定向的、定量的、极简洁的、严肃的为理论阐述服务的，目的是鞭笞谬说、压倒邪恶、捍卫真理、增强论证效果，以置敌于无立锥之地。

灵活多变的笔法，使马克思的笔触、笔调、笔中之情采，呈现出光彩照人的特色。这些特色的融合，形成了马克思语言风格的独特魅力。语言风格，实际是一种“独特说法”“这么个讲法”。这种“说法”与“讲法”，又实际是语言的具体运用上选词择句、采选辞式的与众不同，或者说是同中之异，是独特的、带个性模式色彩的语言表达。同样是比喻与回环，同样是反诘与排比，同样是直接描绘与幽默讽刺，在具体使用时，却呈现“那一个”的气质风采，打上“这一位”的引人注目的印记，洋溢着似曾触感，却又未曾触感过的新鲜气息。

马克思的真理经受了百余年时空考验，证明了他的真理与真理表现形式的协调性、完美性；证明了他的充满青春活力的语言风格的典范意义；证明了政论体式的逻辑论述辅以“文学笔调”的必要性和必然性，证明了“辞必己出”地运用语言的广阔的创造性。

“凡文以意、趣、神、色为主”“感人心者，莫先乎情，莫始乎言，莫切乎声，莫深乎义……根情、苗言、华声、实义。”这是就文学作品的要义而言。我们的以宣传鼓动为第一目的和首要社会功能的政论文章，也应当从中得到有益的启示。马克思的论著语言，可谓意、趣、神、色、情具备，而且具有超乎寻常的独有的文学素质和美学价值。我们读马克思的著作，不仅受到真理的鼓舞，也同时得到语言的美的陶冶和享受。

语言风格的形成，有时代的、阶级的、民族的根由。波澜壮阔的共产主义运动，无产阶级和资产阶级之间复杂、尖锐、激烈的搏战，要求作为无产阶级解放利益的代言人、组织者与领导者，发出时代的最强音，具有高超的论辩艺术；“正如意大利语的柔和和甜蜜在不知不觉中渗入到意大利作家的资质中去一样”，日尔曼民族语言之刚健雄劲，不由自主地融进这位伟大的德国学者、革命家的性灵中去了。马克思的语言如金石般铮响、洪钟般浑厚，闪动着他的民族语言的特有光华，具有“爱好深刻的思想和观念，而且把这种思想和观念赋予每一件事物”的思维形式，语言素质与习惯；个人风格“取决于才气、性格、心志、习性、阅历、学识”。马克思解放全人类的宏伟心志、坚强信念，潜热而又外向的乐观性格，独特的观察、感受、思索、表达方式，广阔深厚的战斗生活与社会阅历经验，无与伦比的渊博学识，天赋的敏捷才思，是马克思风格包括他的文章与语言风格形成的诸因素中，具有决定意义的、最活跃的因素。

这里，尤其值得提出的，是马克思的文学素养。李卜克内西在回忆马克思的时候说：“马克思很重视用语的明朗与准确。他差不多每天都读歌德、莱辛、莎士比亚、但丁与塞万提斯的作品，认为他们是他的语言教师。”正是如此勤奋地吸足了文学巨匠们的养分，使他的全部论著，获得深邃丰厚的文学语言的矿藏底蕴，而被人称作“完整的艺术品”，犹如肥沃土地上的花木果树，春天自然是碧烟葱茏，绽吐芳华；夏天自然是浓荫覆盖，繁花似锦；秋天自然是金光灿灿，果实累累。马克思的全部论著中所涉及的知识领域，如百科全书般的浩瀚；所涉及的文学名著及其中的人物事件，不计其数，单是那论著所附的注释中引举的艺术形象、诗句、典故，便足以反映马克思的文学素养的丰足，说明他的语言的独特魅力之所在。

马克思的华实相胜的语言风格，是马克思个性特征的自然外露，是“辞为心使”。同那位曾经被马克思批评过的沙多勃里昂的风格，截然迥异，形成鲜明对照。

文风与语言风格密切相关。马克思的语言风格对马克思主义的文风的形成和发展，起着极为重要作用。马克思的语言风格、笔法是完美而可攀的。只要肯于攀登，一定能达到光辉的顶点。“学习！学习！这是他（指马克思——笔者）经常向我们大声疾呼的无上命令。”

为了实现人类最崇高的理想社会——共产主义，必需努力掌握马克思主义这一强大理论武器，同时，也必须努力学习马克思的语言艺术，发扬马克思的语言风格，以马克思的语言风格为典范，把我们的理论宣传文章，真正变成鼓舞亿万中国人民为社会主义现代化建设事业奋斗的强大有力的精神武器，成为向共产主义远大目标进军的战斗号角。

艺术语言探寻*

在艺术创造的天宇里，大自然和人世间的千种风情、万般境地，生发出无穷尽的艺术魅力。这魅力自然来自作家通过对客观世界的独特审美体验而创造的艺术形象，来自将这艺术形象从作家心灵世界中运载出来，使其具有一定时空位置、呈现于读者眼前的艺术语言。

“文学是语言的艺术。”作家的整个创作活动，离不开语言，从生活体验直至艺术形象的诞生，作家艺术创造活动的全过程，必须而且只有借助于语言。艺术语言是文学作品获得形与声而成为可感可触的实在物的外在形式。

艺术语言是艺术形象的材料、载体，同时也是结晶体，艺术形象的创造过程，必然同时是艺术语言的冶炼过程。成功的艺术作品，总是内容和形式最大限度地和谐的统一体。作家在追求艺术形象完美的同时，必然追求理想的语言形式，只有通过对语言形式美的寻觅，才能使形象得以美的实现；只有在艺术形象的美学意义的深入探索中，才有蕴含无穷能量的语言形式的产生。二者相辅相成，互相推进。艺术形象和艺术语言的完善过程是同步的。

艺术语言的“材料”“载体”功能与“晶体”特征，反映出文学语言的二重性。艺术语言植根于普通语言。普通语言是艺术语言的沃土。艺术语言不可能离开这个沃土去建造任何语言的空中楼阁。普通语言的本质特征是指称性，一定语境中语义的稳定性，因而具有准确的“材料”“载体”功能，肩负着人类社会最重要的普通交际工具的任务；艺术语言的本质特征是指称性基础上的指向性，一定语境中语义的转移性，从而造成意象组合的灵活性。没有语义的准确性，就不可能有语义的转移性，语义的转移必须有起点和一定的时空范畴。没有“如情似梦漓江的水”那每个词的特定语义的限定性传输，就

---

* 此文载于《文论月刊》1990年第5期。

没有每个词的特定语义的稳定性接收；没有这个稳定性定点接收，就不可能对漓江的水做这般情意那般梦幻等语义场合中的百样联想和千种遐思。自然，这百想千思，不能是对“情”“梦”等各自特定语义的超越。艺术语言源于普通语言而又别于普通语言，是功能语言学的判断；艺术语言源于普通语言而又高于普通语言，则是功能美学的认可。

人类数千年的文学艺术活动，创造出无数光照千秋的艺术形象，同时也创造了艺术语言这凝定着艺术气质的支脉语言。这支脉语言带有一定的、独自的语汇、语构、语用特色，它有着深厚的艺术质地。它闪耀着色泽，萦绕着情思，回荡着旋律。

任何语词都有概括性，概括性意味着规定性和不确定性；任何语构都有一定的灵活性，灵活性也意味着规定性和不确定性。艺术语言语义的转移，就是来自这规定性和不确定性，来自对普通语言的变用。这“转移”和“变用”，使得艺术语言较之普通语言富于张力，富于弹性。它可以凝如珠玉，舒若流云，泽如春水，秀若芳草，它所展示的天地是幽邃而阔远的，它能生出无穷的美感效应。文学创作永远是创造性的艺术实践。每一部堪称上乘的作品，都呈现出内在和外在的和谐。特定的艺术形象选择着特定的艺术语言，同样地，特定的艺术语言对特定的艺术形象的选择，也是“非梧不栖”，彼此的选择是唯一的，独有的。然而，个性体现着共性，无数个“唯一”和“独有”中，体现着艺术语言的共同特性。

形象性是艺术语言的基本的、核心的、整体的、永恒的特性。艺术语言以形象性为标志。艺术语言的这一特性决定于文学反映生活的特殊性。文学是社会生活的形象反映，是“用语言来表达的造型艺术”（高尔基语），它以语言作为材料和途径去艺术地把握客观世界。文学的这一特性，决定了艺术语言的形象性特征，文学的一个重要任务就是用一幅幅艺术语言绘制的画面，一尊尊语言雕琢的塑像，一缕缕语言积造的物象化情思，付诸读者的视觉、听觉，可感可触地进入读者的心灵世界，使之得到美的愉悦，感发其美的追求和奋进的热力。“千山鸟飞绝，万径人踪灭。孤舟蓑笠翁，独钓寒江雪。”（柳宗元《江雪》）好一幅寒江独钓图！画面上，读者看到的是江、万径、孤舟、蓑笠翁、独钓，感受到的是荒寂、寥廓、空漠、凛冽的茫茫寒江雪原，渔翁的孤清，进而领悟到阴冷的社会背景下独钓翁孤愤不阿的高洁人格，于是寒江独钓图的视觉形象，幻化为人格抗争的心觉意象。读者由视觉的观赏腾跃为心灵的升华，作者情怀的宣泄和心灵归宿的追求，与读者的体验、感应得到一定程度的默契、交流与对接这一艺术心灵历程的完成和美感效应的实现，主要地、最先地仰仗语言造型线条、色泽所给予的艺术实感。形象性，可谓艺术语言之本。

自然，形象性不只是要求以相宜的色泽、线条绘出通真的画面，还要求所绘之对象物有动态感，使之“立在纸上”，而不是无生气地“卧在纸上”。“这个亭踞在突出的一角岩石上，上下都是空空儿的，仿佛一只苍鹰展着翼翅浮在天空中一般。三面是山。像半个环儿抑着。”（朱自清《绿》）我们感到的是身处山岩下，一只巨鹰在头顶凌空展翅，英姿勃勃；角岩石上的梅雨亭，已不是原封不动地静止地呈现在我们眼中，这种如临其境的美感效应，产生自作者对储存的生活体验的奇巧联想，以及对那一联想物进行描绘的用语。那一“踞”、一“展”、一“浮”，把幻想物巨鹰的雄姿托到高阔的空间，从而把实在的梅雨亭胜景立在纸面上，引动读者心驰神往。

情意性是艺术语言的又一基本特性。文学是社会生活的形象反映，但不是如实影写；文学是语言的造型艺术，而不是语言的模式构筑。文学反映的是以人为中心，以人的灵魂、情感、性格、意志为中心的客观世界。这个客观世界必然打上作者的心灵印记，必然透出作者的主观意念、感情流向。写的是人，又是人所写，笔端自然流出主观情意。即便是纯自然物，在作家的眼里，亦是“无情之物皆有情，无意之物皆有意”，是寄情于物，寓意于物。托物言志，借物打情，成为语言造型艺术的传统的重要手段，情景相映，景情交融，以至于一切景语皆情语也。这里的一个“皆”字，并非武断之言，而是艺术语言的普遍性特质，是绘景写情的普遍规律。

“有情芍药含春泪，无力蔷薇卧晓枝。”（秦观《春日》）绘的是一夜春雨后的庭院小景，透出的是多情而俯倦的少女娇柔之态，隐含着诗人触景生情、情长意绵的内心蕴藉。“每只泪盈盈的眼睛，都充满对阳光和雨水的感激。”（雷抒雁《葡萄》）那一颗颗透亮的滴着雨珠的葡萄，在诗人笔下，幻成一只只盈盈的泪眼，感激着自己的滋育者，它们是那样地通人情、解人意。作者内心久积的情怀，偶遇到寄托之物，便产生了情与景在虚拟中达到的沟通和交融。鲁迅在《故乡》中对深冬季节回到故乡时的描写，用阴晦、苍黄、萧条、荒村、横着等色调晦暗的艺术语言，呈出了一幅被挤压和榨取得没有血色的、枯干的旧中国农村的荒漠景象，同时凝结着作者的悲凉、哀愁、郁愤之情。刘白羽的《长江三日》用浓重的彩笔，澎湃的激情，展示出长江千姿百态、变化万端、滔滔东去的壮景，饱含着作者对祖国大好河山的深情赞颂和对人与自然的庄严思考。所用词语的情感色彩，同所绘之物的色调、气势，得到了和谐的汇融。

艺术语言的情意性，是作家主观意念和情感流向的自然流露与体现。作家所反映的客观世界，所塑造的艺术形象，实际是作家心灵中的审美产物，即所谓“第二自然”。郑板桥云：“胸中之竹，并不是眼中之竹也。因而磨墨展纸，落笔倏作变相，手中之竹又不是胸中之竹也……独画竹乎哉?”画竹前后，竹为何几经“变相”?“一两三枝竹竿，四五六片绿叶，自然疏疏淡淡，何必重重达达。”可见是“意在笔先”，要寓情述意，正如他所标秉的“删繁就简三秋树”一样，“删繁就简”是为了立出一棵苍劲、简净的“三秋树”，标出他的人格理想和美学追求。画竹如是，文学造型亦然。艺术语言的情意，犹如疏淡竹、叶及其线条、色泽透出的神韵。

音乐性是艺术语言所独具的另一个基本特性。语言的乐感，是作家对语辞美的重要追求。郭沫若的诗文注意到了词语的明暗、硬软、响亮、沉郁的不同音响。老舍提醒我们发挥语言的音韵之美，不要叫文字爬在纸上，要叫文字的声音响到空中。契诃夫干脆说，我通常在校样上最后完成我的小说，而且不妨说，是从韵的一面来修改它。我国是个诗国，自古以来，从文圣诗仙到里巷村野说书艺人，无不讲究语言之乐美，文论家们无不注重对语言的音律研究，刘勰《文心雕龙》的《声律》《章句》等篇，陆机的《文赋》，对语辞的音响处理都有许多独到而精微的见解。文学语言的节奏旋律具有状摹物态、传达情意以至于凸出整个作品形象的情致格调的功能。

从自然界到人类社会，事物的动态、人的意念和情感流动，往往伴以不同形式、不同高低缓急强弱的节奏旋律。审美范畴中难以言传的境界，如“神韵”“风韵”“趣韵”“韵味”“格调”“情调”“韵调”等，均在本义上同乐感音律有关，艺术语言的音乐形式，直接关系到一部艺术作品的情韵格调、美感效应。乐曲是用音符的调配变换，形成有声的音乐语言，以展示乐境；诗文则在很大程度上借助词句的音调调配变换，以创造和烘托意境、气氛，使艺术形象更富于艺术魅力，文学也应是语言的音乐艺术。

艺术创造活动中，作家对自己民族语言的音乐素质的领悟、把握和利用，极为重要，俄国学者、诗人罗蒙诺索夫曾说，俄语有着西班牙语之华丽，德语之刚健，法语之生动，意大利语之柔和。这无疑是认为俄语集有别国语言之多种乐美。的确，我们从普希金的诗句里，屠格涅夫的文辞中，隐隐听到了优美韵调。恩格斯 1893 年在《给威·格勒伯兄弟的信》中，以大自然的种种音响做比譬，赞颂了德国语言之美：德国语言，就像喧哗的波浪，拍打在气候美好的珊瑚岛岸上。在那里迸出了荷马的永远翻腾的浪花；在那里埃斯库罗斯的巨大的岩石引起了回响；在那里你可以看到巍然耸立的大厦；在那里芬芳的花园中有各种高贵的花朵；在那里浓荫的树巅发出和谐的喧嚷；在那里水神低吟，波浪冲击着石头，古代勇士修建的高楼耸入天空。这是不朽的、无限光荣的德国语言。恩格斯就是这样地以澎湃的激情，礼赞着德语之美，一连串的比喻形象中，可以领悟到德语之整体音乐美的刚健有力。汉语如何呢？至今还没有人怀着诗情对它吟赞（但愿是笔者未曾读到）。然而，对它的音乐美质的感悟、认识、研究，却散见于古今诗文学者笔下，零拾于古今诗文作者之偶得。虽是“散”“零”，却又屡屡盈盈，宏括而精微。有研究者从语音学角度，分析了音素、音节的音响效果，指出元音中的 i 、e 等音发音浏亮清越，其所代表的意义多是欢愉、轻快、悠闲之情、辅音的发音各别，有的清脆尖锐，有的阴浊沉重，有的发扬洪亮，有的暴烈抑塞。其所代表的意义也就有凄清轻倩、含混缠绵、激越轻捷、迫切急遽等不同。姚鼐在《复鲁涤非书》中，用一连串比喻，淋漓酣畅地论述了豪放和婉约两种文学风格的特色：其得于阳与刚之美者，则其文如霆，如电，如长风之出谷，……如决大川，如奔骐骥；……其得于阴与柔之美者，则文如升初日，如清风，如云，如霞，如烟，如幽村曲涧，如沦，如漾，珠玉之辉，如鸿鹄而又寥廓。十分精彩！文之阳刚阴柔，实为语辞的音响格调所致，正如古人谈“风骨之力”，乃因捶字坚而难移，结响凝而不滞之故。

汉语是极富乐感的语言。字调的高低抑扬曲折变化，语音学上“乐音”之占优势，音节的分明，双声迭韵、迭音词的众若繁星，字韵的充盈等，赋予了汉语天然的独有的音乐资质，为汉语的艺术运用开辟了广阔的天地。单是广义的迭音词的运用，就可谓比比皆是。从“关关雎鸠”到“水何澹澹”，从“天苍苍，野茫茫”“车辚辚，马啸啸”到“寻寻觅觅，冷冷清清，凄凄惨惨戚戚”，从“遥夜沉沉满幕霜”到“茫茫九派流中国”，可以说迭音词纵横于古今篇章，足见其摹拟声响、描绘情状的表现力。《年轻的朋友来相会》是一首词曲皆美的青年歌曲，旋律是欢快跳跃的，表现了青春的欢愉、活力、友谊和对美好未来的向往，歌词的字调变化和曲调的起伏大体一致。作曲家深入领悟、掌握并充分利用了字调本身固有的音乐美感，使曲调的节奏旋律，跟踪着词句字调的自然音流，达到了情与声、词与曲的和谐美。字调固有的音高变化，衍成了旋律优美的音调，像春天的一溪活水，时而涓涓流淌，时而清波乍起，时而汩汩回旋，时而浪花飞溅。

汉语有着浓厚的音乐质感。只要更加注意声韵协调、字调和谐、字韵相宜、音节调整，再加上吟诗诵文时的语法和逻辑的重音，停顿的顿挫起落，以及句调抑扬变化的配合，即构成词句、篇章音响上多种格调旋律、情致韵调的乐章美，就能充分发挥艺术语言的乐感效应，让艺术形象的乐声和着读者心灵的律动，回荡飞升。

古今一曲曲语言的乐章，产生了多么迷人的魅力！《蒹葭》伴着怀念、追求、迷惘与感伤，充满绵连、低回的音调；“采菊东篱下，悠然见南山”，踏出了闲舒怡然的心灵漫步；“随风潜入夜，润物细无声”，抚出了春雨润物的幽声渺音；“两岸猿声啼不住，轻舟已过万重山”，跃滑出三峡舟行疾飞和过后欣喜轻快的节奏；“大江东去，浪淘尽，千古风流人物”，是豪放激荡的铮铮音响；“春蚕到死丝方尽，蜡炬成灰泪始干”，则是苦恋心灵静静吐滴的绝吟。语言音符就是如此地富于乐美。

语言之乐响，付诸听觉，幻化为视像，意化为心像，拨动着心弦。乐感强的语言较之乐感匮乏的语言，更能沟通心灵世界，增强其交融度。这是传达呈现艺术形象，完成由听觉、视觉而审美心理感觉流程的重要途径。

诗文作者笔端绘出的图景，流露的情意，跳荡的旋律，汇成了艺术语言的诸种美质，蕴聚着无尽的艺术能动力。它们托载着无数艺术创造的珍品，奉献于文学艺术宝库，奉献于人类灵魂的塑造，奉献于美好社会生活的创建与拓展。可以毫无愧意地说，艺术语言的意义，不仅在于它自身的美学价值，还在于它那竭诚的人生价值和社会价值。

语言的艺术特质，与语言的天然资质有关，但语言艺术特质不等于语言的自然资质。艺术语言是对普通语言艺术处理的结果。“清水出芙蓉，天然去雕饰”的语言自然美，是语言大师的炉火纯青的境界。对语言的艺术处理，即对日常语言的艺术加工、润色，是在艺术创造过程中为使形象更活脱、情意更绵长、乐感更强烈而作的一种语言努力。这种努力，实际是在普通语言常规语义、语构的基础上作适切的、与艺术形象和谐统一的艺术整饰和变用。艺术语言，特别是高度凝炼的诗歌语言，更注重强化这种整饰和变用，使少量的词句蕴含丰富的意象，包容浓绵的诗情，深藏无尽的神韵。充分利用汉语不受形态变化严格限制，不粘不涩，形随神变的特点，运用词序的倒置，词性的活用，组词的中介省略等手段，可以造成诗意、诗情、诗象的时空自由与深层寓含的灵活。“蚕在吐丝的时候想不到吐出一条‘丝绸之路’。”（艾青《花与刺》）桑蚕吐丝，是实；吐路，是虚，是对客观实在的联想中产生的意象，是合理的推拟。诗人由蚕丝绵想到绸，由绸延想到历史上的丝绸之路。这一“吐”字的拈连，包含了诗人深邃的、精巧的、顺乎事理的构想，融入了诗人对桑蚕这一小生灵的无限敬佩之情。这种“顺势拈来”的字词意义上的变用，将一个大跨度的时空内容深缩到一个简短的音节里，何等含蓄，何等耐人咀嚼！“满园春色关不住，一枝红杏出墙来。”（叶绍翁《游园不值》）“关”字的移用，使得春意深郁醉人而又充满理趣。“枯藤老树昏鸦，小桥流水人家，古道西风瘦马”（马致远《天净沙·秋思》），剔去组句中介且不着一动词，绘出颓灰萧瑟的荒村图景，透出悲凉凄切的心境。“东边日出西边雨，道是无情还有晴。”（刘禹锡《巴渝竹枝二首》）“晴”字的“晴”“情”双关，充满情趣、谑趣。“亭亭座座珍珠塔，层层迭迭翡翠楼。”（张志民《秋到葡萄沟》）借用两个比喻形象和两组重迭量词，串成了一对美如珍珠翠的偶句，辉映成了一幅明灿迷人的丰收小景，句中也不着一动词。诗语的长期、反复、一定程度的超常运用，在艺术语言领域里，形成独特的变异性语姿、语程。

散文语言里，亦有对“超稳定”常规语言的逆反现象。如：“虽然五光十色缠绕她的半生：红色的火热，土黄色的坎坷，灰色的挫折，黑得如此沉重的偏见，以及白得如此刺目的淡漠，但修瑞娟在任何时候都对绿色——象征生命、希望、纯洁的颜色，有着不可抑止的憧憬。”（胡思升《修氏理论和它的女主人》）女主人的境遇和追求分别被作者用移就的语言格式，点染上种种不同的、黏附着一定感情色彩的颜色，使本无颜色可言的境遇和追求，形成更为强烈的对照。读者从浓重的不同色彩的映照中，更为深刻地感受到女主人对造福人类的事业的不屈信念、执着的向往和献身精神，从而感奋起来。这种修饰和被修饰的“错位”，获得异常的审美效应。词序的调转、更换，不仅出于情意表达的需要，而且往往形成作家语言风格和作品的整体基调：“去吧，野草，连着我的题辞！”（鲁迅《〈野草〉题辞》）“如果我能够，我要写下我的悔恨和悲哀，为子君，为自己，……子君却决不再来了，而且永远，永远地！……”（鲁迅《伤逝》）“但我总记得见过这一篇好的故事，在昏沉的夜……”（鲁迅《好的故事》）类似的倒装句，在鲁迅早期的文学作品中，比比皆是。可以说，它们对鲁迅早期作品和语言的整体基调——沉郁、幽冥的形成，脉脉相关。近年来，文学批评界对文学语言的研究产生了兴趣，提出从语言“切入文学”的口号，形成了一股“语言热”。这股“语言热”流，对文学批评界长期以来冷落文学语言研究，是个冲击，但是在这股热流中，又有人提出“语言符号正在酝酿一场重要的变革”的论断，并指“原有的语言结构已不能充分表达人们的心理状态和社会的复杂状态”。这种见解似乎是在“语言热”的熏烘中形成的，难免失之偏颇。我们知道，一个民族和国家的语言结构永远具有“充分表达”力，因为它的词、词组、句子的组合规律，反映着该民族和国家所有成员的基本思维规律、思维形式和思维特征。任何新的思维、新的观念，包括新的文学思维的表达，只能在原有的语言结构的基础上，作有限的、不违反基本结构规律的调整，方可进行和完成。大量新的语汇的产生和运用，也必须纳入和遵循语构轨道，否则难以进行起码的交流。“原有的语言结构”，有着坚实的稳固性，它是普通语言的间架结构。艺术语言对普通语言的变用，意味着对这间架结构的“不伤筋骨”的、合乎事理的挪动和调节，意味着对基本词汇在词义、词性上的临时活用，以及按“原有的语言结构”创造和重组新词，具有种种美质和美感效应的艺术语言，与一整套崭新的“语言模式”“语言范型”“语言系列”无关，与一个“充满新名词、新观念、新感觉、新热情的‘现代语言体系’”无缘。无论如何，语言结构是不可叛逆、不可“颠覆”的，无论是文学新星还是文学宿将。语言形式的完全陌生化、错乱化，只能让礼貌的读者敬而远之，只能把善良的、虔诚的读者推进语言的迷宫，使之困惑而疲惫不堪。艺术语言的形象性、情意性、音乐性特质，同样具有它本身内在的发展规程，艺术语言的创造和运用，必须遵循其内在的发展规律，才能得到历史的认可。

小说新作语言风格谈*

金秋时节，漫步小说林，满目斑斓，果香袭人。

近年的小说新篇，从题材的开拓，思想的探掘到艺术手段的脱颖，都来了个新的飞跃。可以说，迈进了新的里程，攀上了新的高峰。不少新作，为我们创造了新鲜奇异、广阔邃远、生机勃勃的艺术天地。那里有千人围观的棋场，有变幻莫测的蓝色世界，有滔滔不息的北国大川，有艰苦创业的神奇土地，有披覆历史烟尘的京都小巷，有透出莹光而稳度春秋的新围墙，还有清泉般纯净的村姑的眼睛……

这片艺术天地的胜景令人流连忘返；这片艺术天地辉映的七色霞光尤令人惊赞不已。

任何艺术形象的创造，都必须借助一定的物质艺术中介，才能付诸人的视觉、听觉、触觉。文学是语言的艺术。没有文学语言，便没有文学形象。文学形象只有仰赖语言（包括口头的和书面的）这一物质外壳而存在，只有通过语言这一“思想的直接现实”，才能将读者引入艺术境地而触感到活生生、毛茸茸的艺术形象。文学语言是文学形象唯一的、最终“降生人世”的物质表现形式。高尔基曾说过，“文学的根本材料是语言——是给我们的一切印象、感情、思想等以形态的语言。文学是借语言来雕塑描写的艺术。”我们说，借用语言创造的艺术形象，还为别的艺术门类所不能代替，为线勾彩抹、音符跳荡、木石刻削、舞步跌宕所创造的艺术形象所不能比拟。

语言与文学创作密切相关，语言的风格更是直接关系到创作风格的形成。由鲜明的语言个性透映出的创作风格，有着极大的审美价值。只有独特风格的语言，才能传达出作品独具的风姿情采、意味格调、艺术韵致，才能让作品披上各色霞光而成为艺术之上乘。每一部艺术作品的独特风格，都与其语言风格相应和着、协调着。应当说，语言风格是从作品艺术风格中流溢出的、外射出的。

---

* 此文载于《河北大学学报（哲学社会科学）》1986年第2期。

随着小说题材的多样化，人物形象的多样化，主题思想的多样化，艺术手段的多样化，以及由它们汇融而成的创作风格的多样化，语言风格亦随之千种百样，新异鲜活，光彩照人。

《棋王》为我们塑造了一个民族智慧与意志化身形象的王一生。这个带有传奇色彩的艺术典型以及他的棋帮弈友的塑造，深蕴着重大的社会意义，寄托着作者的历史沉思和“浩叹”。作者用以塑造形象的语言，尤是令人惊赞不已。阿城的笔触是异乎寻常的，具有惊人的表达力和吸引力。那精瘦的棋王的风采，那一场场“杀、将”不休的棋场鏖战，那一群群围着主人公转的对手和看客，在作者笔下奔跃而出，其笔势之简捷，使人仿佛“看到一个献技的雕刻家，在手中旋着一块木料，他急速地旋动着，刀刃下木花喷涌，三下两下，一个人物雕像就形神毕肖地出现了”。是的，阿城的语言有着木刻艺术的气韵。

阿城的语言，“准确”“简淡”而劲捷，如象棋场上的神手横扫对方那楚歌四起的残局，棋子儿“叭叭叭叭”一阵脆响。他的笔下，几乎见不到绵绵悠悠的深情倾诉，点染不尽的景物绘摹，富丽繁冗的铺陈，也很少细致入微的心理描写，更没有烟云雾绕的朦胧，他似乎把句子的弦绷得紧紧而不失弹性，把语辞的泥水抖捋得净净而不失鲜灵，那人物那场面确是真真切切逼现在你眼前，那“真人生”“真世味”叫你饱尝苦嚼，那“酸甜苦辣”也叫你喉发哽，眼汪泪。

“车站是乱得不能再乱，成千上万的人都在说话……父母生前颇有些污点，运动一开始即被打翻死去……于是先钻进车厢，想找个地方坐下，任凭站台上千万人话别……车厢里靠站台一面的窗子已经挤满各校知青，都探出身子去说笑哭泣。站上的人都拥到车厢前，都在叫，乱成一片。车身忽地一动，人群‘嗡’的一下，哭声四起。”这是小说开头写插队知青奔向“广阔天地”之前火车离别场面的一个片断。写这类场面，惯例是喧闹、土扬、呼叫、吵骂、抽泣、挥泪、握手、叮嘱、随着车身移动的奔跑等淋淋漓漓的气氛渲染。作者却一反惯例，三句五笔、寥寥数语点描过去而场景全出，这种语言形象概括力和语言的快节奏，的确是非同一般。

作者写人的语言，亦显其独异特色。“不碍事，一样下。来来来，你先走。要不，让你车、马、炮?”这是写棋王央求人下棋。“后来才知道，每到一处，呆子必要挤地头看下棋。看上一盘，必要把输家挤开，与赢家杀一盘。初时大家看他其貌不扬，不与他下。他执意要杀，于是就杀，几步下来，对方出了小汗，嘴却不软。”这是写棋王挤地头下棋。棋王一听到下棋，立刻“紧一紧手脸，啪啪啪就把棋码好”。棋王认为，“下棋最好，何以解不痛快？唯有下象棋。啊？哈哈哈！你先走”。那年月，九局连环车轮大战的棋场神手，被饥饿赤贫扭成了畸形。只见他“只有眼睛和牙齿放光，嘴上也是层土，干得起皱”，“瘦瘦的肩挑着宽大的衣服，土没拍干净，东一块儿、西一块儿，喉结许久才动一下”，“山民们和地区的人层层围了，争睹棋王的风采，又都点头儿叹息”。小说中极少议论，偶有，也是简淡意深的。“我笑起来，想：不做俗人，哪儿会知道这般乐趣？家破人亡，平了头每日荷锄，都自有真人生在里面，认识到了，即是幸，即是福。衣食是本，自有人类，就是整日在忙这个。可囿在其中，终于还不太像人。倦意渐渐上来，就拥了幕布，沉沉睡去。”

以上所引，即可窥见阿城语言之概貌。阿城的语言，的确是古今名家新手小说中极少见的。它十分奇异，却奇而不诞，异而不诡。作者遣词组句的本领，娴熟得惊人。

纵观阿城笔下的语言阵容，多是些顶接排列的精悍短句，一个个如似快速奔赴、神出鬼没、机智果敢的奇兵；多是些短距离密集乍顿的逗号、句号和问号，快速腾跃的奇妙的动态词语，利落得像一加一等于二那般简单结构的句群。阿城的笔下，也很少有辞藻的古玩，倒是偶有巧用的似怪却妙的奇语，如“累翻”，吃相的“更恶”。而一些脉脉的情态语、复杂层次的长句，几乎不用。这样，造成语势语调马蹄踏踏般的快节奏，波连浪涌的音响旋律，获得引人入胜，欲罢不能的效果。

阿城的语言独放异彩，却不是飘忽悬空的云霓。它是厚重的。细嚼起来就会感到他的语言根须，都深扎在我国古典小说、民间通俗文学作品的土壤里，焕发着古铜的光泽，散溢着泥土的气息，又回荡着时代的音响。我们从字行的深层，从记忆的隧道里，似乎隐隐听到施耐庵、罗贯中笔下人物的话音，甚至听到鲁迅式的沉吟。是的，古往今来的小说著作家中，像他这样承袭和充分发挥汉民族语言特有素质和表现力的奥妙，而如此鲜明地具备我们民族语言艺术特色的，确是难得。

应当说，阿城的语言是民族的，时代的，同时又确确乎乎是阿城的。他对民族语言美质的独特领会和审视，促使他去充分吸取民族语言的养分，去作独自的、阿城式的创造性运用。我们可以说，在多样化的语言风格中，“阿城风格”独树一帜。

满载而归的老小海碰子，向我们投以搏击者的胜利目光，掷来一串串海底世界的珍物，又迎着红日腾波踏浪去了。《迷人的海》奇美而壮阔。邓刚以激越昂奋的音调，为时代谱写了一支勇于探索、拼搏、催人奋进的新乐章。这部以大自然和自然之骄子为题材写成的小说，寄寓了作者对进取搏击、勇探拼索的时代精神的感受、向往与讴歌。

面对浩渺莫测的蓝色世界和粗犷强悍的碰海形象，作者以雄浑、遒劲、壮美的笔触相应和着。他的笔尖奔涌出了一个迷人的海。既是蘸着海水的笔，笔底自然是波涛滚滚、奇丽壮观。

火石湾是神奇而美丽的，它豁口外是“一铺万里的大海”，“豁口外侧的石壁轰轰响着，迸碎的浪花从两面齐往豁口处喷散，透着白光，现出一闪即无的七彩光环”，“那水色便豁然亮堂了，五彩斑斓的礁石尽收眼底。在那一片片白花花的牡蛎丛中，撒满了孔雀蓝色、玫瑰色、桔红色的五角海星，像艳丽的花朵，闪着莹莹的光”。大海是迷人的，“整个大海犹如炼凝了的蓝色固体”，“一个金红色的圆边冒出来……升腾着，扩展着……于是大海被煮沸了，火球在升腾”。老小海碰子在惊心动魄的峰波浪谷中搏斗，“终于，一道黑压压的巨浪从后面遮天盖地而来。老海碰子看准机会，紧驮着小海碰子，腾跃而上……那浪头确实像一匹从没驯过的烈马。它焦躁着，飞蹦着，嘶叫着，高高举起一大一小的两个肉体，狂怒地朝豁口侧面的陡壁上摔去。轰——浪砸在石壁上粉碎了，无可奈何地”。这一幅幅重彩浓墨的油画，展示了波澜起伏的人生搏斗图景，寓含地展露出时代生活的深厚底蕴、闪烁着搏击者的精神火花，鸣响着人与自然较量、“人定胜天”的回音。

邓刚的语言是迷人的，正如他那《迷人的海》。他那碧波世界般浩瀚奇丽的文辞美，是艺海中迎风招展的又一帜。

“黄河，黄河……我的父亲……”你“燃烧起来啦”，“你正在向我流露真情”。这激越深情的呼唤，在北国辽阔的大地上回响着，震颤着人们的心灵。张承志是“当今小说艺术中一位热情澎湃的诗人”。他胸中燃烧着一团团火焰，激荡着喷发不尽的诗情。他用灼热的语言，展示了滋哺大地和炎黄子孙的大川名流。《北方的河》是一首雄浑的、气势磅礴的大合唱，是伟大民族、历史、河山的礼赞，是当代肩负重任的热血青年的执着探索、追求、向往、抱负、自信、抗争精神的颂辞。

作者手握大笔，泼墨挥写，以气壮山河的诗情和笔力，绘出了奔腾不息、苍悠绵长的大河雄姿，塑造了一个民族精灵般的河的儿子形象。作者借徐华北的笔倾诉着：“我感激你……我永远感激你，北方的河……你用粗放的水土把我哺养成人，你在不觉之间把勇敢和深沉、粗野和温柔，传统和文明同时注入了我的血。你用刚强的浪头剥着我昔日的驱壳，在你的世界里，我一定会变成一个真正的男子汉和战士。”作者对北方第一条大河——黄河的颂赞，更是一曲激荡澎湃、浩气充盈的壮歌绝唱。“大河深在谷底，但朦胧辽阔，威风凛凛地巡视着为它折腰膜拜的大自然……河水隆隆响着，又浓又稠，闪烁而颤动，像是流动着沉重的金属……这黄河里没有浪头，不是水，不是浪，是一大块一大块凝着的、古朴的流体……黄河……满河映着红色，黄河也烧起来啦。”何等滚烫的语言！

张承志的语言，滚滚滔滔，一泻千里。他从自己的词库里挑选了力度最强、韧性最大、色彩最浓的词句，组成金属般的语流和北方的河一道奔腾于北国的峡谷深壑、辽阔原野。在他的语段里，有不少长长的词句，但它们长而不冗，凝而不滞，倒是给人以峰峦逶迤、滔滔东去之感。作者以鹰击长空般的英姿雄风，轰响着时代的召唤，拍击着时代的强音。他在自己的旗帜上写着："刚健、炽热、粗豪、雄奇。"

围墙奇迹般地突兀而起，它"泛出晶莹的光辉"，"轻风吹来，树枝摇曳，灯光闪烁变幻，好像有一个童话般的世界深藏在围墙里面"。《围墙》是一篇出色的讽刺性小说。它以围绕着"一个十分细小而又复杂的围墙问题"的解决过程，揭示了当前改革中的一个重大课题，激发着人们的改革热情。《围墙》又是一尊精致的艺术品，给人以美的、情韵无穷的艺术享受。陆文夫的笔触，娴熟、精美、恬雅、颇富逸致，如像他"垒筑"的那堵夜色中莹莹闪光、意味深长、别致雅观的围墙。他的笔触，又还是轻灵利爽的，如像那个"忙得飞飞""大腿一拍，马上解决！""谁喊便蹦到谁面前"的马而立，更有着对"批判力大于创造力"的现代派、守旧派、取消派的绝妙嘲笑的幽默感。小说中的"派"们的空谈卖弄、互相诘难的形象和场面，在作者富于艺术魅力的笔下，活灵活现。其中之精彩处甚多，实令人赞佩。

《围墙》还浸润着浓郁的诗意。它是否可视为一首讽刺与抒情巧妙交融的诗篇呢？

时代的列车驶进了深山村落，震落了土墙的龟裂泥片，打破了"掩藏在大山深深皱褶"里十几户乡亲古老习俗的宁静，开启了新的一代的心扉，牵动着她们向新天地奔跑，改变着千年万载的凝定命运。《呵，香雪》给我们以时代意义的沉思和热望，以净化心灵的甜美，以沉浸于幸福的艺术享受。

王蒙曾说："怀着这种对于生活的真诚的美好情致而写作是幸福的，读这样的作品是幸福的。"是呵，读过《哦，香雪》的人，有谁能忘记那稚嫩红朴脸上的一双眼睛？它充满美好执着的向往，纯净得如一溪清泉。作者是蘸着涓涓流淌、鲜活活的泉水写成的。全篇散发出清新、灵秀之气。那深山沟寨里湿润、舒爽的新鲜空气，多么沁人肺腑！香雪是美的，塑造香雪的语言更令人心醉。《哦，香雪》，与其说是小说，还不如说是诗，是诗一般的散文。铁凝的小说，充满着诗意的追求，流淌着诗情的甘泉，呈现着诗境的画面。

"迎面，那静止的队伍也流动起来了。同时，山谷里突然爆发了姑娘们欢乐的呐喊。她们叫着香雪的名，声音是那样奔放、热烈。她们笑着，笑得是那样不加掩饰、无所顾忌。古老的群山终于被感动得战栗了，它发出宽亮低沉的回音，和她们共同欢呼着。哦，香雪！香雪!”多么优美的文字！诗的气韵，散文的语姿。好一幅欢腾雀跃的场景！欢声，笑语，山音回响，同欢共喜，哦，我们的香雪，她带着胜利的喜悦和激动回来了。

铁凝还以同样的语言基调，为我们型造了闪动着香雪明眸的系列艺术形象。

夜歌般动听的《雨，沙、沙、沙》，京味浓郁的《烟壶》，展示艰苦创业的心灵历程的《这是一片神奇的土地》以及其他如群星般灿烂的小说新篇，都也有各自的奕奕风采，各自的语言个性和情趣。

邓刚曾说：“构思一篇小说时，除了不断揣摩人物和情节之外，还有意识地构思一种‘味道’，也就是大家经常所说的感情色调。”又说：“写《芦花虾》，我一直是用明净的天空，雪白的浪花一般的情调控制自己的笔，写《迷人的海》，我却用另一种‘腥咸的风，涌动的浪头’的情调来左右。”这里所说的“感情色调”和“味道”，应当说主要指作品的艺术风格和呈现这种艺术风格的语言风格。作品的语言，没有情味，没有风韵，不能成为闪光之作。

语言对形成作品的感情倾向，主旋律——作品的整体艺术风格基调，起着极重要的作用。正如前面提到的，创作风格决定着语言风格，语言风格表现着创作风格。但这种表现不是消极的、完全顺乎其然的，而是积极的、能动的、使之增辉添彩、使其升华吐艳的。二者相依相傍、相辅相成，体现着内容和形式、形式和内容、整体与局部、局部与整体之间的辩证统一关系。只有二者的协调，才能创造浑然一体、格调一致的艺术作品，才能使创作内容和形式呈现出一片整体和谐美。

语言风格，是语言艺术的总体倾向，语言艺术特色的总和，是贯穿于整个作品形象创造中的语言艺术手段的体系表征。随着不断拓展的艺术天地，随着时代生活的丰富多彩和日新月异，随着创作风格的千奇百异，语言风格必然是异彩纷呈的。

对于文学语言风格多样化的研究，古代文论家们极为重视，而且在古代文学评论和文学批评史中占有重要地位。所谓“典雅、远奥、精约、显附、繁辗、壮丽、新奇、轻靡”的“八体”之说，基本上概括了多种风格的创作特色和语言特色。这“八体”，我们至今还在用来品评和概括作家、作品的创作特色和语言风貌自然，这“八体”，还只是个大体的分法。实际上，风格是在无止境地变化着、发展着和多样化着的。

语言风格的多样化，标志着创作个性的多样化。创作风格的多样化，实质是“艺术美在多种形态上的表现”，它直接关系着和显示着创作的繁荣和兴旺。只有姹紫千红、千种百样的创作风姿和语言光彩，才能映现出生活的真实风貌和富厚多变的底蕴，才能真实反映生活的立体而不是平面，才能成为真实生活的晶亮折光。只有多样化，才能拂去遮尘盖土而展现真实生活的千差万别、千变万化。

只有多样化，只有百花之齐放，百样风格之争妍，才能有真正的文坛盛景，真正的创作繁荣。

风格的多样化，也才能满足人们多样化的审美需求，也才能满足人们可贵的、无止境的、高尚的艺术情趣的索取和享受。无论是阳刚之美，还是阴柔之秀，无论是陶土之朴，还是刻缕之华，都富有极高的、普遍意义的美学价值，都应是审美范围的意趣和追求。单一化、刻板化、没有鲜味儿、多味儿的语言，是难以塑造摇曳着迷人光彩的艺术形象的。

语言风格和创作方法密切相关。语言风格在一定程度上受不同创作方法的影响和制约。作家的笔触，或白描，或浓摹，或大笔粗写，或轻抹柔润，或彩墨泼洒，或平实，或恬淡，或清雅，或纯净，或绮丽，或华美，或刚健，或激越，或昂奋，或豪壮，或雄浑，或奇丽，或粗犷，或炽灼……笔势语调，都因创作方法诸如写实的现实主义、写主观情怀追求的理想主义，写意的象征主义的不同而异。《迷人的海》《北方的河》的笔调、语言艺术手段，大致与象征主义创作方法相适应。这两篇小说，是寄寓人生哲理的写意之作，它大量采用了拟人等的修辞手段。

鲜明而独特的语言风格，既要受题材、人物性格、创作方法、特定的时代环境影响，更要受制于作者的气质、性格倾向，作者的艺术观念、艺术理想和情趣的追求、生活经验，特有的心理历程、知识的积累、文化素养等，特别是与对民族文学语言的感悟、敏锐程度和将之融汇于自身一体的创造力相关。具有鲜明而独特风格的作家，其笔端流出的墨液，都散溢着作家独有的色味，字行的栏杆后面，闪动着作者那双“心灵窗户”的眼睛。

语言风格，千种百样，却是在民族语言深厚的肥土沃壤中培植起来的，浸润着民族语言的浓香乳汁，来源并汇融于民族语言风格的历史长河，翻卷着长江的浪花，展示着黄河的雄实，飘溢着故国乡土的芳香，风发着屈原、李白、杜甫、施耐庵、曹雪芹、鲁迅等文学巨匠的气宇、神采、灵气。近年小说新作的语言，光艳照人，不愧是富有创造性的、充满时代精神的民族风格，中国气派！

不同的语言风格的形成，同作家独自的运用语言的技巧直接相关，同采用不同色度、力度、浓度、强度、响度、厚度的语辞相关，同独特地调整句式、组成句式和捻拨语言音流的琴弦相关，同最大限度地按照自己对语言美感的不同选择、调动和寻索种种修辞手段相关。托尔斯泰曾说："语言艺术家的技巧在于寻找唯一需要的词的唯一需要的位置。"语言技巧在形成语言风格上的重要性不可忽视。作家的语言技巧，总是与所选用的题材和对题材的艺术处理的不同角度相适应的，作家对语言技巧，总是为形成"唯独"的音响特色的语流去浸染、滋润、焕发作品的艺术形象和艺术境界而作"唯独"的选择的。

作家的语言风格，并非凝定不变。因为"在艺术追求中，常常会出现这样两种情况：一种是四面出击，多方探索、不断在尝试中发展，此类作家具有一种创作爆发力，他们的作品的局面是多样化……"。阿城的语言基调是简捷的，但在《孩子王》中，又添上了新的格调，他在《遍地风流》中塑造的带有神奇色彩的铜像般的骑手的语言，却如峭壁险壑、峻岭古道、山风炙阳一般。邓刚的语言基调闪烁着钢花星火和咸腥的海鲜味儿，而他的《金色的海浪在跳动》《芦花虾》又呈现出质朴、恬美、柔韧的特色。张承志的语言格调基本是雄健而炽热，而他的《九座宫殿》又给人以凝重、沉郁、深厚的语感，《黑骏马》《骑手为什么歌唱母亲》更有着抒情散文的韵致。

语言风格的形成，有个初萌、发展、成熟的过程。王蒙的语言，有着"自由地跳跃联结，大海般汪洋恣肆的雄浑美"；张洁的语言，有着"'深秋的白桦林'般的深沉美"；高晓生的语言，有着"'言不尽意'，寓庄于谐，富有'韵外之致'的含蓄美"。这种种富有魅力的语言风格，是作家在长期实践中执着探索追求的结果。

我们的小说新作的作家，其语言风格有的已经成熟，有的已趋成熟。而有的还处于酿成过程中，但是，小荷尖尖，必绽出漫天霞光，映得满塘瑰色一片。

愿我们时代的文学弄潮儿们，像海碰子那样，去探索语言艺术的奥秘，去捕捉去摘取语言艺海中的珍品。让羽毛丰满、异彩缤纷的语言翅膀，载着更多的艺术瑰宝，翱翔于祖国的晴空碧海。

《野草》的曲笔及其语言形式*

鲁迅笔下的格局，是弘阔而超拔的。无论是密集掷去的匕首和投枪，还是沉默中的呐喊，是荷戟独行的彷徨，还是一枝枝夕拾的朝花、一丛丛“青青生着”的野草，都伴和着“血荐轩辕”的赤子之心的跳动，回应着推翻吃人筵席的鼎沸吼声，焕发着“断然不容他人追踪”的艺术风采。鲁迅就是以他浩浩的艺术精品系列，“侵入了高尚的文学楼台”，在亘古及今、连绵起伏的文学峰峦中，矗立起一座巍巍煌煌的峻岭。

鲁迅的作品，能如此强烈地引动人们心灵的共振，产生出如此巨大的艺术冲击力，无疑是他那对“灾难深重的中华民族”的深切忧患，他的炽烈的爱与恨，他的清醒头脑、犀利目力以及且勇且韧的冲锋陷阵和耿耿的鞠躬尽瘁。而作为一位文化战线上的民族英雄，武器自然是笔，是一支高超的笔，一支根植于民族和世界深层文化的笔，一支融学者、哲人、思想家、诗人和战士的墨汁为一体的、独具格调的笔。

我们掩下卷来，匆匆地回思着。在难以平静的感奋中，会惊叹鲁迅笔触的无穷魅力，会渐渐地领悟出生发这魅力的笔法。鲁迅更多是以“含着别样”，即寓含深意、浓情、哲理的曲笔，来创造同是“含着别样”的艺术天地的。

“文似看山不喜平。”文学作品贵曲，是所谓“贵曲者，文也”，“为人贵直，而作诗文贵曲”。古今中外，大凡佳作，是起伏的山峦，非坦坦之平野，是波涌之江河，非滞寂之水潭。然文之“曲”，需靠笔之“曲”，靠逶迤之笔造成某种暗含，借婉曲之辞，辟出一条曲径，通向另一个理念和情感世界。

曲笔，一般指托物寄情、借体明志、言此意彼、意在言外、言而不尽、意味无穷的含蓄笔法。曲笔有广狭之分。狭义的曲笔，主要指文艺学范畴的一种艺术构思的表现手法——象征；广义的曲笔，还包括修辞学范畴的某些特定的言语表达格式——修辞格，

---

* 此文载于《河北大学学报（哲学社会科学）》1993 年第 2 期。

如暗喻、拟人、借代、双关等。二者不属于同一范畴，但却是密切相关着，彼此之间存在着一定的对应和选择关系。往往象征体本身，就是暗喻辞格的喻体，而象征体——暗喻体的创造，又往往需要相应地选用拟人、借代、双关和其他言语表达手段，靠这些言语手段使象征体成为“直接现实”，从而达到象征的旨意和目的。这样，文艺学范畴的艺术构思的表现手法，在选择着修辞学范畴的言语手段，言语手段也在选择、适应、并在相当程度上决定着艺术构思的文学表现手法，甚于相关着它们创造出的艺术形象的艺术生命和美学价值。这种特定艺术构思的表现手法与言语格式的这种特定的选择、对应和相成关系，揭示了文学艺术和语言运用艺术、文艺学和作为语言学分支学科的修辞学之间固有的对立而又交接、重合的特定关系。

曲笔，这种以暗含隐示、若隐若现、非直言明说的文学表现手法和言语表达方式，根源于客观事物赖以存在和其间关系的基本形式，根源于文学艺术的基本特征和普遍的艺术审美心理、习惯和趣味。宇宙万物，皆为曲，因曲而成，因曲而存。日月星辰，花鸟鱼虫，无不以曲为外在形式。在人的审美观念中，无不以多姿多彩的曲的存在形式为美，就是朦胧，也是一种曲美。金黄的圆月固然晶朗，疏桐背景后的缺月更为动情；晴空下的波涛固然壮观，松月下的清泉更加怡人。那举头望月低头思乡的情怀，何以千吟不倦？因为那情那景，都在曲、在幽、在迷蒙、在冥渺之中。作为宇宙万物灵长的人类，其体也是曲成的，其体也因曲而美；而人与人之间错综复杂的交往，心理和情感活动的本身和交流，尤其在特定的环境中，更是迂回曲折而至于捉摸不定的。人们，就是在这宇宙万物的基本存在形式和漫长的交往历史过程中的、以“曲”为主宰形式的熏陶中，形成了带有普遍性的传统审美观念和情趣，并广泛地渗透于人类的理念和艺术创造活动之中，渗透于作者和读者的心灵交流之中，从而形成人类一种普遍的文化心理，一种虽然共有却是程度各异的特有的民族文化心理。华夏民族在数千年的特有思想观念和交往习俗影响下而形成的、文学创作与鉴赏的“曲美”艺术倾向，便属于这种文化心理的类属。

文学艺术创造中的这种曲折观念和笔法，导致了文学作品的丰富性、多样性和魅力无穷的艺术性。作为语言艺术的文学范畴如此，作为色线艺术、音符流动艺术以及凿刻艺术的范畴亦是如此。即便是种种艺术风格，是阳刚还是阴柔，是豪放还是沉郁，是粗犷还是细腻，是明畅还是婉约，是华美还是平朴，亦多是曲笔形成。古今中外，以象征的文学表现手法，和与之相应的暗喻、借代、拟人、双关等语式创造出的曲笔作品及其种种风格作品，难计其数，如屈原的《桔颂》、周敦颐的《爱莲说》、郭沫若的《屈原》

中的《雷电颂》、瞿秋白的《一种云》、茅盾的《白杨礼赞》、杨朔的《荔枝蜜》以及高尔基的《海燕》、雪莱的《西风颂》等，无不将旨意“置以为像”。由此，我们也可以看出，曲笔与某一种艺术风格，象征手法与含蓄风格，隐喻、双关等语式与婉约阴柔风格之间，没有完全的必然联系和对应关系；而对诸种不同的文学样式，却有着较大范围的选择性。诗歌、散文，尤其是一些极富于诗质的抒情、写意散文，多采用曲笔。因为深沉、浓烈的情怀，深层的意蕴和哲理，是要靠曲笔来“达”出的。

然而，曲笔的曲致各有不同。鲁迅的曲笔，带着浓重的个性色彩和资质，独特的格调和韵致。它不同于同代作家朱自清、冰心、郭沫若、曹禺、巴金、老舍等笔下多种格调之“曲”。鲁迅的曲笔，是思想家、学者、诗人、作家、战士的曲笔，它融进了思想家的思辨与胆识，学者的博识与卓见，诗人的想象与激情，作家的敏感与创造力以及战士的无畏与勇毅，同时蕴含着文化先驱的清醒、洞察力与深沉的革命情怀，打上永远属于鲁迅的特有经历与高层文化素养的印记。

“文学，总是环境的产物。”《野草》写于20世纪20年代的北京，是《野草》的艺术构思和笔法形成的时空环境。应当说，《野草》的整体格调是含蓄，但却是饱含着“顽”与“韧”的抗争激情的含蓄，是“昏暗的夜”里的不屈的沉吟。这部“闪烁着希望微光”的散文诗集，为我们创造了一片片幽深渺远、奇特绝妙的艺术境地，一个个融诗情哲理为一体的艺术精灵。我们徜徉其间，会为那以野草装饰的地面而激愤，为运行着的地火而感奋、憧憬。野草们，各式各样，有的似乎还有点晦奥、奇诞、隐秘，但它们的根心里却炽热亢烈，有着春来又绿、烧不尽扑不灭的“野”劲儿。而在它们身上，我们还同时深深感受到绝妙的艺术情致，禁不住津津地咀嚼着，久久地寻索着、回味着。

《野草》之极富生命力，极富感染力，很大程度上仰仗于鲁迅的曲笔艺术——象征手法和相应的语式的独特运用。可以说，《野草》是鲁迅的曲笔艺术的精华与代表作。其中有不少象征形象的塑造，超过他众多的别作。文学范畴的象征，是一种重要的表现手法，它是通过某一特定的具体的艺术形象来表现与之相似或相近的概念、思想和感情。闻一多先生曾解释说，象征即隐语，是借另一件事来把本来可以说得明白的说得不明白点，它的效果不仅是消极的解决困难，而且是积极地增加兴趣，困难愈大，活动愈秘密，兴趣愈浓厚，这便是隐语的……魔力的源泉。这是对象征这种曲笔手法的特征及其艺术效应的简要而适切的概括。

“秋夜”，是个极富诗意的命题，然而鲁迅的《秋夜》里，没有赏心悦目的自然景物，没有绵绵的乡愁别绪，也没有凄冷的缕缕秋思；那里面有的只是高空、枣树、野花草、恶鸟、小飞虫，感到的是肃杀冷峻的气氛和明显地在笔下隐秘着的“别意”。作者笔下的一些自然物，平凡得不能再平凡，却是极富生命力异样的。在它们身上暗示着鲜明的感情倾向，虚拟着人情世态，幻化着作者的主观情意，成为作者心中的理想的艺术意象和境界物——象征群体。这里，作为文学表现手法的对象和作为言语特定手段的暗喻的喻体，被对接、重合为一体；而对这个统一体的塑造刻画，基本上采用了拟人格式，同时辅以其他言语手段，它们恰切而又充分地体现了作者的艺术构思和主旨。

秋夜的天空，“奇怪而高”，作者“生平没有见过”，它“非常之蓝”，“睒鬼眼、冷眼”，而且“口角现出微笑，自以为大有深意”，竟“将繁霜洒在我的野花草上”。这夜空的描述，虚虚实实，虚中有实，实中有虚。读者从这虚实相映之中，不难捕捉到其中的别意深味。这是一幅黑暗势力可憎嘴脸的写照，是作者对现实的真切感受与对夜空的奇特的人化感受的契合物，是作者憎恶、讥刺、鄙夷和对抗心理的反映。

脱尽了叶子和果实的枣树，“知道落叶的梦”，也“知道小粉红花的梦”。它带着皮伤，却仍要以它“最直最长的几根秃枝”“默默地铁似地直刺着”“奇怪而高的天空”，直使天空胆怯地“鬼睒眼”，使月亮也窘得发白。枣树胜利了，天空要离去，月亮也东边躲去；然而枣树毫不宽恕，要直刺痛击下去，“一意要制它的死命”。枣树，是文中象征群体的主角，是一切真正的革命者坚毅不屈、韧性抗争的象征体，我们甚至可以认为，是作者战斗生活中对敌人痛打猛追、沉毅无畏的自身形象。

园里的小粉红花，在繁霜的侵袭下，“在夜的冷气中”“冻得红惨惨地”，却仍然瑟缩地做着春来蝶舞的梦，梦中听见诗人的泪语，便欣然笑着。这清冷夜中的小野花，这大自然中的小生命的凄怜之状，是睒着鬼眼的黑暗势力对青年的威压摧残所致；小生命的梦，那听着蜜蜂唱春词的梦，是天真善良的青年的执着向往与追求。在小野花身上倾吐的怜爱，是作者革命人道情怀的寄寓。

那些从窗纸破孔撞进来的小飞虫，直向灯火扑去，有的壮烈阵亡，有的稍息着喘气。它们只有半个麦粒大，却苍翠得可爱。这些小飞虫，无疑是追求光明、不畏牺牲、平凡而伟大的青年英雄的化身，作者在庄严肃穆中怀着敬意，祭奠这些年轻的生命，这些民族的精魂。

《秋夜》是一篇精心构思出的艺术珍品，一篇隐含幽深的诗质散文。作者用象征手法创造出一幅奇异、隐邃而超凡脱俗的秋夜意境，暗示着 20 世纪 20 年代两种敌对力量之抗衡。文中的主要象征体，是枣树和夜空。这两个象征形象尖锐地对抗着。作者主要借助于拟人辞式来表达，并获得极大的艺术感染力和极强的寓旨性。拟人辞式运用中出现的一些反复语辞，如夜空的“奇怪而高”“睒鬼眼”“仿佛想离开人间”，枣树的“简直落尽叶子”，“默默地铁似的直刺着奇怪而高的天空”，细小粉红花的“瑟缩地”做着的“梦”，梦中的春来秋去，秋去春来等，是象征手法中常见的笔法，目的在突出象征意图，在强调和渲染，是暗语中之明示，曲说中之执意。

文学作品的象征性艺术形象的创造，无论是通篇整体的，还是局部的、个别的，大都采用比拟表达手段，赋予它们人的性格、行为、思想、感情。这种表达手段，便于作者借人化之托物，更生动、亲切、含蓄而又酣畅淋漓地与读者做心灵深处的沟通和汇融，从而增强艺术渗透力，使读者更易动情、悟理、感奋。

作者在行文中，还不时采用一些语调平缓却委实是着意之笔，即特定语境下字面语意作暗中转移的双关语式和婉曲之辞。如天空“奇怪而高”，“我生平没见过这样的奇怪而高的天空”，它映着“冷眼”，“自以为大有深意”；诗人将泪擦在小粉红花最末的花瓣上并告诉她，冬后“接着还是春”，“她于是一笑”，“仍然瑟缩着；枣树当枣子和叶落尽后的“弧形”，“欠伸得很舒服”，“护定……皮伤”，“一无所有的干子”一意要制那睒着许多蛊惑眼睛的天空于“死命”；那吃吃的半夜的笑声“就在我嘴里”；小飞虫遇到火，而且“我以为这火是真的”，“我又听到夜半的笑声”等，这些在象征手法的表现中常用的以言外之意为主的曲含和双关语辞，大大增添了曲笔艺术的浓郁意趣、情味，烘托了象征形象的艺术氛围，引发着读者的无尽的联想、想象与领悟。

读者在领悟与回味中，自然还会思及着：秃枝枣树，极细小的粉红花和后窗玻璃上丁丁碰撞的小飞虫，是些平常得实在难以引起平常人青睐之物，何以能以默默直刺天空、做着秋去春还来的美梦、“苍翠精致”阵亡于火的情态身姿，何以闯入作者的视野，活脱于作者的笔下？秋夜的天空、月亮、星星寻常是风月骚人篇章里最寻常的醉吟之物，为何在作者笔下大相径庭地是那般的恶相？它们为何一反常态地成为被作者憎恶、鄙夷、讥嘲和反目怒视之物？应当说，这不仅仅是一般的以象征为中心的艺术构思，一般的曲笔的运用，一般的在特定环境中特定心态的产物，而还应是作为思想家、文学家和革命战士，在特定现实环境的深切感受中形成的审美观念和艺术趣味的支配下所做的选择和追求。这就是鲁迅的曲笔艺术的独特与高超之处。可以想象，在众多的，甚至在成就卓著的名家笔下，也很难对类似寓含的象征体——暗喻体，作这种近乎“怪异”的取用；而鲁迅，在这些秃枝、小野花、小青虫的物态情状上，找到了最适切的心像、心志、情怀的替身，从而含蓄而又淋漓地舒吁出对猛士的韧毅斗争精神的礼赞，对天真善良受尽摧残却信念坚定的青年的同情，对英勇献身的精灵的追怀敬祭之情。于是，自然地超常地以逆反之笔，绘出夜空、星月的可憎、狡黠又怯懦的嘴脸——一幅黑暗势力的写照。

《野草》之具有“艺术的高度优美性”，其首篇《秋夜》，尤是吻合这评价的。全篇的构思和表达，十分精巧而奇美，象征手法与完成象征体的塑造所用的文辞，更是和谐融合。笔法极富曲致，笔调极富情韵，是一首无韵的诗，一篇诗味极浓的散文。语式的多姿，语意的蕴会，语调的激抑与回宕，将文中诗质的情、意、理、韵，作了深层的融合，浑然为一体，展示出一方弥漫着奇异隐秘气氛、咀嚼不暇的艺术天地。那里面，可谓无一景一物之虚设，无一冗词赘语之杂芜，处处是明写中之曲示，缓言中之倔强。

鲁迅曾说过：我的那一本《野草》技术并不算坏。这是鲁迅对自己众多作品的艺术技巧，在比较中的谦逊的、少有的自我肯定。

给人以美妙遐想和感奋力量的《雪》，在《野草》中亦是一首富于诗思诗情、意境奇美的散文。那里面，“曲笔”的艺术构思，文辞的运用，独具魅力。无论是江南的雪野、北国的雪宇，都那般令人心驰神往，激动不已。读者的思绪、心灵，也会在明艳滋润和闪闪旋转的雪花中，纷飞，升腾、升华。两幅雪景中，分别寄寓着作者对美好理想世界的执着向往，对抗争力量的高吟亢诵。作者的深情、明丽的笔调，为暖国的雪谱写了一曲报春短笛。雪花“滋润美艳”，隐约着青春气息；多姿多彩的冬花，把皑皑雪野点缀得光艳照人。宝珠山茶，单瓣梅花，蜡梅，绿草，嗡嗡着的蜜蜂，嬉戏着垒雪罗汉的稚童们，目光灼灼地嘴唇通红地坐在雪地里的罗汉，好一片报春的雪景，透着盎盎春意！这番江南雪野的表述，除采用“是极壮健的处子的皮肤”“像紫芽姜一般”等比喻格式之外，几乎全是直接以描摹来状物之情态。作者在遣词上极为讲究，十分注重词语的情感、形象、音调和语体色彩，注重词语句式的润饰，使之与曲笔艺术形象本身以及它们所寓之情与旨，协调一致，和谐统一。例如江南雪的“滋润美艳”，宝珠山茶之“血红”，单瓣梅花之“白中隐青”，蜡梅之“深黄”“磬口”，杂草之“冷绿”，蜜蜂之嗡嗡“闹着”，“壶卢”般的雪罗汉的“闪闪地生光”以及晴天后的“水晶模样”等。这雪野美景的绘写，笔调明快，语辞剔透晶莹，情韵欢愉，格调明丽。作者绘写的这幅江南雪图，亦是个艺术构想中的象征形象。这形象的寄意十分明显。作者着意点染，是在告诉人们，春在萌动，雪在消融，春天和希望，难道还只是虚幻明灿的憧憬吗？的确，在春雪与冬花上，在蜜蜂与稚童身上，在雪地里坐着的、晴天后消融成水晶模样的雪罗汉身上，颤动着作者缕缕情思上的春韵。

朔方的雪，却是另一番景象。作者以粗犷的大笔挥洒着。它们永远如粉如沙，在旋风中奋飞，又如包藏着火焰的大雾，在日光中灿灿地生光，它们弥漫太空，使太空旋转而且升腾地闪烁。“在无边的旷野上，在凛冽的天宇下”，“蓬勃地奋飞”，它们“是雨的精魂”，这幅阔远凛冽、周天寒彻的北国冬雪图景，显示着大自然的无穷威力。它是不可抗拒的震撼力和作者内心顽强奋争的映照，是一首亢奋不羁的“力”与不屈精神的颂歌。无论是暖国的报春雪野，还是北国的飞雪天宇，都是在隐含、在象征、在寄寓美好的理想、积极的人生和蓬勃的抗争。我们从暖国里映着冬花的雪野中，感到春意、暖流和希望；在朔方的雪的旷宇里，感到心灵的腾旋、震颤和愤愤不已这两幅格调情致完全相反的雪野，是革命志士和诗人的深情寄托，是民族脊梁的高尚情怀的吐露，是作者耿耿矢志的表白。《雪》，实在是一尊构思超凡，令人难以释手的艺术精品。它是那样地机契着漫漫长夜里“铁屋子”里人们的心怀、向往与追求，切合着深层的艺术鉴赏心理和情趣。它那极浓的艺术资质和语辞，载托着作者的寄意，渗透着人们的襟怀，浸润着人们的性灵，升华着人们的憧憬，沸腾着人们的热血。自然这种艺术效应，也还应当归之于作者那“不错”的“技术”——独具匠心的象征性曲笔，以及将之传输于世而成为“直接现实”的艺术语言，特别是那些多姿的语辞句式与谐合于主旨、形象、意境、情韵的种种修辞格式。艺术形象的艺术性和艺术形象赖以降生入世的语言形式，是相辅相成，正如前面所说，艺术形象的美学价值和社会效应，在很大程度上决定于笔法，决定于语言表达方式的择用。鲁迅曾说：因为不能修辞，于是就不能达意的。在鲁迅的言语实践中，对词语、句式的采选是极精细的，精细到同义关联词语“然而”和“但是”的相互挪动和调整（因为它们还有语体色彩之别）。我们读着《野草》，特别是其中的《秋夜》和《雪》等篇章，便会感到作者的语言功底极为深厚，却又是为着充分地“达”出而着意润色整饰的。

鲁迅的曲笔，也往往托借梦和幻境以明志达情。梦与幻境，虽缥缈而非实存，却还是大体根植于现实和可能的现实的。它们有时实际是作者现实体验中种种心态的映现。《野草》中的《好的故事》，展示了一个云锦般的梦境，讲着一个美丽、幽雅有趣的好的故事，是极富于天趣的佳作。故事中对故乡美景的梦幻般追忆，绝非纯然的闲情绘写，虽然在追写中，委实可享有短暂的怡然之悦。这幅云锦般的艺术境地，依然是曲笔下的借托之物。它的指向，是与昏沉的夜似的黑暗现实的比照与抗衡，是向人们展示一个高尚美妙于现实社会的美的人和美的事织出的世界，预示着《秋夜》里的落叶的梦，必是未来的现实。这在繁响和烟雾包围而成的昏夜里的追忆中所见所写，实是有天然情趣。故事里是一片宜人村景：山阴道、新禾、野花、村女、大红花、云……在澄碧的小河中倒映着，跟游鱼、日光一起荡漾着，忽而融汇，忽而碎散，忽而相互交织成童话般奇丽的自然春景；青天上面，是一一可见的无数的人和美的事。一切是那么清新、幽美、清纯、透明，美妙而和谐，天然成趣。作者爱这好的故事，一切的美在吸引着他，禁不住“要凝视他们”。这山村的云锦春景，无烟无爆响，不正是人们理想社会的缩影吗？

故事的天然成趣，来自一颗对美好社会执着向往之心，也来自对这美好社会所怀的纯然之意，怡然之情，兴然之趣。这意、情、趣给作品带来了净化、超逸、祥和之美。而这美，是从极富色泽、情味的文辞中流溢出、跳荡出的。为着这幅云锦，这个“万颗奔星似的飞动着”的象征体，作者几乎通篇采用参差相间的短小句式来编织的，因而也给人以明快、活脱、轻灵的语感和波动自如，欢快迂回的旋律感与它们应和着作者的兴致、内心的节律，如溪流般时而清波乍起，时而涓涓流淌。尤其是那些四字一格的句子、大量的不加饰语的单个景物词语的顿、逗平列，顶真和排比套迭起来的表达和比喻的运用，更增强了整体象征形象的内在协调韵致和律动的外在化。整个《好的故事》，在作者浸满色泽的曲笔下，似牧童短笛般地令人心悦神往。

故事愈好，那里面的人和物和事愈美，便愈益鲜明地反衬着现实的、似夜般的昏沉。愈益引动读者心灵的共鸣，从而憎恶昏沉的现实，向往云锦般的未来。在绘写“好的故事”的行文中，双关语意，隐隐浮出，时而将沉迷于天趣中的人们拉回现实，暗示所用曲笔的隐含旨意，如“鞭炮的繁响……是昏沉的夜”“我一一看见，一一知道”等。这些双关语辞，调子似乎平缓，却透着深沉，透着一种在沉夜里的苦闷、幽愤、执意与斯待。

《腊叶》是一首深沉的心曲。它因一片压干的枫叶而发，“是为爱我者的想要保存我而作的”。干枯成蜡色的枫叶，是作者久战不息，积劳成疾的自况的象征。《腊叶》寄托着积极的人生态度和奉献者的哲理，透露出对同壕年轻战友的爱护、关切感激和希望。《腊叶》的曲笔更幽，幽意更邃远，深藏着十分高尚的胸怀和情谊。不由使我们想到作者的自白：野蓟经了几乎致命的摧折，还要开一朵小花。是谓一息尚存，战不释手。

《野草》的其他篇什，如热情讴歌猛士的《这样的战士》和《淡淡的血痕中》，惊喜并为之感奋于青年灵魂觉醒的《一觉》，冷嘲中庸者与奴才的《立论》《聪明人和傻子和奴才》，无情抨击麻木精神的《复仇》，倾吐自我情愫的《风筝》等，虽然因为题材的不同而格调有异，却多是以独特的曲笔艺术，托呈于读者面前，并获得非凡的艺术和社会效应。

我们还应提到的是《野草》的序文《题辞》。它把丛丛扑之不灭、烧之不尽的“野草”，以蘸满激情、藏着“地火”的笔触，献于“友与仇，人与兽，爱与不爱者”。这篇集序写于国民党右派白色恐怖笼罩全国、绞杀革命志士“如草不闻声”的 20 世纪 20 年代。作者对往昔的自己和《野草》做了回思反顾。对暴政酷世的愤怒控诉，尤其是对革命风暴的急切渴求与呼唤，汇成滚滚巨流，奔突而出。作者的胸怀是那般无畏与坦然。贯串全篇的是滚烫炽烈的文辞。这文辞运载出的，是直面枪林刀丛的警言，是奔涌着热血、凝定着必胜信念的战斗檄文，是激情澎湃、深沉隽永而又充满哲理的诗篇。

《题辞》在厚厚的语言层面下，运行着熊熊地火。这地火在层面的缝隙之中，时隐时进，给读者的心灵以强烈的冲击和震颤。作者大量运用的种种隐曲的言语格式，简短快捷、错综有致的语句和诗行排列的形式，融成了似政治抒情诗一般的昂奋而沉洪的音调节奏。

《野草》，实在是不平凡的。高超的曲笔艺术和曲辞，把你滋养成一棵高拔精悍的大树，把你焕发成一尊精美的艺术珍品。

翱翔吧，《野草》，连着你的《题辞》，在悠悠于今巍巍于未来的艺术峰岭之间，永远拍着你那勇毅的富于曲美的翅膀。

朱自清散文的语言特色*

朱自清的散文，意境隽永，诗情醇厚。《荷塘月色》写那宛如舞裙的荷叶、溢着清香的荷花，多么迷人；《绿》写那荡人心神的绿、飞瀑溅出的水花，令人流连忘返；《桨声灯影里的秦淮河》写那悠然的桨声、微黄的灯影、“绿如茵陈酒”的秦淮水，久久地荡漾于胸怀耳畔。而《春》，却展现出一幅万物苏醒、明媚开阔的图景。

一切有价值的文学艺术作品，都必须具有美的素质。朱自清的散文，正是如此。其文辞之美，在有它独自的凝练、细腻生动、清新自然、富于情韵和音乐美感。

“温润碧玉”般的凝练

朱自清的散文，无论直抒胸臆，还是绘写物之声色情态，都仿佛给人以珠圆玉润的感觉。特别是一些动态词语，更是闪现出柔美的异彩。

“树叶儿都绿得发亮，小草也青得逼你的眼。”（《春》）仅用了一个“逼”字，把春草亮绿的色泽，写得可感可融，真切生动。

“从帘的上端向右斜伸而下，是一枝交缠的海棠花。花叶扶疏，上下错落着，共有五丛；或散或密，都玲珑有致。叶嫩绿色，仿佛掐得出水似的。”（《“月朦胧，鸟朦胧，帘卷海棠红”》）文中绘写的是一幅画上的海棠花。着墨不多，而花姿叶态，花色叶泽，却栩栩如生；“交缠”二字，呈现出海棠枝的风姿情状；写叶的鲜嫩，仅用了一个极寻常的口语“掐”字，而这一掐，那茵茵的绿，灵灵的水，像是要滴下来似的。

“这个亭踞在突出的一角的岩石上，上下都是空空儿的，仿佛一只苍鹰展着翼翅浮在天宇中一般。三面是山，像半个环儿拥着。”（《绿》）奇哉！梅雨亭。寥寥几笔，借助作

* 此文载于《文献》第十辑，署名为作者笔名箫乡。

者奇巧的联想，展示出一幅“鹰击长空”般神奇浩壮的景象。那一“踞”、一“浮”、一“拥”，便点出了梅雨亭的英姿、神态、气概和所处的位置、地势。

“揪着草，攀着乱石，小心探身下去，又鞠躬过了一个石穹门，便到了汪汪一碧的潭边了。”（《绿》）这是写到梅雨潭边赏玩的路上的情景。仅用了四个句子，四个动态词“揪”“攀”“探”“过”，便概括了一连串的自上而下的连续动作和过程，充分体现了散文语言所必具的简洁、准确和利落。

朱自清散文的语言，字字句句凝聚着作者独到的观察和感受。使人感到凝而不滞，不杂瑕疵，也不冷峻，恰似琳琅满目的碧玉。

“轻风流水”般的清新自然

读着朱自清的散文，如习习清风，拂面而来，柔润平和，清心惬意；又似明净的小溪，淙淙不断，流人心田。

《春》，是一首诗情洋溢的散文诗，充满着作者对春的渴望和礼赞。无论写春光、春花、春草、春雨、花香、鸟啼、蜂唱、蝶飞、村舍、农夫、炊烟、风筝，还是描拟春天的形象、抒发内心的感受，语言新鲜明快，像是被引到春天的碧野，满目清朗。那湿润凉爽的气息，畅人肺腑，使人情不自禁地也要舒活舒活筋骨，抖擞抖擞精神。

《荷塘月色》中，那繁星般的朵儿，联想中的六朝热闹而风流的采莲季节；《绿》中那融了一块蓝天似的绿，溅着晶亮水珠的飞瀑；《桨声灯影里的秦淮河》里那“飘飘然如御风而行”的江游，无不像是从散发着鲜爽气息的涓涓语流里淌出的一般。

但是如果仔细品味，就会感到在不同的描绘和抒写之中，语言虽然同是清新畅豁，却有着不同的韵调：

“小草偷偷地从土里钻出来，嫩嫩的，绿绿的。园子里，田野里，瞧去，一大片一大片满是的，坐着，躺着，打两个滚，踢几脚球，赛几趟跑，捉几回迷藏。……鸟儿将窠巢安放在繁花嫩叶当中，……唱出宛转的曲子，跟轻风流水应和着。”（《春》）可以体会到流畅中有跳跃、伶俐，如嬉戏哗笑、腾跃向前的小河，又似暖烘而调皮的春风。

“月光如流水一般，静静地泻在这一片叶子和花上，薄薄的轻雾浮起在荷塘里，叶子和花仿佛在牛乳中洗过一样；又像笼着轻纱的梦……”（《荷塘月色》）从这段描写中，又可以体会到流畅中的平匀和稳贴，犹如脉脉细语，潺潺溪水，又似清凉而柔和的晚风。

两种不同韵调的清新自然，都给人以美的语感。

“飞花碎玉”般的生动形象

朱自清散文的语言，达到了“如见其人，如见其物，如闻其声，如观其形”的表达效果。读着他的散文，如像透过密密而齐整的字行的栏杆，清晰地看到了奇丽的景象：

“那瀑布从上面冲下，仿佛已被扯成大小的几绺；不复是一幅整齐而平滑的布。岩上有许多棱角；瀑流经过时，作急剧的撞击，便飞花碎玉般乱溅着了。那溅着的小花，晶莹而多芒；远望去，像一朵朵小小的白梅，微雨似的纷纷落着。”（《绿》）美极了！自古以来，有多少画师曾挥动画笔，绘出多少壮美的名画；有多少诗人引吭高歌，谱出多少伟丽的诗篇！然而，飞瀑在朱自清的笔下，却是另一番情景。在作者逼真的描写、形象生动的语句之中，读者会感到置身瀑边，与作者同观共赏。那“飞花碎玉”也似乎飞溅到身上；“朵朵小小的白梅”，也似乎轻轻纷落在脸上，凉丝丝的；而那潭水边清冽的水气，更是爽心。

“弥望的是田田的叶子，叶子出水很高，像亭亭的舞女的裙。层层的叶子中间，零星地点缀着些白花，有袅娜地开着，有羞涩地打着朵儿的；正如一粒粒明珠，又如碧天里的星星，又如刚出浴的美人，微风过处，送来缕缕清香，仿佛远处高楼上渺茫的歌声似的。这时候叶与花也有一丝的颤动，像闪电般，霎时传过荷塘的那边去了。叶子本是肩并肩密密地挨着，这便宛如有了一道凝碧的波痕。”（《荷塘月色》）这是文中一段最精彩的描写。作者在这里创造了“如情似梦”般的意境。朦月下，荷塘里的花叶，粉酥晶明，妩媚动人，在幽蓝的夜空和脉脉流水的映衬之下，如像天池里文静的鹭鸶和俏丽的浴仙。

入微的观察，独到的感受，翩翩的联想，是从作者细腻形象的笔尖流出来的。那飞瀑与荷塘的影像，如像极美的镜头和浮雕，刻在读者的脑海。

“文学是语言的艺术”。朱自清散文的魅力，正是以艺术的语言，创造了优美的形象。

“红艳欲流”般的情韵

文章的情采风韵，蕴蓄在情景交融的绘写之中。“含情而达，会景而生心，体物而得神，则自有灵通之句。”

“纸右一圆月，淡淡的青光遍满纸上；月的纯净，柔软与平和，如一张睡美人的脸。……花正盛开，红艳欲流；黄色的雄蕊历历的，闪闪的。衬托在丛绿之间，格外觉着妖娆了。”（《“月朦胧，鸟朦胧，帘卷海棠红”》）那片片花瓣上“欲流”的艳红，撩人情思。使人想起健美的村姑红扑水灵的脸庞，她欲言又忍的含情神态。画上的一枝海棠花，在作者富于神韵的笔下，如此娟美动人。望着它，心中便洋溢着“在亲爱的人面前那种欢愉”（车尔尼雪夫斯基语）的美感。

“桃树、杏树、梨树，你不让我，我不让你，都开满了花赶趟儿……鸟儿……高兴起来了，呼朋引伴地卖弄清脆的喉咙，唱出宛转的曲子。”（《春》）春花斗艳，不相谦让；鸟儿结伴，欢唱跳跃，卖弄歌喉。作者用孩童般活泼的谐语，绘出一幅繁花似锦、莺歌燕舞的闹春图，寄寓了作者迎春、争春的欣喜情怀。

“那高踞着的一只八哥儿，又为何尽撑着眼皮儿不肯睡去呢？……您该找着那卷帘人了？他的情韵风怀，原是这样这样的哟！……我拼着千呼万唤；你能够出来么？”（《“月朦胧，鸟朦胧，帘卷海棠红”》）作者以诗人的想象力，认定卷帘后面，有个人儿，于是发出痴情的呼唤，呆等着她走出来“这样这样”一语，更是富有情趣兴味。

“在浑沌的灯光里，渗入一派清辉，却真是奇迹！那晚月儿已瘦削了两三分。她晚妆才罢，盈盈的上了柳梢头。天蓝得可爱，仿佛一汪水似的。”（《桨声灯影里的秦淮河》）初出的婵娟，盈盈步上柳梢。“盈盈”，多美多动人的情态：她含而端庄，姗姗地踏着芳步，将清辉洒向人间。“一汪水似的”，写出了月夜的天空，纯净、平和、透明、静谧，如像心灵洁美的人的眼睛。

时而情韵盎然，时而谐趣横生。富于情趣，是朱自清散文语言的一个显著特色。它给文章带来情致潇洒、轻松活泼的气质。一篇状物抒情的散文，如果只是着意点染；而不融情入景，化静为动，则至多不过给人以逼真感，却不能动人情怀。王国维在他的《人间词话》中讲道：“一切景语皆情语也。”真可谓至理名言。一切优秀散文的语言，都应以此为标尺。不过，似乎还可以添加一句：一切景语皆我语也。因为“非物无以见我，而观之时自有我在”。

“欹斜腾挪”般的多姿

语言之美，还应有着参差交错、富于变化的语姿。陆机在《文赋·自序》中写道：“夫放言，良多变矣。”单调平板的语言，是不能产生美感的。朱自清的散文语言，有着特有的灵活多变。他善于调动种种语言因素和不同的语言手段。绿，象征着生命与活力、和平与宁静，是大自然色彩的基调。朱自清喜欢绿，喜欢写绿，这表现出他对美好事物与理想境界的追求与讴歌。他的散文，特别是他的一些状物抒情的散文，似乎都染着浓淡相宜的绿。作者笔下的绿，十分迷人，而与绿所取的角度、语言的表达方式和选用的词语，也是多种多样的："油油的绿意""闪闪的绿色""平铺着的厚积着的绿"，是直接描写绿的光泽、浓度；"温润的碧玉""蛋清那样软那样嫩的绿"，是运用比喻，间接地写绿的质地；"冷冷的绿着""奇异的绿""醉人的绿"，令人心神"摇荡"的绿，是写作者的感受——绿的诱力。写绿，笔触富于变化，细致入微；绿，在作者笔下，令人神往。

"红的像火，粉的像霞，白的像雪。"（《春》）比喻和排比套用的句式，写出了春花的多采绚丽；"雨是最寻常的，一下就是两三天。可别恼。看，像牛毛，像花针，像细丝，密密地斜织着，人家屋顶上全笼着一层薄烟。"（《春》）几个比喻，把春雨的纤细、浓密、迷蒙和润物无声的轻柔，描写得极为形象。

"枝头的好鸟为什么却双栖而各梦呢？在这夜深人静的当儿，那高踞着的一只八哥儿，又为何尽撑着眼皮儿不肯睡去呢？他到底等什么来着？舍不得那淡淡的月儿么？舍不得那疏疏的帘儿么？"（《"月朦胧，鸟朦胧，帘卷海棠红"》）对着八哥，发出一连串痴问。这种将人的感情赋予自然物的拟人法，比直接抒发更饶有兴味。"轻风起来时，点点随风飘散，那更是杨花了。——这时偶然有几点送入我们温暖的怀里，便倏的钻了进去，再也寻它不着。"（《绿》）那溅着水花，像顽童般嬉戏逗趣。这一"钻"，便将水花人格化了。既表现了水花溅落到人身上时瞬息即逝的情形，又表现了作者喜爱、渴得的心情和一颗天真的童心，还增了文章活泼诙谐的气氛。

朱自清的散文里，迭词很多。单是在《桨声灯影的秦淮河》一文中，就有四十余处。迭词的恰切运用，使文章所描写的形象更为真切，语言更富于节奏感。"疏疏的林""淡淡的月""黯黯的水波""缕缕的明漪""漾漾的柔波""微微的云"，读起来朗朗上口，有特殊的韵调美。

句式的变调调节，也有独到之处。"闭了眼，树上仿佛已经满是桃儿、杏儿、梨儿！花下成千成百的蜜蜂嗡嗡地闹着，大小的蝴蝶飞来飞去。野花遍地是：杂样儿，有名字的，没名字的，散在草丛里，像眼睛，像星星，还眨呀眨的。"（《春》）这长短错落的句子，描绘出了喧闹、缤纷的春景，体现了形式比较自由的散文的语言特点。

灵活多样的语言形式，使朱自清散文语言，凝练、清新自然、生动形象而富有情韵，也使他的散文语言呈现出婀娜、扶疏的风姿美。

细味朱自清散文的语言，处处可以感到他融化了中国古典的诗文。《荷塘月色》中对荷塘的描写，使人联想到六朝的采莲曲；《"月朦胧，鸟朦胧，帘卷海棠红"》中对疏帘后面佳人的呼唤，使人联想到“帘卷西风，人比黄花瘦”，“千呼万唤始出来”；《桨声灯影里的秦淮河》中的“飘飘然御风而行”，使人联想到“我欲乘风归去”；《绿》中的“揪着小草，攀着乱石，……”使人联想到“伐竹取道，下见小潭，水尤清洌”。其他如“独月”“凝碧”等语词的活用，更是不胜枚举。从意境到神韵，从情致到词语，无不感到“似曾相识”，却又清新。无不感到文章从内容到形式，又淡淡地染了一层典雅美的色调。这种善取巧用，为我们提供了从古典作品中吸取精华的经验。

朱自清的散文，又是现代白话文的典范。郁达夫在《新文学大系·散文二集导言》中指出：“朱自清虽则是一个诗人，可是他的散文仍能够贮满着那一种诗意，文学研究会的散文作家中，除冰心之外，文章之美，要算他了。”朱自清的散文及其语言，自成一格，独具特色，直到今天还值得我们学习和借鉴。

蘸着海水的笔触——《雪浪花》的语言艺术*

诗的意境，美的形象，精巧的构思，清新的格调，是杨朔的散文创作追求的艺术高度。他的不少优秀散文，比较完美地达到了这个理想的艺术境界。《雪浪花》是其中颇具艺术特色的散文名篇。

“文学是语言的艺术。”没有语言的艺术，便没有文学。只有写罢最后一笔，才有文学作品的完成。文学的美学价值，最大程度上或者说是最终取决于富于美质的艺术语言。任何完美的文学作品，都是完美的内容与完美的语言形式高度和谐统一的结合体。诗的意境，要靠诗情浓郁的语言来创造；美的形象，要靠性格化的艺术语言来刻画；精巧的构思，要靠巧妙的语言来组接；清新的格调，要靠富于独创的语言运用来呈现。

《雪浪花》比起作者的其他散文名篇来，语言更为质朴自然，洗练灵巧，色调也更为恬淡清朗。它没有过多的彩笔渲染，没有令人心醉的荔枝蜜的黄灿晶亮和香甜，也没有火焰般的茶花的艳红和与之映衬的叶碧。它除去结尾处一片霞光的点染之外，全篇几乎都是白描素写，难以摘出几句惊人的华词丽语。

然而，正是在白描素写里，语语平中见奇！意境人物、篇章格调之美，全蕴在语辞的平实洗练之中。

凉秋八月，天气分外清爽。我有时爱坐在海边礁石上，望着潮涨潮落，云起云飞。月亮圆的时候，正涨大潮。瞧那茫茫无边的大海上，滚滚滔滔，一浪高似一浪，撞到礁石上，唰地卷起几丈高的雪浪花，猛力冲激着海边的礁石。那礁石满身都是深沟浅窝，坑坑坎坎的，倒像是块柔软的面团，不知叫谁捏弄成这种怪模怪样。

---

* 此文载于《语文教学》1985年第9期。

这幅图景，寥寥几笔，便使人如观其形，如闻其声，如临其境。绘写图景的语辞，纯净得像秋日的晴空，洗练得如海水冲刷的贝壳卵石，生动得似飞泼飘洒的朵朵浪花，清新得如徐徐拂面的潮润海风。语言的运用，与所绘之景，融成一片内在的和谐美。

景中的那个“唰”字，是极寻常的象声词，由于恰到妙处地用到特定的语境里，产生出极大的响度和力度，这一“唰”，猛地将雪浪花高高托起，铺天盖地地向礁石飞扑而去，显示出雪浪花齐心合力、势不可挡的自然力。这个象声词的妙用，不仅渲染了气氛，更突出地点了文题。

景中的那个比喻，细细品味，也颇含深意。作者选取了日常生活中极寻常的事物作比譬，把礁石被浪花冲刷成的种种形态，描绘得活灵活现。这极寻常的比喻，同样地更显示了浪花的威力：坚实似铁的礁石，被浪花揉捏得像块奇形怪状的面团儿，暗暗地点出了全文主旨。同时，这一比喻，在结构布局上还是引出姑娘们的议论和老泰山出场的伏笔。

西天上正铺着一片金光灿烂的晚霞，把老泰山的脸映得红彤彤的。老人收起磨刀石，放到独轮车上，跟我道了别，推起小车走了几步，又停下，弯腰从路边掐了枝野菊花，插到车上，才又推着车慢慢走了，一直走进火红的霞光里去。

好一幅恬静苍悠、撩人情思的夕归图！

这幅画的笔触，自然得像天边缓缓舒卷的云朵，平凡得像路边一小簇野菊花，明快得像老泰山一“收”一“放”，一“掐”一“插”的利落动作，而“一直走进火红的霞光里去”的一笔，却是浸润着诗情的景语，映现着诗景的情语。这一笔，是个双重语义的句子，寓意深远。老渔民人老心红，年逾古稀，心气犹旺，大有“老夫喜作黄昏颂”的思想境界：他身披的一片霞光，不也正是充满阳光、希望、温暖、幸福的火红年代的写照么？

海边戏浪嬉笑的几个姑娘，那见着“一只海鸥，两片贝壳”和奇形怪状的礁石而睁大的一双双惊喜的眼睛，那发出的天真稚嫩议论，是文中的又一幅图景。绘写这幅图景的语言，更富于散文句式的灵活多变的参差美。

三幅图景——大海、海边、夕归的意境和语言格调，都因看内容对象的不同而有所差别，虽然它们都和谐地汇统于全篇的整个意境和语流的主旋律之中。

散文的语言形式是丰富多样的，无论是词语、句式还是辞格。为了适应海阔天空的散文领域——或写人，或绘景，或抒情，或议论，必将调动和汇集众多的各式各样的语言表达形式。《雪浪花》的语言，充分体现了散文语言灵活自由、参差有致、畅朗明快等等特点，同时更具有它独特的语言素质：质朴洗练，平中见奇。所谓“奇”，主要指非凡的表现力，异乎寻常的艺术魅力。

《雪浪花》的人物形象描写，也体现了上述语言特色。这篇散文的主题是借对停车老渔民的性格、经历、心灵的绘写，讴歌劳动人民的美德和齐心创建人民江山、建设新生活的无穷力量。

老泰山这个艺术形象，给人以深刻印象，虽然他不是一个干过惊天动地事业的英雄，而只是一个在旧社会饱经磨难、在新社会里晴天打鱼、闲时干些杂活的普通老渔民。然而，在作者的笔下，这位普通渔民成为令人喜爱、可敬可佩的感人形象。作者对这一人物的刻画的手法是多种多样的，或对话，或侧写，或直叙，或曲说，或置之于特定的场景刻意烘托。而其中，更多地采用对话。

“是叫浪花咬的”的一声笑语，将人物引到读者眼前。于是，我们看到了一个爽朗风趣的老渔民。这虽是一句寻常的玩笑话，只要仔细品味，便感到很不寻常。其中尤其是那个“咬”字，很有分量。作者不只是用它构成比拟而使其形象逼真、生动有趣，突出老泰山的豪爽性格和信念，更是借以寓含全篇哲理性的主旨。

“别看浪花小，无数浪花集到一起，心齐，又有耐性，就是这样咬啊咬的，咬上几百年，几千年，几万年，哪怕是铁打的江山，也能叫它变个样儿。”老渔民讲出的这番话，揭示了他内心蕴藏的无穷尽的智慧、力量和信念，这番哲理话语，出自老渔民的嘴，是符合他走南闯北、经得多、见识广，有着几十年的海上生涯，深识人情世故的身份和刚毅性格的。话语虽然是“慢条斯理”说的，却是铮铮作响地掷到了读者的心坎里。

“人家不都歇，为什么我就应该多歇着？我一不瘫，二不瞎，叫我坐着吃闲饭，等于骂我。好吧，不让咱出海，咱服从；留在家里，这双手可得服从我。我就织渔网，磨渔钩，照顾照顾生产队里的果木树，再不就推着小车出来走走，帮人磨磨刀，钻钻磨眼儿，反正能做多少活就做多少活，总得尽我的一份力气。”这是在海边休养所院里的苹果树前和“我”的一席叙谈。多么可敬的老人啊，他终年终日闲不住地干，时时想着多出一把力，多流一滴汗，事事关心集体，急人之急。这一席叙谈，无一丽辞，地地道道的劳动人民的口头语，给人以亲切、诚挚、明快之感。

老渔民对往事的追忆，诉说了他昔日的苦难生涯，活灵活现地揭露了帝国主义分子的奸狡欺诈，表达了他的愤慨。“苦人哪，自小东奔西走，什么不得干……有一回，一个外国人，看上我的驴，……那外国人想雇我的驴去逛东山……你嫌贵，我还嫌你胖呢。胖得像条大白熊，别压坏了我的驴……我的驴，你的屁股，爱骑不骑……见他的鬼！他连一个铜子儿也不给。”完全是身份化、性格化的语言，像老渔民那样爽快，干巴利落。写人，必须看准对象，用语尤要适应人物的性格、身份、气质和场合，如果让老泰山讲出一串串长句，或谨严的嵌满关联词语的干瘪文绉的“书生腔”，就会不三不四，老泰山将面目全非了。

除了用对话描写人物之外，作者还借助其他手法，如比喻、意境烘托等。

> 老渔民长得高大结实，留着一把花白胡子。瞧他那眉目神气，就象秋天的高空一样，又清朗，又深沉。

老泰山的神情、气宇、心地，在这个精巧美妙的比喻中透露出来，作者给老泰山绘出了一幅苍劲、豪爽、心地纯净开阔、亲切而逼真的肖像画。

文章末尾，作者把泰山置于诗意浓郁、诗情荡漾的夕归图景之中。特别是那掐插野菊花细节的妙笔点缀，那“走进火红的霞光里去”的至美至善的意境的烘托，将人物形象升华到全篇艺术境界的制高点。身披霞光的老渔民那如似泰山般高大、古松般苍劲的身影，顿时突兀在我们眼前。望着这身影，怎不遐思悠悠、心潮起伏呢?

“山野之人，值不得留名字”，多么淳朴感人的话语！啊，我们的老泰山们，我们久经磨难的人民，我们默不作声只知贡献自己的人民，我们齐心咬礁的雪浪花们，你们勤劳聪慧，刚毅自信，乐观豪爽，热爱生活，不求名利，从无非分之想而又力大无比！你们是我们民族的基石！正是你们，我们才长城不倒，黄山巍巍，长江不断，黄河滔滔；你们的无坚不摧，支撑着共和国的大厦；你们的劳动汗水，“养护着共和国国徽的光泽”。

散文，是“飞的艺术”，清末文论家刘熙载说：“文之神妙，莫过于飞。”所谓“飞”，主要指神思的驰骋，题材的广泛自由，表达方式的多种多样。然而，正如人们所熟知的，散文的真谛是形散神聚 ，如纸鸢漫天游弋，悠然自得，却是受着一根根绳索的牵引。一篇散文，可以上涉盘古，下及万代，神驰千里，情纵碧霄。然而，必须服从全文的主旨和线索，否则将散乱一片，不知所云。散文的结构和语言，其实也应是“形散神不散”，不可一味无拘不羁，随兴而来。古往今来的散文名篇，无一不是貌似“摆龙门阵”，实则围绕中心精心谋篇、潜心酌辞。

《雪浪花》的布局是巧妙而缜密的。一事一物，一语一景，一堆浪花，一块礁石，一朵野菊花，皆非虚设。从开头到结尾，从场景的转换，从人到事，从事到物的过渡，作者围绕主线，为层层深入、步步推进地展示人物的心灵、性格和深化主题做出了精心的设计和安排。而用以勾勒结构轮廓、衔接场景的语言，则是同创造意境、刻画人物那样平朴洗练，灵活多样，精当巧妙。

情景交融的意境，富于魅力的艺术形象，恬淡清丽的色泽，新鲜美妙的比喻，白描素写的手法，特别是参差错落、平朴洁美的“清英之句”，畅朗明快的语流旋律，汇成了全篇独特而清新的格调。

《雪浪花》不愧是浩瀚艺海中飞出的一朵浪花。

《雪浪花》的语言，又恰似浪花溅洒的串串水珠。

河北大学
文学院教授文库

下编

语言修辞

文艺修辞学与诗歌修辞*

艺术语言修辞，是修辞学的一片广阔而富饶的领域。这片领域早已被普通修辞研究广泛涉及；但作为一门学科范畴来专门研究，在我国还是近年的事。

普通修辞学从普遍而纷繁的修辞现象中研究并阐述修辞现象自身的普遍性规律，即在特定的表达主旨和语境支配下，完满实现表达意图目的的语言手段的一般规律。这规律具有理论上的普遍性，实践上的通用性，从而构成修辞学的基础理论。

当代科学的日新月异，必然导致学科视野的扩展和沟通；各学科之间一定限度的交接与“合作”，又连绵出一个新的“日新月异”。向修辞基础理论研究的广度深度进军，必然延伸到多个学科领域，自然首先是它的近邻学科——文艺学。这样，在搭建学科领域之间和之内，一定程度和范围的交接融汇而成的边缘学科如雨后春笋并硕果累累。这一科学形势，推出了修辞学不同角度不同层次的分支学科，文艺修辞学便是其中的一个分支，而且是一开始便以令人瞩目的身姿屹立于当代多支学科之林。

人们的修辞活动总是具体的，这具体又是多方面的：所写文章的体裁类属是具体的，行文中的语言环境是具体的，语言环境中的选词择句用格是具体的。因而当从修辞的泛现象中归纳出的一般规律回过来指导十分具体的修辞实践时，就会产生不同程度的距离感。这种距离感主要指基础理论与实践之间普遍存在着的较疏的契合。无论多么完善的普通修辞学也难以较大程度地缩短这个距离，重要原因之一是学科范畴任务所限。

具体的修辞活动，要求对具体所涉，首先是对所写之文章体式的基本特质及实现这基本特质的语言要求，有准确而充分的认识和把握。在长期的修辞基础理论知识的研究探索中，研究者们已认识到了这一点，并将人们在具体的交流中形成的不同语言系列划分成不同的语体，对这不同语体特点，做了简略的却是相当高度的概括与论述。这不仅

---

* 此文载于《河北大学学报（哲学社会科学）》1992 年第 1 期。

丰富了基础理论，增强了基础理论的实践指导性，更为语体修辞理论提供了理论根据。文艺修辞学是在文艺语体理论的启发下并以之为起点拓建而成的。文艺修辞学是普通修辞学与文艺学在一定范围程度的交接汇融中形成的边缘学科，是修辞学的一个分支。既是边缘学科，自然要受修辞和文学创作双重规律的支配，这双重规律不是简单相加和平行的关系，而是有机结合在一起共同完成指导塑造艺术形象的语言运用任务的。

文艺修辞学，是以文学艺术创作的审美标准为基点，充分调动语言内在的艺术美因素、赋予文学艺术形象以最大限度的、完美的、语言形式的学科，或者说，是研究如何为文艺学艺术形象寻找最理想的语言表现形式的学科，我们甚至还可以将它简言为研究语言艺术化规律的学科，研究艺术语言手段的科学。对文艺修辞学性质、内涵的这个界定，印证了文学的艺术类属——“文学是语言的艺术”，也反映了文学与修辞学内在的亲缘关系，依存关系。只有写罢最后一笔，才能有完整的文学作品的诞生，犹如最后一根线条、一抹色彩之于绘画，最末一个音符在五线谱最末位置的跳荡之于乐章，最末一层金粉的涂染之于殿堂。完美的文学形象有赖于完美的艺术语言，完美的艺术语言只有托载出完美的文学形象方显其存在的价值。从而，我们认识到文艺修辞的有效研究，其学科的实践意义是无可估量的，尽管它本身不能替代艺术语言最佳效果的使用所必备的其他条件，也不可能是取缔长期实践、立竿见影的灵丹妙药。

文艺修辞学较之普通修辞学更能直接地、切实地、有效地指导文学艺术作品的修辞实践，它们之间是个别与一般、个性与共性、专门与普通的关系。文艺修辞学肩负的任务是根据作品的表达需要，根据塑造艺术形象的美学要求，寻找最理想的艺术语言形式，使艺术形象和艺术形象的语言表现形式最大限度地和谐统一，成为二者俱美的极富艺术魅力的艺术品。为此，文艺修辞学研究的对象范围是跨学科的，研究方法是综合的，非单一的，既要根据文学的本质、艺术构思的特点、艺术表现手法、艺术风格和不同文学体裁的相异性，研究艺术语言（指文学语言）的总体特性和不同体裁的艺术语言特性，还要研究形成这种种特性的语言艺术手段等。文艺修辞学是个庞大、纷繁的学科体系。

文艺修辞学的成功研究，不仅仅能生出自身直接服务于文学创作修辞实践、创造完美艺术形象的无尽效能，而且有助于普通辞学体系的发展与完善。分支学科的大量成果，可以去补益、充实、丰富、深化它的母学科，将之推向新的高度，为之开创新局面，使之反过来从新的理论高度指导分支学科。

文艺修辞学的研究资源是极其富厚的。从悠远岁月的动人民歌，到当今时代的名篇巨著，延绵成一座座文学艺术的丛山峻岭。这山岭深处，蕴藏着文学语言的宝藏，为文艺修辞研究提供了无与伦比、大有作为、通向更新更灿烂的广阔的语言艺术的天地。这取之不尽、用之不竭的艺语宝藏，有待我们去开采，淘濯，冶炼，让它们更好地铺垫并照亮通向更辉煌的艺术殿堂之路。

我们在前面已提及，文艺修辞规律的研究和掌握，不能替代文艺修辞实践本身，更不能替代其它必备条件。要达到理想的修辞效果，还在于长期的“积累”，在于“熟练”，在于这“积累”与“熟练”与表达需要的顺时应势的、自然巧妙的契合。这里所说的“积累”与“熟练”，自然是指丰富的生活体验、深入细致的观察力、感受力联想力、想象力的培养和修辞实践经验技巧的形成。这些必备条件的具备，途径是从现实生活的广阔天地里索取，从浩瀚的书海中广采博集，从长期不断的苦练中潜心领会，只有这样，才能卓有成效地提高、才能得心应手，在艺术语言的园地里，酿出晶黄芳香的甘蜜，结出璀璨夺目的硕果，从而在斑斓缤纷的文苑里，立出光彩照人的艺术形象。

文艺学范畴的文学，是以艺术语言为表现形式塑造艺术形象反映社会生活、表达作者人生态度和思想感情的一个艺术门类。文学的这一特定的性质与任务，决定了作为文学艺术形象的物质外在表现形式的语言特性，决定了艺术语言与非艺术语言如科技、公文语言的相异性。艺术语言是绘形表情语言，而非概念术语作逻辑运行的语言。文艺修辞学的任务是根据文学艺术的特殊的性质和任务，研究艺术语言的总体性的和各种不同体裁的语言特性以及形成这些特性的语言手段的普遍规律，从而指导文学创作的修辞实践并佐助对作品的理解、鉴赏和品评。

文学艺术语言的一般特性中，首先是形象性。语言的形象性是艺术语言普遍的同时也是本质的特性，它取决于文学艺术形象反映客观世界和主观情意的本质规定性。普列汉诺夫曾指出，“形象性是艺术的最主要特点”，作家“一面形象地理解世界，一面又借助于形象解释世界”。作为艺术的重要门类的文学，自然以“形象”为本质特性，同时也自然是以“形象”为起点和终点构成文学创作活动的全部过程。作为一开始就伴随着这个以形象为特点的艺术构思活动直到将整个艺术构思活动的成果赋以物质形式而具有一定时空位置的语言，必然而且必须具有相应的形象性。

艺术语言的形象性是指用以塑造艺术形象的语言，具有描摹富于美学意义的形体、状态、色泽、声响的性能，它要求将作者构想中的人和物、境和事，富于艺术美感地、引人产生艺术联想和想象地付诸视觉，通向多路感觉，成为似乎可触可感的意象物，给人以临物置境的真切感。这就是说，艺术语言的形象性，要求“象”客观的、主观的存在物之“形”；但绝不是简单的影写和复制，而是能生发出艺术感染力的绘写、呈现。

“葡萄沟呵葡萄沟，葡萄沟横抹千山秀”“亭亭座座珍珠塔，层层迭迭翡翠楼”（《秋到葡萄沟》）。这是诗人张志民面对长势喜人、丰收在望的葡萄沟景象，发出的高吟美唱。诗中的这两个句子，有大笔勾写的葡萄沟丰收全景，也有精巧而玲珑的诗句展现出的葡萄沟的丰收近景。从放眼远望到细观近看，从油然而生的美的联想、想象到酿成构思落笔成句，这全过程是“形象”在主宰着的。这一形象化过程最终由形象化的语言来体现与完成，从而将潜心的读者引入葡萄沟胜景，为那如画师给千山横抹秀色的、阔大浓绿的葡萄沟的气势感奋不已，为那缀满珍珠翡翠般的飘溢甜香的葡萄“塔”“楼”醉而忘返。为着适于这一极美的画面和独特的感受，诗人在前后两景的绘写中，分别采用了复沓，拟人和对偶（宽式）、比喻、量词重叠等表达手段，并获得景与辞所呈现的形象高度和谐的效果，尤其是绘写后一景的两句，从形体、色泽到音响节奏，恰似沉沉垂挂着的珠玉般玲珑亮绿的葡萄。

艺术语言的形象性往往和生动性相伴。艺术形象的塑造，不仅要求以细腻的笔触，浓淡相宜的彩墨，给读者以视觉上真切的形体感、色泽感，更要求动态感，要求艺术形象跃然笔下，立在纸上而呼之欲出。只有生动之形象，形象之生动，才能散发出内在与艺术形象的真美与诱力。物有生机，体有动态，绘写之语，必须艺术地传输出千体万物外在的动态，而使其动人、感人。艺术语言的图画美和雕塑美，应是意味着大师手下的画面和塑像的动感美，虽然任何名画和名塑的制作，只能截取活动流程中的一个横切面、凝定点和一个停步，然而作品提供的信息，却是连续活动的过程。用以塑造文学艺术形象的语言，也应具有相对静态绘写中蕴含或展现生机和连续动态的艺术功能。“这个亭踞在突出的一角的岩石上，上下都是空空儿的，仿佛一只苍鹰展着翼翅浮在天宇中一般。”（《绿》）文中的一“踞”，一“展”，一“浮”，绘出了处于静态的梅雨亭临空欲飞的神态，令人神往奋发，展现了散文家朱自清奇巧的想象与联想力、艺术感受力以及由此而凝成的绝妙比喻和动态词语。

文学是用语言塑造艺术形象的艺术，它要反映客观，传情达意，因此艺术语言的另一重要特性是情意性。情意性是文学艺术的自身规律和所负任务所决定的。艺术形象的塑造，对客观的反映，无疑是通过作家头脑的，因而这个艺术形象和客观，必然不同程度地附粘着、蕴含着作家的人生态度、主观情意而使其成为“第二自然”。纯客观的即第一自然的文学作品，实际是不存在和不可能存在的，即便在所谓自然主义作家笔下。具有社会责任感的作家更是在自己的作品中适切地强化主观情意和感情倾向，从而透过作品形象，动人情弦，激励人们顺乎社会发展趋势去改造生活，创造美好的未来。郑板桥的“手中之竹又不是胸中之竹也”“一两三支竹竿，四五六片绿叶，自然疏疏淡淡，何必重重迭迭”，讲的虽是绘画之道，却也相通于文学创作之法，作品形象所反映的客观，只能是经过作家头脑过滤的作家心目中的客观，这心目中的客观必然倾诉着作家对客观的理解、解释、态度和感受，必然打上作家个人的思想感情的印记。事实上，作品在构思的一开始，在典型化过程中，在形象化、生动化的同时，已经在情意化了。作为物质表现形式的语言，其情意性是指语言渗透着作家的主观意念倾向，蕴含着作家的情感意图，即指情意色彩。只有富于情意的语言，才是真正的艺术语言，才能适应并强化着文学形象的情意性，创造出富于艺术感染力的作品。具有情感色彩的语言，还具有传统作家给无情无意之物以虚拟情意的功能，从而使“一切景语皆情语也”。（王国维《人间词话》）这里的“景”，应是包含着“物”与“境”的。“情一样深呵，梦一样美，如情似梦漓江的水!”（贺敬之《桂林山水歌》）漓江的水，十分迷人，柔水漾漾，波光粼粼。水中桂林山峦的神姿仙态如美的梦幻，缥缈奇特，幽深茫远。作者此情此景中产生的独特感受与联想，绘成这情意融融的至境，回荡着诗人深深的咏赞，引动着读者心驰神往、久久遐思。诗里情、梦与水的比喻，“美”与“水”韵脚的相协，浸润着作者胸臆中“恰似漓江春水”般浓浓情韵。

真正富于感染力的语言，不仅仅是形象生动，蕴含情意，还应是富于乐感的，即具有音乐性。从自然界到人类社会、事物的动态、人的意念和情感流动，往往伴以不同形式、不同高低缓急和强弱的节奏旋律。艺术语言的音乐形式，具有状摹物态、传达情意以至烘托整个作品的艺术形象和艺术境地气氛的功能，同时，还直接关系到整体的情韵格调和美感效应。老舍曾提醒我们，要发挥“语言音韵之美”，“不要叫文字爬在纸上，要叫文字的声音响到空中”。自古以来，从文圣诗仙到里巷村野的说书艺人，无不讲究语言之乐美，文论家们也无不注重对语言的音律研究。可以说，文学艺术，也应是语言的音乐艺术。作家在艺术创造活动中，对自己民族的语言的音乐素质的领悟、把握和利用，极为重要。汉语是极富乐感的语言。字调的高低抑扬曲折变化，语音学上“乐音”之占优势，音节之分明，双声迭韵词和迭音词之众若繁星，字“韵”的充盈等，赋予了汉语天然的独有的音乐资质，为汉语的艺术运用、开辟了广阔天地。《蒹葭》伴着怀念、追求、迷惘、感伤的缠绵低回的音调；“采菊东篱下，悠然见南山”，踏出了闲舒怡然的心灵漫步；“随风潜入夜，润物细无声”，抚出了春夜细雨润物的幽声渺音；“两岸猿声啼不住，轻舟已过万重山”，跃滑出三峡舟行疾飞和过山之后欣喜轻快的节奏；“大江东去，浪淘尽，千古风流人物”，是豪放激荡的铮铮音响；“春蚕到死丝方尽，蜡炬成灰泪始干”，则是苦恋心灵静静吐滴的绝吟。语言音符就是如此地富于乐美。

艺术语言除去上述共同特性之外，还因文学样式的不同艺术构思，特点和任务衍生出诸种文学体裁自身的语言特质，从而与艺术语言的普遍特性构成个性与共性，特殊性与一般性的关系，随之而赋予文艺修辞学的任务亦具有一定程度的相异性。

诗歌是以凝聚着艺术语言特性的语言，借助丰富的想象和联想，高度集中地反映社会生活、抒写主观情意的一种文学体裁。诗歌的语言具有鲜明的个性特征。诗歌修辞的任务，就是根据这些特征，探求最富美学效应的最佳诗语手段和形式。

凝练美。无论是诗象、诗境、诗情和诗意，都是高度地集中和浓缩的，作为外在表现形式的语言，自然应具有高度的凝练美质。“理想的文学语言是晶莹而精圆的。”（柯灵）这里应是指诗歌语言的如珠似玉的凝练特质。不仅要凝练，要凝练得美，要美的凝练，即所谓好语如珠。只有凝练，才能包容精髓的意蕴，浓重的诗情，沉甸甸的诗歌形象和境地，才能有回味不尽的含蓄和韵致。诗的凝练，实质上是诗意诗象诗情的大幅度跨越，诗歌这种文学样式的内容形式特点，决定着不是写过程，而是写结果，不是诗思诗情的轨迹的记录，而是诗思诗情晶体的闪烁。那过程是由读者在“晶体”的启发和牵引下，通过想象与联想，去联结、组合，甚而重构。“诗象星星，不妨疏疏朗朗，闪闪烁烁；散文象活水，要娓娓地流下去……”，这其实是形象地道出诗的艺术形象、情意和表现形式的跳跃性。“蚕在吐丝的时候想不到吐出一条丝绸之路。”（艾青《花与刺》）这一“吐”字的连拈，凝聚着诗人深邃、绵长、奇巧跳跃的大跨度的时空构想，融进了对桑蚕这小生灵给人类文明做出巨大贡献的无限敬佩之情。

绘画美。除去部分直抒胸臆和纯哲理诗之外，诗歌大都借助于高度概括的图景，形象地抒写浓情深意。“诗是无形的画，画是有形的诗。”这一判断，揭示了诗与画这两个不同的艺术门类的汇融性的相通关系。诗是言志达情的，途经往往是借助于绘出的诗象和诗境，因而诗中的画，是浸满诗人主观情意的。一首美的诗，往往是一幅美的画；一幅美的画，必是一首美的诗，一首诗情画意融为一体的诗。诗中的画，即诗歌中绘出的景象境地，不同于别的文学体裁中的景象境地，它是高度集中而又极其形象具体的，是体现诗歌形式和内涵特点的，是具有诗歌典型形象特点的。“你天外的来客，多么自由自在……湖上的浪花，天上的云彩。”（艾青《天鹅》）两个美妙联想中的喻体，如画师笔下的轻轻点染，展现出造型完美、体态轻盈、洁白如雪、“崇高而又温柔”的天鹅形象，透出诗人的深情咏赞，抒发诗人对美好事物的追求、钦慕情怀，引动着读者对天与湖的阔大空间翩翩联想，心灵也随之净化、升华。

抒情美。诗歌比起别的文学样式来，更富于主观色彩，即更为情感化。“诗者，抒情的韵律文字。”这一界说，应当视之为对诗歌体裁特点的最简洁、最概括的表述。诗，本是内在激情的产物，即所谓无情便无诗，无情无韵便无好诗。情与韵律结合的晶体便应是诗。即便是政治鼓动诗、叙事诗、哲理诗，也往往是而且应当是富于浓重抒情色彩的。不能动之以情的不为诗，只能晓之以理、以事的亦不为诗。诗人本应是“情人”，正如海涅所说：我的心胸，是法国感情的文库。无论哪种格调的诗人，笔下的诗行，不是吹起情感的涟漪，便是掀起情感的波涛。然而，诗情的寓含与畅发，往往是与诗象的绘写与呈现交融在一起的。而情与景的交融，使“一切景语皆情语也”。诗歌语言的抒情美，体现在以浓重的感情色彩的语辞绘制诗歌形象，以饱蘸感情海水的笔触挥洒诗人的胸中激情，倾吐诗人的心曲。“有情芍药含春泪，无力蔷薇卧晓枝。”（秦观《春日》）与其说绘出的是一夜春雨后的庭院小景，莫如说是以拟人手法绘写春花的多情慵倦的少女娇柔之态，透出诗人触景生情、情长意绵的生活体验和内心蕴藉。“每只泪盈盈的眼睛，都充满对阳光和雨水的感激。”（雷抒雁《葡萄》）一颗颗透亮晶莹的挂着滴滴雨水的葡萄，在诗人眼里、幻化成一只只盈盈的泪眼感激着自己的滋育者。诗人综用了比喻与拟人手法，以同样挂着感激之情的泪语，绘成这幅雨后的串串葡萄，倾诉着诗人的高尚、动人的情怀。字字句句皆是景更是情。情寓景中，景中寓情，这里情与景达到高度的融合与和谐，难以将它剥离。无此景即无此情，有此情必有此景。此景为生此情，此情必出此景。

音律美。严格说，任何文学样式的语言都应是讲究音律调节的。甚至在政论语体之中，也注重在不影响语意表达的前提下，适当调整语辞音调。俄国作家契诃夫曾讲过：我通常在校样上最后完成我的小说，而且不妨说，是从音乐的一面来修改它。艺术语言的乐美，是普遍性特征，以刻画人物性格和揭示人物内心世界为中心的小说语言，自然也要在音乐上下功夫。散文、戏剧语言亦是如此。诗歌语言是凝结着艺术语言种种美质的语言，尤其是它的音律美。前面所引之“诗者，抒情的韵律文字”一语，已明示出诗语的这一艺术特质。汉语有着天然的音乐美质，特别是字调的音高变化。只要我们充分地调动多种语音手段，使声韵协调，字调和谐，字韵相协，音节匀称，就会使语言的音流富于变化，富于旋律美、节奏美，或汇成春天的一溪活水，时而涓涓流淌，时而清波乍起，时而汩汩回旋，时而浪花飞溅；或奔涌出大江东去的滔滔声响，惊涛骇浪的隆隆轰鸣，从而使流动于诗歌形象的乐响和着读者心灵的律动，回荡飞升。诗的艺术魅力，多借助于将语音的美感因素的高度凝聚与诗象、诗情的高度集中统一起来的和谐。“自古逢秋悲寂寥，我言秋日胜春朝。晴空一鹤排云上，便引诗情到碧霄。”笔调清新明快。平仄、字韵、音节的完美调整，使人吟诵起来感到诗音朗朗，情思缭绕，悠悠重霄，与诗的内蕴——作者所独具的高远而乐观的心怀，汇融成一片内在的和谐。

诗语是极富艺术美的。上述种种诗歌语言的美质、产生自诗歌体裁形式和内容的规定性特点与任务。诗歌语言的这些美质的凝成与体现，又规定着诗歌修辞的艺术手段。诗歌语言的种种普遍性美的特质，要求高度集中地灵活运用多种特定的语言表达格式。十余种常用修辞格式对体现诗语的凝练美、绘画美、抒情美、音律美都具有相当程度的适应性，自然不同的美质对某种修辞手段的选择上，有一定的侧重性。这种体现上的“适应性”和选择上的“侧重性”与差异性是决定于诗语诸种美质之间的相通性、重合性的，我们很难在其间划分截然的界限或绝对的对应线。例如凝练美，往往借助带有浓重感情色调和透出美的音调律动感的典型性画面来呈现，抒情美往往借助具有高度审美情趣的画面和音调旋律来传输，有的诗歌的语言，或独具某一特质，或以某一、二特质为最或四“美”皆备。大凡名篇佳作，均能将诗语诸特质，集中而完美地汇聚为一体。修辞手段如比喻、拟人、借代、对偶、排比等，既能单个地凝成绘画美或抒情美，又可共同呈现绘画美和抒情美。由此，诗歌语言特质与修辞手段之间，具有区别着而又联系着的二重关系。

诗歌语言的诸种特质，除去普遍地采用多种辞格凝成和呈现之外，还相当普遍地借助于修辞范畴的变异性语言手段。在特定的诗歌形式里，诗人内心感受之独异，激情之勃发，心志之倾吐，思绪的幽渺以及所托载之诗象的描绘，往往会受到常规语言框架的束缚，即严格地循着语法规律的语言表达，已经不足以用，必须在一定程度和范围内，在一定的诗语环境里，作超乎异常的绘写、抒发与言理明志。只有这样，才能挥洒自如，酣畅淋漓，寓韵深远，韵味无穷。诗语的变用之处，往往也是出新、出奇、成巧之处，是精美绝妙之处，似夜空闪烁之晶星，如大海飞溅之浪花。“人们喜欢被不平常的东西所打动。”（亚里士多德《修辞学》）不寻常的表达，更易于拨人情弦，引人遐思，触动心怀，升华性灵。诗语的魅力也往往凝聚在这超常的变用上。自古以来的名篇佳句，因变异性表达而熠熠生辉者，为数不少。这种诗语的变异现象及其生出的艺术感染效能，本身也印证了内容决定形式、形式增色内容的辩证关系。当形式有碍于内容的充分完美表达时，必然导致常规形式的某种突破、创新，而使二者达到新的更高程度的适切与和谐。这就是诗歌语言的变异用法的普遍性所在。其他文学样式语言也偶有变用。

然而，语言的超常运用，即逾越常规语法结构的表达，必须在遵循常规语法结构的基础上进行，在特定诗境里的特定需要时采用，而且要适度，要有分寸。不能搞语言大改组，大重建、大翻个儿；否则将破坏整个诗歌形象，使诗思、诗情紊乱不堪。“变异”和“错乱”之间存在着一个分明而又极易逾越的界限。“变异”是艺术，“错乱”是怪诞。“变异”应是诗语高度凝练、含蓄、独特、新异、奇美的途径，应是引导读者与诗人心灵沟通的媒介，从而产生强烈的艺术渗透力，应是给读者带来深思、咀嚼之后的会心认可、赞叹与感动不已，而不是格格不入、疲惫不堪与困惑茫然。

变异性表达，即变通性表达，它包括词性的临时活用，句式结构成分的挪移、省略、逾越，词组组合上的调整、变更以及比喻、拟人、拈连、移就等辞格的独特运用，也应包括在借助于“官感直觉或情感态度上的联想，达到相互传导、呼应、挪移、代替、转换、打通”而产生的艺术通感心理，并在这心理支配下造成的种种词语、句式、辞格上的变异性表达。这些变异性表达，与实用性常规表达的不同效应，使诗语获得独具的、富于美学意义的艺术特质。

“枯藤老树昏鸦，小桥流水人家，古道西风瘦马，夕阳西下，断肠人在天涯。”（马致远《天净沙·秋思》）前几句均是词组的并排平列构成，每一平列成分都是诗景中的一个意象，在它们之间隐去了自然过渡的词语，使之直接跨越、转换，这在常规语言中是“违章”的，然而却是不仅为读者接受、理解的诗句，而且是展示出孤村的荒凉苍白，透出凄凉冷寂氛围和心境的、富于极强艺术感染力的绝唱。这超常的句式，可以说是散曲这类文学样式的形式框架与较大空间范围的图景意象，浓烈的悲秋诗情，绵长的思丝，词人着意点染烘托的艺术企望之间的不协调而“逼压”出来的，又因作者对字韵、字调的调节，造成变异性诗句畅若行云流水的音流美感，从而使这首曲子，体现诗歌体裁高度概括而又形象的特点、诗歌语言的独特性和艺术渗透力。“春色满园关不住，一枝红杏出墙来。”（叶绍翁《游园不值》）这是由一枝出墙红杏而产生的联想、由联想而吟出的千古名句。春色是呈现于自然空间的季节景象，是不可用院门去截、去隔、去阻的，因而前一句为语法和逻辑所不容，犯违反主谓搭配常规关系的错误，也违反客观事理规律，但从体现诗歌语言的特质、修辞技巧和艺术效果上看，却是绝妙的变用，它借助这种虚意实写的手法，展示出一幅盎然之春景春意，形象地融进去耐人寻味的哲理，传递出诗人的独特观察、感受、联想与独具情韵、幽默、敏捷的才思的信息。现代诗歌中诗语的变异用法，更是常见。“我摘下一串马奶子葡萄/摘下拓荒者成熟的理想/……拓荒者用大颗的汗珠/浇灌过绿色的希望/一条细嫩的葡萄藤蔓/爬进多少拓荒人的梦乡/我摘下一串马奶子葡萄/一串拓荒者沉甸甸的汗珠/收获一个熟透了的梦/一串甜甜的生活的向往”（高深《我摘下一串马奶子葡萄》）。全诗用多种变异性修辞手法，反映了诗人的独特构思，讴歌了拓荒者的辛劳、喜悦和高尚美好的心灵。“你的耳朵在侦察，你的眼睛在倾听，你的指挥棒上，跳动着你的神经。”（艾青《小泽征尔》）诗人“以耳为目，以目为耳”，在视听感觉的交相沟通的艺术心理基础上，作了异乎寻常的表达，把独具风格的指挥家的浪漫而精彩的指挥风姿，活脱脱地呈现于读者眼前。

以上论述，仅就文艺修辞学的整体格局和诗歌修辞，做初步的探索与阐述。艺术语言修辞这片广阔而富饶的领域，尚待研究者们长期的劳作，辛勤的深掘、探求与拓展。

汉语修辞研究史小引*

从悠远岁月的动人民歌，到当今时代的撼人巨著，连绵成一座座文学艺术的峰峦峻岭。这亘古及今的山岭里，蕴藏着丰厚的修辞研究资源。它们取之不尽，用之不竭，急待我们去开采、淘濯、冶炼，让它发光，照耀出一条条通向广阔的语言艺术天地的新途径。让语言艺术之花，飘散出更浓的芳香，结出更丰的硕果。

在汉语修辞研究的领地里，曾经有过无数开拓者，他们留下了深深的脚印，留下了珍贵的财富，其中有不少真可谓国之瑰宝。

人们把古希腊称作修辞学的摇篮。诚然，最早的修辞学专著在那里问世。希腊伊梭克拉兹（公元前436年—公元前338年）的《修辞术》，亚里士多德（公元前384年—公元前322年）的《修辞学》，特别是后者，堪为世界最早的修辞经典著作。然而，也差不多是与此同时，甚至更早一些的时候，我国的先哲们已经有不少有关修辞理论中基本问题的论述，并出现过一定范围内各抒己见的争鸣局面。其后，一直到21世纪初，虽然修辞专著不多，而有关修辞的研究，却是从未间断。其范围之广，程度之深，是迄今为止的西方修辞专门著作中所罕见的。一部五十余万字的《古汉语修辞学资料汇编》，反映了我国修辞学研究的基本面貌，说明我国修辞研究的资源之富有，可谓浩若烟海，蔚为壮观。其实，这一部资料汇编，也还非古代修辞研究资料的全部。由于种种原因，不少有相当价值的资料未被选入。譬如选不胜选的《文心雕龙》《诗人玉屑》《续锦机》等未选；训诂传注中有关修辞资料的《公羊》《穀梁》等书未选；以诗、词形成评论修辞诸问题的资料如《图书集成·文学典》《诗品》等未选；清代众多的笔记、类书中有关修辞的资料大都未选，梁章巨的《制艺丛话》等评论八股文中有关修辞学问题的论述未选，孙梅的《四六丛话》等谈四六文中有关修辞学问题的论述未选，专论赋体的《历代赋话正集·续

---

* 此文载于《河北大学学报（哲学社会科学）》1985年第1期。

集》中有关资料也未选。

古汉语的修辞研究，涉及到修辞领域的各个方面、各个角落、各类问题。它包括修辞的基本理论、修辞格式、文体修辞、文艺修辞、篇章修辞、语言风格、锤字炼句以及修辞批评等。如果将入选和未入选的资料加以整理研究，足足可以编纂出一部博大精深、卓有社会效益的汉语修辞史著以及种种专题论著，尤为可贵的是足可以撰写出一部富有创见和论辩色彩的修辞批评史。它们将是举世望尘莫及的。

先秦时期的修辞言论甚多，散见于经、史、子等专门著述和这些著作的序、论之中。有关修辞的言论，往往同作者的政治观点、哲学观点、教育观点、道德观点的论述交织在一起，并从属于这些观点，为这些观点服务。

“修辞立其诚”（《周易·乾·文言》），是著名的修辞论点，对后世的修辞理论和实践影响深远。它反对言过其实，粉饰言辞，言不由衷，要弄言辞骗术，提出修辞这一言语活动的根本立足点——从真情实意出发，为传情达意服务。修辞要以“诚”为本。“鼓天下之动者存乎辞”（《周易·系辞》），明确指出语言的社会功能——巨大的社会推动力，是与修辞直接有关的有识之见。“辞之辑矣，民之洽矣”（《诗经·大雅·板》），说明语言与治国安邦的密切关系：语言协和亲睦，百姓庶民顺附和悦。

著名的古代政治家、思想家、教育家孔子，有不少修辞理论性言论。其中影响深远的“志有之，言以足志，文以足言；不言，谁知其志？言之无文，行而不远。晋为伯，郑人陈，非文辞不为功”（《左传·襄公二十五年》），“名不正，则言不顺，言不顺则事不成”（《论语·子路》），揭示了语言的社会性质——交流思想的工具，论断了文锦之言的作用：表意明晰、概念确切的语言的社会性能以及在政治和军事斗争中的巨大威力。这些见解，都属于语言和修辞理论的根本问题。

“言之无文，行而不远”的论断，跟他的另一些修辞名言“辞达而已矣”（《论语·卫灵公》）“巧言令色，鲜矣仁”（《论语·学而》）等，是否为相悖之言？回答是否定的。“辞达”，是就语言的达意而言。我们认为，准确、简洁的表达是“达”，充分、畅发的表达也是“达”；木石之语，陶土之言是“达”，“穆穆皇皇”之文，文采缤纷之辞未必不是“达”。总之，凡是充分的表述，无论是言志、绘物、抒情，都应是“达”。而欲“达”，必须下一番修饰功夫，要加工润色，以臻完善。所以修饰文辞与“辞达而已”并不矛盾。实际上，它们是事理所然的因果关系：“辞达”必须整饰，整饰才能“辞达”。至于孔子对“巧言”的批评：“巧言乱德”（《论语·卫灵公》）和巧言“鲜仁”，则和整饰之辞是两回事。巧言是和顺美巧之言，这和美之言也应是饰辞，这是无可非议的。正如他在

“情欲信，辞欲巧”中的巧辞之说一样。孔子批评的巧言，可以说只是指虚浮不实之言，诡谲不善之语。所以，同是一个“巧言”的使用，内涵是泾渭分明的。共用一词，也不难理解，一是因为“巧”，本来就是一个多义词，一个带贬褒双重含义的多义词，古时如此，现今也如此；另一是由特定场合的表达需要所致。

后人对“辞达”有种种解释，可以证明上述对“辞达”的理解。其中如孟子认为的“有所蔽、所陷、所离、所穷四者，皆不达者也”，又如方孝孺认为的“夫所谓达者，如决江河而注之海，不劳余力，顺流直趋，终焉万里；势之所触，裂山转石，襄陵荡壑，鼓之如雷霆，蒸之如烟云，登如太空，攒之如绮縠，回旋曲折，抑扬喷伏，而不见艰难辛苦之态，必至于极而后止，此其所以为达也：而岂易哉！”（《与舒君书》），是对“达”的形象而酣畅淋漓的解释和发挥，真可谓对“达”之“达”说。

至于“巧言辩惠则贤”（《国语·晋语十五》），则更足以说明“巧言”的两种内涵。此处所指，自然是明达穆皇之语，而且把它作为“贤者”必备的条件之一。可见其对文饰之辞与“辞达而已”的关系的正确理解。

“明言章理，兵甲愈起，辩言伟服，战功不息，繁称文辞，天下不治。”（《国语·秦策》）更是具体论述言辞之“明”“辩”与“浮”“繁”在军事斗争和政治斗争中的不同效用，可以因“章理”“伟服”而起攻不息，亦可因“繁称”而哗乱天下。

“不以文害辞，不以辞害志”（《孟子·万章上》），“言近而指远者，善言也”（《孟子·尽心下》），“语之所贵者意也”（《庄子·天道》），“言者以谕意也。言意相离，凶也”（《吕氏春秋·离谓》）等，论及修辞的基本原则，论及言简意赅乃修辞的标尺以及言意相悖之弊害。

至于“信言不美，美言不信”（《老子·显质第八十一》），“乱世之徵……其文章匿而采”（《荀子·乐论第二十》），“多言繁称，连类比物，则见以为虚而无用”（《韩非子·难言》），如果所说的“美言”文“采”，“连类比物”，是指辞藻堆砌浮华失真、冗言赘语，那么，是无可非议的。如果是指出于表达需要的美辞华文和表达格式，那么，应视为偏颇之见。

诚然，先秦典著中的修辞散论，并非皆可足取。为宣扬自己的政治观点、学派观点，为适应频繁不休、激烈多变的战乱和政治斗争的需要，为风尘奔波的诸国辩士和纵横家的辩术的需要，修辞言论中鱼目混珠的情况是不可避免的。至于那些以“不法先王”则是奸说为尺度的修辞言论，更是难免，尤是需要“去伪存真”地辨别的。

汉朝的修辞研究，范围扩大了，不仅仅限于修辞的一般理论问题的探讨和论断。主张“芟夷烦乱，翦截浮辞”（孔安国《尚书序》）；评说《春秋》之言辞者甚多“文约而法明也”“已明者去之，未明者著之”“先质而后文”“无通辞，从变而移”“慎辞，谨于名伦等物者也”“辨物之理，以正其名，名物如其真，不失秋毫之末”（董仲舒《春秋繁露》），论及语辞的删繁就简、文质关系、语辞的变化多姿、真切入微等诸问题；“国风好色而不淫，小雅怨诽而不乱，若《离骚》者，可谓兼之矣。……其文约，其辞微，其志洁，其行廉，其称文小而其指极大，举类通而见义远。其志洁，故称其物芳；其行廉，故死而不容自疏……屈原放逐，著《离骚》……韩非囚秦，《说难》《孤愤》；《诗》三百大抵贤圣发愤之所为作也，……皆志有所郁结，不得其通道也，故述往事”（司马迁《史记·自序》），论及语言风格、风格与志行的关系、“情动于中而形于言”的道理，指出有郁结之愤方有千秋之作，有激励之情方有不朽之文。“主父偃曰：人而无辞，安所用之。昔子彦修其辞而赵武致其敬，王孙满明其言而楚庄以惭，苏秦行其说而六国以安，蒯通陈其说而身得以全……故辞不可不修，说不可不善”（刘向《说苑》），进一步直接而明确地以史例证明修辞的作用和必要性；“玉不雕，玙璠不作器，言不文，典谟不作经”（扬雄《德言·寡见》），更以此譬形象地说明言必整饰的道理。

杰出的思想家和文论家王充的修辞主张，富于开创性。他认为“口则务在明言，笔则务在露文”，“不务深迂而难睹”（《自纪》），意在提倡文辞的明畅通晓，甚至自称“以俗言”写文，视晓为修辞的标尺之一，意味着冲破传统观念，力图扩大语言的交际功能，同时，也触及到当时文浮质虚、文必古奥的文风问题。王充批评浮文而崇实，但不走极端。他并不反对“且巧且华”之文，认为“物以文为表，人以文为基”（《案书》），“德象本类，故多文采”，“意奋而笔纵”，必生文采。而所指文采，自然是附质之文。他的《论衡·自纪》中，此种论述甚多。其中，“文贵约而指通，言尚省而趋明，辨士之言要而达，文人之辞寡而章”，进而指出修辞之术要因人因某种需要而异。尤其可贵的是，以喻说间接论述语言的种种特色和文章风格的必然性，语风文风应当是“不拘一格”的。他说，“美色不同面，皆佳于目；悲音不共声，皆快于耳。酒醴异气，饮之皆醉，百谷味殊，食之皆饱。”何等透辟的风格论！何等具有美学价值的精言粹语！王充对夸饰之辞是反对的，他在《论衡·语增篇》中写道：“夫言圣人忧世念，身体羸恶，不能身体肥泽，可也，言尧舜若腊若腒，桀纣垂腴尺余，增之也。”在《儒增篇》中写道：“‘轲以匕首擿秦王，不中，中铜柱，入尺’，欲言匕首之利，荆轲势盛……夫言入铜柱，实也；言其入尺，增之也。”在《艺增篇》中写道：“苏秦说齐王曰‘临菑之中，车毂击，人肩摩，举袖成幕，连衽成帷，挥汗成雨。’齐虽炽盛，不能如此，苏秦增语，激齐王也。”“故誉人不增其美，则闻者不快其意；毁人不益其恶，则听者不惬于心。”文中所说的“增语”“增之”，实际上就是夸张辞格。文中的例子，十分典型，对例子的分析很透彻，客观上揭示了夸张这一辞格的实质和表达作用。以专篇评说特定的语言表达格式，在我国修辞史的前期还是少见的。其实，王充反对它没有道理，实例本身说明夸张的实质是“夸而有节”“饰而不诬”。

王逸说：“《离骚》之文，依《诗》取兴，引类譬喻，故善鸟香草以配忠贞，恶禽臭物，以比谗佞，灵脩美人以媲于君，宓妃佚女以譬贤臣，虬龙鸾凤以托君子，飘风云霓以为小人。其词温而雅，其义皎而朗。凡百君子，莫不慕其清高，嘉其文采，哀其不遇而愍其志焉。”（《离经序》），高度赞誉了《离骚》之广用譬喻、善用譬喻，故而文辞清雅，表义皎朗，感人肺腑，悯人心志。《离骚》是以其高洁情志，斑斓文采而翱翔于今，垂照后世的。而其文采，多来自广喻善喻之功效。

魏晋南北朝的修辞研究，可以说开创了汉语修辞学史上的兴旺局面，进入一个新的时期。无论是书评、文评、文论、还是传论之中，大多更深更广地论及修辞诸问题，并开展修辞批评。而且这些论述和批评，已不只是只言片语，而是以大幅度的段章甚至专文专著论述，其中的真知灼见，可谓目不暇接，俯首即拾。“夫文本同而末异，盖奏议宜雅，书论宜理，铭诔尚实，诗赋欲晶。此四种不同，故能之者偏也；唯通才能备其体。”（曹丕《典论・论文》），论及文体、篇章修梓，指出因文体不同，修辞的要求也不同，语言的风格特点也更不同。“而文辞之异，古今之变也。”“质文时异”（挚虞《文章流别论》），提出了语言的时代特色，即修辞应因语言的时代特色不同而不同的论点。“逸辞过壮，则与事相违；……丽靡过美，则与情相悖……是以司马迁割相如之浮说，杨雄疾辞人之赋丽以淫”（同上），指出过逸过壮之辞对内容的伤害，并间接地评点了辞赋家的浮辞弊害。“颂者，美感之德之形容，赋者，敷陈之称也”（同上），概括了不同文体的不同语言表达方式。“义以罕见为异，辞以不常为美”（葛洪《抱朴子》），提倡内容意义的新异，语言形式的多姿多彩。

西晋陆机的《文赋》，以赋体形式论述为文之利弊，然而涉及的范围远远不止于此，它包括意和辞的关系，文思构想、感兴、独创、文章得失以及文体、风格等问题，而且都很有见地；其中尤其对文体、风格的论述，具体而精到。“诗缘情而绮靡，赋体物而浏亮，碑披文以相质，诔缠绵而凄怆，铭博约而温润，箴顿挫而情壮，颂优游以彬蔚，论精微而畅朗，奏平彻而娴雅，说炜晔而谲诳。”这十类文章的风格，也是十类语言风格的特色。语言风格往往是形成文章风格的重要因素。《文赋》对后世的文论影响甚大。

南朝刘勰的《文心雕龙》，是我国古代的一部博大精深的文学理论专著和我国古代文学批评史上的杰作，同时，也是我国修辞学史上一部极富创见的、集古代修辞研究和修辞批评之大成的典著。它论及的修辞理论范围之广、之深、之精，是前所未有的。它几乎涉及修辞领域的所有问题，更以专篇论述章句等问题。“夫人之立言，因字而生句，积句而成章，积章而成篇。篇之彪炳，章无疵也；章之明靡，句无玷也；句之清英，字不妄也。”对章、句、字的关系，仅数语即道破，对选词炼句谋篇极有指导意义，可谓至理名言。文中又以“舞容回环，而有缀兆之位；歌声靡曼，而有抗坠之节也”之譬喻，形象地论述“离章合句”“句司数字”之“随变适会”的道理。其他如《丽辞》，可谓以论偶句为主的专篇；《比兴》，可谓论述比喻辞格和“兴”手法的专篇，其中以“物虽胡越，合则肝胆”的比譬，形象而精辟地道出了比喻的实质与功能；《夸饰》，可谓论述夸张辞格的专篇；《炼字》，可谓论述炼词的专篇，其中所谈“一避诡异，二省联边，三权重出，四调单复”，实际是精要地提出了炼词的要义；《隐秀》，可谓论及婉曲辞格的篇章；而《情采》，则进一步发展了前人的内容形式统一论：即“文附质”“言以文远”，又指出“繁采寡情，味之必厌”。对风格问题，刘勰更有系统全面的阐述。他将风格归纳为“典雅、远奥、精约、显附、繁缛、壮丽、新奇、轻靡”八种，并对八种风格均有评述。此外，对风格与文体、风格与作家、风格与时代的关系，都作了独具慧眼的论述。

唐代是我国古代诗歌的鼎盛时期。这时期的修辞言论，不少是关涉诗歌修辞的，并散见于篇叙、指说、集序、诗序，与人书之中。“诗者，根情，苗言，华声，实义……音有韵，义有类，韵协则言顺，言顺则声易入”（白居易《与元九书》），论及诗的语言音律问题。杰出的古文家韩愈，提出“词必己出”“文从字顺各识职”“师其意不师其辞”（《管刘正夫书》），“唯陈言之务去”（《答李诩书》），坚决反对单纯的文字模仿和陈词滥调，反对六朝的遗风，并用自己的气势磅礴而又精言微义的文章，印证和维护了自己的修辞主张。刘知几虽是史学理论著作家，却在《史通》一书中的《论赞》篇、《载文》篇、《言语》篇、《浮词》篇、《叙事》篇、《模拟》篇、《烦省》篇等之中，提出了许多修辞卓见。他特别强调用语之简明精约，曾曰：“文约而事丰，此述作之尤美者也。”（《叙事》）并赞太史公之用语“片言如约，而诸义甚备”（《论赞》），批评“怯书今语、勇效昔言”的弊病。司空图的《诗品》，以四言一句的韵文形式，将诗的风格归纳成“雄浑、冲淡、纤秾、沉著、高古、典雅、洗炼、劲健、绮丽、自然、含蓄、豪放、精神、缜密、疏野、清奇、委曲、实境、悲慨、形容、超诣、飘逸、旷达、流动”二十四体。诗体风格的形成，很大程度上取决于语言风格，因而既是诗体风格论，也是语言风格论，可谓详尽之至。萧统的“能丽而不浮……文质彬彬”之说，亦有非凡见地。

修辞研究到了宋代，似乎又进入另一个兴盛时期。除散论于文话、诗话、词话之外，尚有成篇论述。王安石的《上人书》，主张“文”以适用为本，却又不反对文辞的“刻镂绘画为之容”。沈括的《梦溪笔谈》对前人诗文用语之得失，评点甚多，特别赞许《楚辞》的“盖欲相错成文，则语势桥健耳”，对其句式的表达力给以充分肯定。洪迈的《容斋三笔》中，明确指出譬喻的修辞效果，“韩苏两公为文章，用譬喻处重复连贯，至有七八转者”，并以“……若间决下流东注；若驷马驾轻车就熟路”（韩公《送石洪序》），“……若水之于海，冰之于夏日，共玩而忘之以辞也”（韩公《盛山诗序》）。“……长洪斗落生跳波，轻舟南下如投梭……骏马下注千丈坡，断弦高柱箭脱手，飞电过隙珠翻荷”（苏轼《百步洪诗》）之例加以证说。其时，亦有不少诗文家的修辞批评言论，如“文字自有稳当的字，只是始者思之不精”（朱熹《论文》），说明炼字实为炼意问题；“凡为文，上句重，下句轻……此为文之法也”（唐庚《唐子西文录》），论述句子抑扬顿挫的调整问题；“文贵有错综”“文字意同语有工拙”“为文之妙在掩抑顿挫”（陈善《扪虱新话》），提出句式、选词、调整音节等问题。南宋陈骙撰写的《文则》，是我国第一部修辞学专门论著，主要是评论文章体式和研究六经诸子的文章句法，对我国修辞学的建立和发展，起着重要作用。单就“比譬”一辞格，即有极细的分类和比较科学的界说，且旁征博引，举众例加以详细说明。这譬喻的细类是“直喻、隐喻、类喻、诘喻、对喻、博喻、简喻、详喻、引喻、虚喻”。谈到譬喻的还有任广的《书叙指南》。至于一些诗论、词论中的修辞论述，则广而且细，举不胜举，诸如炼字、对偶、改字、诗家用字用喻，虚字运用、句法等等。严羽的《沧浪诗话》，张炎的《词源》，沈义父的《乐府指迷》，皆有独到的诗词修辞见解、阐述和评点。南宋魏庆之撰写的《诗人玉屑》，是宋代诗学理论的代表著作，从理论到具体作法的论述中，关涉修辞的玉屑之言甚多，广增博引，实例丰富、见解精邃。

金元时期的修辞研究，多散见于文话、诗话、曲话之中，而且还有比较直率的修辞批评。王若虚的《滹南遗老集》曰：“东坡，文中之龙也，理妙万物，气吞九州，纵横奔放。”这实际是个人文章风格论，也是语言风格论；元好问的《陶玉集诗序》，对炼句、琢对、押韵、下字、讽喻，均有具体而适切的评述；“扬雄之经，宋祁之史，江西诸子之诗，皆斯文之蠹也。”（《滹南遗老集》）是对文风的评点，也是对语风的评点。甚而对司马迁的文法，亦不避己见：“文法之疎莫迁若也”（同上）。元朝王构的《修辞鉴衡》，在文论诗论中谈及修辞。王理的《修辞鉴衡序》中曰，“为文与诗之术也……琢玉者以磨砺，冶金者以镕范，若不磨，金不范。”实际讲的是诗的斟词酌句的必要性问题。

明清时期的论文、论诗、论词、论曲的专著及诸种笔记之多，是前所未有的。其中对文、诗、词、曲的修辞问题，从理论阐述到细项探讨，均不乏卓见，尤其对文体修辞、篇章修辞以及文艺修辞的研究，成果和贡献甚丰甚大，应对这一时期的有关修辞研究，设专论专著总结。在此略举一二：“四声者，平上去入也。平谓之平，上去入谓之仄，……盖平声声尚含蓄，上声促而未舒，去声往而不返，人声则逼侧而调不得自转矣。”（明·王骥德《曲律》四卷），是对作曲调声的精微之见。“先王制礼，凡一二之所不能尽者，则以三为之节，三加三推之属是也。三之所不能尽者，则以九为之节，九章九命之属是也……此言语之虚数也……‘三战三走’…‘虽九死其犹未悔’……‘善守者藏于九地之下，善功者动于九天之上’。”（清·汪中《述学·释三九》）“三、九”之用，古已有之，“三、九”之释，至此方见，此乃与修辞用字有关。其他如俞樾的《古书疑义举例》七卷之中，以丰实的例句论及“错综”“倒装”“借代”“省略”“映衬”等句式和辞格问题，刘熙载的《艺概·文概》，是文评、风格、文体的概论性专著，也大量涉及各类文体的修辞问题。其他如方以智的《文章薪火》、李贽的《童心说》、徐师曾的《文体明辩》、谢榛的《四溟诗论》、刘大德的《论文偶记》、钱大昕的《与友人论文书》、姚鼐的《复鲁絜非书》等论著的修辞论述中，有价值的见解甚多，举不胜举。自然，诸著中修辞之见，也存在着复古与反复古之纷争。

20 世纪初叶，我国修辞学进入一个崭新时期，即作为一门独立学科而跻入现代学科之林。

1912 年出版的《修辞学说》（李元甫著），将语法和修辞结合在一起进行研究。该书颇受《马氏文通》的影响，反映了语法学和修辞学的学科密切关系，也反映了两种学科体系的分界。但整个来说，研究范围不甚分明。马叙伦的《修辞九论》和郑奠的《中国修辞学研究法》，以丰富的实例阐述修辞问题。他们没有将修辞同语法混合而论，却采用传统的方法，即与文学批评、风格论、篇章论结合在一起论述，认为篇章之“局势不立，则撰义陈辞，莫就班部”。此研究法，自有可取之处。但总的说，又有倒回效古之不足，即在一定程度上削弱了作为独立学科的体系性。1923 年，唐钺的《修辞格》出版。这本修辞专著在修辞学史上的地位，正如陈望道在《修辞学发凡》中所说的，是“科学的修辞论的先声”，此誉赞对该书来说，是当之无愧的。这部修辞格专著，将辞格分为二十七种，并归之为五大类，是根据辞格本身的结构特点和人的心理感受而分归出的。该书虽受外国修辞学理论影响较深，却也可视作含有借鉴意图的探索。王易的《修辞学》，侧重于修辞理论的阐述，诸如研究的对象范围、文体风格等问题。这些问题的阐述，尚欠成熟，处于初萌状态。

其他如徐梗生的《修辞学教程》，陈介白的《新著修辞学》，董鲁安的《修辞学讲义》，张弓的《中国修辞学》等，都是比较正式的修辞学专著。杨树达的《中国修辞学》（后更名为《汉文文言修辞学》），材料丰实，分类列比，一定程度上反映和分析了古代汉语修辞活动和现象。

1932年陈望道的《修辞学发凡》的问世，在修辞学史上具有划时代意义。正如刘大白所说，“实在是有系统的兼顾古话文今话文的修辞学书底第一部”。无论对修辞理论的阐述、修辞学发展方向的预想，还是辞格的界说、论述以及例证的剖析，都有独到之见，对其后数十年间的修辞著作和研究，影响深远，特别是在以现代白话文为例子的引证上，更有着启引之功。

本世纪初到新中国成立后这一时期，修辞学以独立学科的身份向前发展，研究的范畴更大了，体系性更强了。但应当说，一些带根本性的理论问题和专项问题的研究等，尚欠科学和完善。

新中国成立初，吕叔湘和朱德熙合写的《语法修辞讲话》，影响颇大。它配合着1951年的《人民日报》社论《正确地使用祖国语言，为语言的纯洁和健康而斗争》的号召，掀起了全国范围内学习语法修辞的热潮，体现了党和政府对语言运用的关心和重视。这热潮本身，又推动着修辞研究的进一步开展。1953年张瓌一的《修辞概要》，既论及修辞诸问题，更强调了修辞的主观条件——思想感情、生活体验等对修辞得失的重要作用。此外，还应当提出的是张弓先生的《现代汉语修辞学》（1963年出版），有比较完整的、自成一家之说的体系，理论阐述和实例分析，较详尽而适切。该书虽偏重辞格的分类研究，却也关涉选词炼句的问题，尤其是“寻常词语艺术化”论题和语体修辞新课题的提出，引起了修辞学界的关注。

在此期间，以选词炼句和辞格运用为主要内容的修辞学体系已通行而日趋成熟。各级学校的修辞教材、修辞学丛书、各类专著等陆续出版，修辞理论问题的探索性文章和著述，也层出不穷。但总的说，比起语法问题的研究和成果来，还是非同步的。而且内容大同小异，创见不足。

近年来，修辞研究出现令人欣喜的兴旺局面。各级修辞学会的成立，修辞刊物的创办，修辞学年会的连年召开和对若干问题的热烈的同商共讨，再加上其他学科诸如语言学，文学、风格学、美学、心理学、信息学等迅猛发展的推动，以及国外修辞学研究经验、成果的引进，使得当代汉语修辞研究逐步跨进“现代化”的门栏，也出现“扩展到语言交际的所有多种多样的领域”的势头。我国当代修辞研究已开始迈出普通修辞学的范畴，向着普通修辞学的分支学科研究进发。例如对功能语体学、风格学、篇章修辞学、文艺修辞学、比较修辞学问题的提出和探索。这些分支学科的研究，对语言的实践活动，更具有直接的、切近的指导意义即实用价值。可喜的是这些探索与研究，取得了初步成绩，它们已反映到种种修辞学专著、刊物、论文集以及教科书的问世上。自然，与此同时，对普通修辞学的各种问题的新的、更深更广的研究，始终没有停断。

以上就我国修辞学的研究作了粗浅评述。我国修辞学，源远流长，脉缘相因，底蕴丰厚，而又充满青春活力。它古老而又年轻。

我国修辞研究的漫长历程，给我们以极为有益的启示：

汉语修辞研究，延绵不断，未有中落之时，这一点，和西方修辞研究的有起有落、有兴有衰不同。因之，具有明显的承继性、连续性，这就更有助于建立具有汉民族特色的系统而完整汉语修辞学体系。

汉语修辞研究，历史悠久，范围极广，果实累累，深邃精微，浩瀚无比，有助于建立博大而富厚的汉语修辞史巨著。

汉语修辞研究，长时期与政论、哲理、史学、伦理学、文章学、诗学、词学和曲学黏附在一起，一方面说明作为独立学科性的汉语修辞学体系的建立起步较晚；但另一方面也有力说明修辞学的多科性和边缘性的学科特点和兼受边缘学科规律的支配的必然性，因而，有助于探索和建立汉语普通修辞学的分支学科，以便更直接地指导和服务于更广范围的语言运用，扩大其实用价值。

汉语修辞研究，具有鲜明的时代性。它始终与同时代的政治、经济、风尚、思潮、文风、文学的发展状况紧密联系着，也跟修辞研究的前辈的个人思想观点、信仰、崇尚，性灵、兴好等联系着，这就意味着修辞研究，包括修辞理论、修辞利弊标准、文风尺度等，要受制于时代，受制于研究者而难免带有时代偏见和主观色彩，特别是其中的封建忠君思想、伦理道德、唯心主义观点、各种学派的偏见。我们在学习研究时，必需下一番批判继承的功夫。

汉语修辞研究，反映了一门学科形成的普遍规律，即由量变到质变、由低级到高级、由粗伪到精真、由零散到系统、由只言到完整体系、由附着到独立、由自发产生到自觉需求、由主干体系到分支体系的派生。说明当代修辞学分向分支学科研究，是规律所致，是学科发展的规律在起支配作用，自然也与社会发展有关。另外，学科形成和发展的这个过程，由于种种原因，可以是短暂的，也可以是漫长的。可以是徐缓的，也可以是快速的。汉语修辞学的过程，属于后者。但问题是不能只因求“速”而责其“缓”，还应当求量重质。西方修辞学以完整的体系著称，汉语修辞学则以浩瀚精微取胜。其实，当代的汉语修辞学已是兼而有之，虽然还处于刚刚起步阶段。

汉语修辞研究，特别是古汉语的修辞文论和专著，其行文用语，往往是修辞的典范，而且形式多样，或以文，或以诗，或以赋等。其中不少论著的语言本身，堪为使用种种修辞手段的范例，无论是选词、择句，还是辞格运用等，皆可为修辞研究的优质资源。

当前，我们正处在政治生活和文学艺术空前繁荣和迅猛发展的时代。这时代为我们提供了开创修辞学研究新局面的极有利的客观条件，我们应当不愧乎当今时代，用丰硕的研究成果奉献给我们腾飞的中华，用一部部浸透心血汗水的鸿篇巨著奉献给我们亲爱的祖国。这一天会来到的，我们期待着，确信着。

修辞技巧与赏析*

前　言

从古老的动人民歌，到当今壮阔的文学景观，连绵成一座座文学艺术的丛山峻岭。这亘古及今的山岭里，蕴藏着富厚的修辞资源，也曾留下了无数开拓者的深深脚印以及珍贵的研究成果。

就在公元前4世纪亚里士多德撰写的《修辞学》问世的同时，我国的先哲们，已有不少涉及修辞理论的一些带根本性问题的正确论述。其后，诗人、词曲家、文评家对修辞诸问题的谈论，从未间断。他们的研究所涉及的范围之广，所论述的程度之精微，是罕见的，惊人的。他们的高见卓识，长期地散见于文论、诗论、词论、曲论、文体论以至哲学、政论、史论、伦理学等文章与著作之中。

20世纪的二三十年代，我国的修辞学进入一个新时期。它作为一门独立学科跻入现代学科之林，特别是陈望道先生的《修辞学发凡》，在我国修辞学史上有着划时代的意义，影响极为深远。其后，修辞研究的理论成果和修辞体系的探索性文章和著述，层出不穷。近年来，修辞研究出现令人欣喜的局面，它“扩展到语言交际的所有多种多样的领域”，向深层研究进发。这些研究的进发，必将把我国修辞学研究引向又一新的阶段。

当前，我国已进入一个新的历史发展时期，改革开放的浪潮涌动在各个领域。整个社会的交相往来，包括政治的、经济的、文化的，对内的、对外的，集团之间的、个人之间的等，空前活跃和频繁。为了适应经济转型及其引起的社会各领域大变革的需要，而且是高效应的需要，必须提高作为交际的主要媒介物的语言（包括口语和书面语）之

---

* 此书由河北教育出版社出版，1993年。

功效，让语言对新时期各领域的发展起到积极的推动作用。

修辞知识不应再只为学子们所具备，修辞技巧也不应再只是诗人、作家、艺术家、社会活动家、外交家以及一切专拿笔杆的人的事；修辞知识和技巧应为全民所共有同备，它应扩展到企业家、商人、公关人员、工人、农民等各阶层人士中去，应渗透到社会各个领域的交际场合中去。

修辞知识和技巧的普及，具有上述的“应时性”，更具有长远意义。可以毫不夸张地说，这个“普及”，关系到整个民族的文化素质的培养和提高。道理很简单，语言是“思想的直接现实”，自然也是情感的外化形式。但这个将思想、情感外化的语言，并非仅仅处于“消极”的、被动的传输地位，仅只起着如实运载的作用。它具有一定程度的能动性，即在“外化”过程中，使其条理化，清晰化，规范化，也还可以使其富于精炼、形象生动等特色的艺术化。这诸种“化”的本身，即是语言的积极、主动的态度，是“思想”与“语言”辩证关系的体现。在这诸种“化”的同时，思维能力得以训练、提高，情感得以熏陶、升华。久而久之，伴随着语言之“真、善、美”，人们的思想境界，智能态势，精神状貌，也同时进入“高层楼台”。这样，整个民族的文化素质，就在不知不觉中悄然飞升。那时，高度繁荣的经济，丰厚的物质享受，也就不会与民族素质、品行、追求、智能脱扣而形成极不相称的令人痛心的反差。

修辞活动果真有如此“神”的社会奇效么？这正如有人所说的“外交家是提着公文包的修辞家”一样，宜从不同视角去理解。

《修辞技巧与赏析》在前人和今人修辞研究的丰硕成果基础上，做了一点点新的探索和尝试。它不只是对修辞知识和技巧作略有新意的系统介绍，还特别注重在修辞赏析中去实际体会和领悟，去感受修辞活动创造的一片别样的言语天地。

愿此书能够伴随读者的修辞实践，侧身于当今社会各个领域；让丰富多彩的语言形式和修辞手段更好地为精神文明建设服务。

第一章 概言

一、“修辞”界说

一篇好文章的写就，一席精彩言谈的发表，都有一个必经过程。这过程的进程是“‘物’→‘意’→‘文’（言）”，即所谓“双重转化”。“物”指客观存在，“意”指主观情意，由“物”而“意”，即由感知到内孕，是第一重转化；由“意”而“文”，即由内孕到外化，是第二重转化。这个转换过程就是说："第一，把外部刺激的能量变换成知觉的显示或者现实的形象；第二，把形象变成作为形象客观化、物质化的体现的文字描写。"（俄 阿·科瓦廖夫《文学创作心理学》）刘勰在《文心雕龙·物色》篇所说的"情以物迁，辞以情发"，亦明示了三者逻辑推进的心理过程。对客观事物的感知、认知是关键的一次"飞跃"，它需要高层的种种智能和艺术心理条件；将感知、认知如实如愿地用语言文字外化出来，亦不全是自然而然的事，其中需要炼意，使其清晰、升华；需要锤字，使其达畅、精美。虽然转换过程的几个阶段关系密切，相辅相成，正如布封所说，"写好同时是感受好、想好和说好"，但究竟观察、体验、识见不等于一切，还得要表现，要主观与客观得以契合的最佳外在形式——作为中介物的语言和将其形于书面的文字。作家孙犁在总结自己的创作经验时说："拿起笔来，就是这套工作。"这句貌似随言便语的经验谈中，反映了二重转化的实在性，也表明了第二重转化的不可替代和应有的分量，那是一整套"工作"。这套工作的核心内容和最终目的，是努力为表达对象获取最适切、最理想的语辞，求得二者的和谐统一。这是一种为表现的语言努力，也是一种为表现的修辞努力。

"修辞"二字，古已有之。它来源于先秦时代《易经》中的"修辞立其诚"。其涵义是根据这个动宾短语来确定的，即整饰文辞，而且沿用至今，不曾被别的同义术语替代。"修辞"在现、当代，已作为一个词来运用，并且还因为在不同场合、不同的理解情况下的习惯用法，使其含有多种意义。这种多义，从多种专著、专文、教材等所下的定义反映出来。"修辞不过是调整语辞使达意传情能够适切的一种努力。"（陈望道《修辞学发凡》）这一定义基本上同于"修辞"是一种活动的最初涵义；"修辞就是如何调整和修饰语言，把话和文章说得或写得更正确、明白、生动、有力的方法。"（北京师范大学中文系《汉语讲义》）这一定义主要指出修辞是一种方法、技巧、手段；"修辞是讲词句艺术加工的法则"（朱星《语言学概论》），这一定义指出修辞是规律；"修辞就是我们能够最有效地运用语言，使语言有说服力的一种艺术或规范的科学"（高名凯《普通语言学》），这一定义指出修辞是学科体系。无论是"活动"说、"方法"说，还是"规律"说、"学科体系"说，"修辞"的核心内容"整饰文辞"均保持着。应当说，从"修辞"一词的内涵本身，从使用场合的广泛性看，"活动"说比较切实、稳妥。这并不妨碍用"修辞"一词表述其他说法，例如汉语教材中的"语音、文字、词汇、语法、修辞"各章，实际分别指的是学科体系（不过是学科中的基本知识罢了），其中的"修辞"，应当是修辞学的含义。我们常说的"学点修辞"，指的是学习修辞学的基本知识、理论。对"修辞"的理解和界定，一定程度上关系到对它的内容阐释的角度、侧重、涉及面等。

修辞，简单地说，是调整和修饰语言，是对语言的加工润色。修辞本身，包含着使语言表达效果更趋完美的言语活动过程。这一活动过程的进行和完成，必须通过一定的语言形式，必须有采用某种语言形式的依据。因而，比较完整地说，修辞是根据题旨情境、采用恰当的语言形式，力求表达效果完美的一种言语活动。

题旨情境，是修辞活动的出发点。题旨，主要是指说写者所要表达的意图、目的；情境，主要是指语言环境，包括说写者说写时的场合、对象、上下文等。修辞必须以遵循“题旨”为前提，离开了这个前提，修辞活动便是盲目而没有任何意义的言语活动；为了更好地表意传情，除了做出修辞的种种主观努力之外，还必须适应一定的客观条件语境。只有在特定的语境下，修辞的主观努力才能获得预期的客观效果。语境之于修辞，往往是成功与失败的关键。

语言形式（包括词语形式、句子形式等）是修辞的材料。恰当地选取、创新地运用某种语言形式，是修辞的核心内容。

力求完美的表达效果，是修辞的根本任务。所谓完美的表达效果，是指表达内容和表达形式更相适应，更相协调，从而更准确、精炼、鲜明、生动地表达思想感情。

同一个意思，可以用不同的语言形式去表达。同一内容的不同表达形式，叫做同义表达形式。汉语的语言同义形式丰富多彩，为修辞活动开辟了广阔的天地。

修辞要求从众多的、不同的、表达同一内容意义的词语、句式、修辞格式中，作最恰切精当的选择。因而，说到底，修辞实质是对语言同义形式的选择。例如：

①在我们前进的道路上，还会遇到各种各样的困难。

②在我们前进的道路上，不会一帆风顺的。

③在我们前进的道路上，仍然有“雪山”“草地”，还要攻打“腊子口”，强渡“大渡河”。

上述三个句子，要表达的基本内容是同一的前两句，只是一般的说明，虽然第二句也采用了带比喻义的词语。第三句却恰切地运用了一连串的比喻。这些比喻，不仅把困难形象化了，而且把 20 世纪 30 年代的长征和 80 年代的新长征历史地、巧妙地联系起来，鼓舞人们树立必胜信心，以革命年代不畏千辛万苦的长征精神，迈向实现四化的新的征途，很有感召力。

又例如：

①无论是什么情况，都动摇不了她献身科学的决心。

②在她的生活旅途中，有顺境、有逆境，但更多的是充满坎坷、挫折、偏见、淡漠的逆境。虽然如此，她那颗炽烈的事业心，却经久不衰。

③虽然五光十色缠绕她的半生：红色的火热，土黄色的坎坷，灰色的挫折，黑得如此沉重的偏见，以及白得如此利目的淡漠，但修瑞娟在任何时候都对绿色——象征生命、希望、纯洁的颜色，有着不可抑止的憧憬。（胡思升《〈修氏理论〉和它的女主人》）

上述三个句段，所表示的意思亦基本相同；但用以表达这基本相同的内容的语言形式，却不尽相同。《〈修氏理论〉和它的女主人》的作者，没有采用前两种效果一般的语言形式，而是采用第三种具有特殊效果的修辞格式——“移就”。女主人的境遇和追求，分别被作者点染上种种不同的、黏附着一定感情色彩的颜色，使本无颜色可言的境遇和追求，形成更为强烈的对照，读者从浓重的不同色彩的映照中，更为深刻地感受到女主人对造福人类的事业的不屈的信念、执着的向往和献身精神，从而感奋起来。作者以礼赞攀登科学的勇士为出发点，从种种不同的同义形式中，做出了成功的选择。自然，这段闪光的文辞中，还兼用了别的修辞格式。

在特定语境下，出于表达的需要，对不同的语言同义形式进行选择，是必要而可能的。

二、修辞与逻辑

修辞与逻辑，是两个不同范畴的概念，其社会功能也不相同。关于修辞，前面已述；逻辑，是关于思维形式即研究概念、判断和推理及其相互联系的规律，目的是指导人们正确地思维和正确地认识客观真理。

逻辑的任务是引导人们按思维规律正确地认识事物；修辞的任务是更完美地表达对事物的认识和反映，以增强说服力和感染力。逻辑支配和制约着修辞，任何违反事理或实质上违反事理的修辞，都是荒诞的，因而修辞必须在逻辑的基础上进行。只有合乎逻辑的修辞，才可能是理想的语言表达。

修辞要符合逻辑，是指符合形式逻辑的思维形式。这“符合”包含两个方面的意思：一是在通常情况下的一致性，体现在常规思维形式和常规语言表达形式的统一上，即二者的相应、并列、因果等关系的同型结合关系上，这是二者的最普遍的“符合”关系，它存在于最广泛的话语之中；二是超常情况下的表面形式上的不一致性，体现在常规思维形式和特殊语言表达形式的脱节上，即二者的“异语同义”“属性错位”“矛盾统一”等关系的表层相容上，这是二者的有限范围的“符合”关系，它存在于特定语境的话语之中。

郭沫若曾对著名导演焦菊隐说：“你在我的不成熟的剧本上，盖起了一座艺术殿堂。”

这是不合乎逻辑又是可容而且完美的表达——以一个具体的辉煌的比喻形象，热情而高度地赞扬了舞台话剧《蔡文姬》的演出，流溢着剧作者的感激之情。如只是说，你的导演比我的剧本要高明得多，这虽然完全符合逻辑，效果却很一般。

有时，在特定的语境下，容许使用一些貌似违反逻辑的语句进行表达。这些语句，往往能获得异乎寻常的修辞效果。例如：

①典型——熟识的陌生人。（别林斯基）

②《为了忘却的记念》（鲁迅）

③难道这位青年人已经 73 岁了！（威廉·李卜克内西《忆恩格斯》）

例①形象而精辟地揭示了“典型”这一概念的内涵：共性与个性的融合。例②有力而含蓄地表达了鲁迅内心所郁积的、难以忘怀的、深沉的悲愤。例③是数千名柏林工人在“协会”大厅听完恩格斯激昂的演讲时，惊讶地自语、互问的一句话，表达了对 73 岁高龄的恩格斯依然如年轻人那样热情奔放、充满革命青春活力的赞许与敬佩。

上述例句表面上是矛盾的，实际上是从特殊的表达需要出发，将两个相反的意思浓缩到一个句子里去，从两个不同角度进行特殊的表达，因而实际是完全符合逻辑的。

逻辑与修辞在反映客观事理上是一致的，只是语言形式的差别。事实上任何有效的修辞，无论选择怎样的修辞手段，取用怎样的语言形式，都是合乎逻辑的。

三、修辞与语言三要素

语言的三要素是语音、词汇、语法。研究语音、词汇、语法内部的构造、发展及外部形式的规律，是语音学、词汇学、语法学的任务。修辞的任务则是研究如何综合地、充分而恰当地利用语言的三个要素，提高表达效果。修辞与语言三要素之间密不可分，犹如鸟飞离不开空气，鱼翔离不开江河。语音、词汇、语法，是修辞的基础。如果离开了词语、句子的同义形式和特定的表达格式，就不可能进行任何修辞活动；反过来讲，如果没有修辞活动，那么，语言三要素的表达效能，只能局限在最低限度之内，而不能充分得以发挥。在这个意义上讲，修辞学是研究如何利用语音、词汇、语法的构造规律和形式，取得完美的表达效果的学科体系。

（一）修辞与“物质外壳”

修辞要研究语音形式的表达功能，探索和利用语音特点以达到修辞的目的。语音形式是语言的“物质外壳”，汉语音节具有音乐素质，修辞可以利用它的声、韵、调的特点，造成极好的语言音响效果：声韵协调、音节平匀、节奏分明，从而使语言声情并茂，使人如闻其声，如临其境。

> 昔我往矣，杨柳依依；今我来思，雨雪霏霏。（《诗经·采薇》）

诗中的两个迭音词，不仅形象地描写了“我”之“来”“去”的春冬景象，表露了情怀，而且增强了匀称回荡的音调美。如果今天将“依依”译写为表示“春风中摇来摇去”的非迭音词或别的迭音词如“拂拂”之类，将“霏霏”译写为表示“满天都是，下个不停”的非迭音词或别的迭音词如“蒙蒙”之类，原诗的情致韵味将大大削减。可见汉语特有的语音形式之一的迭音，具有独特的修辞效果。

> 我知道这失明的母亲的眷眷的心，柔石的拳拳的心。（鲁迅《为了忘却的记念》）

“眷眷”与“眷念”同义，但“眷眷”更能表达出慈母对儿子终日萦绕于怀的执着的爱与惦念；“拳拳”与“刚赤”等词同义，但“拳拳”更能形象地表现出革命志士“怒向刀丛”的赤诚与斗志。而且这两个迭音词的配合和连用，造成了节奏上的和谐，构成了两种爱的映衬，唤起读者深切的同情与敬佩。

利用双声、迭韵、拟声和不同字调的词语造成音响上的表达效果，也是自古以来典范作品的重要语言手段。

我常常遗憾我家门前的那块丑石呢：它黑黝黝地卧在那里，牛似的模样；谁也不知道是什么时候留在这里的，谁也不去理会它。只是麦收时节，门前摊了麦子，奶奶总是要说，这块丑石，多碍地面哟，多时把它搬走吧。（贾平凹《丑石》）

这段文字，给人以亲切自然、平实清纯、娓娓淙淙的语感。它“不像汉白玉那样的细腻”，也“不像大青石那样光滑”，更没有震颤心灵的激越音调，却是悄然、实在、畅快而恬适地淌进了读者的心田。这种客观的心理效应，与语流音调的和谐，即字调的调节、语速和节律的把握有关，与这种分寸把握之内容所述及内容所述的应有氛围、格调相协调有关。

（二）修辞与“建筑材料”

词汇是修辞的基本材料。汉语词汇构造的多样性，造成汉语中词语同义形式的丰富性。汉语有着丰厚底蕴的词语矿藏。众多的同义词语，为修辞提供了极大的可能性。同义词语有“范围有广狭之别，气派有大小之异，分量有轻重之差，单位有个体群体之分，情感色彩有差异，语体色彩有区别”（张弓《现代汉语修辞学》）。

法国小说家莫泊桑的老师福楼拜，曾有“一语说”之说，亦被称为“一字之师”。他认为任何一种思想，一种情感，一种事物，一种道理的表述、抒发、描绘与论证的语言形式，只有“唯一”的一个。这个“唯一”，不能被其他任何语言形式完全代替。修辞对词语来说，就是要去寻找这个“唯一”。

惟独共产主义的思想体系和社会制度，正以排山倒海之势，雷霆万钧之力，磅礴于全世界，而葆其美妙之青春。（毛泽东《新民主主义论》）

“磅礴”一词的话用，表达了共产主义思想体系和社会制度之迅猛发展、雄浑气势，词音铿锵有力、掷之有声。可以说，或至少说是相对“唯一”的。

待到山花烂漫时，她在丛中笑。（毛泽东《卜算子·咏梅》）

这个“笑”，恰到好处地描绘了俏梅怒放、笑迎春光的情态，咏赞了她报春而又不争春的高洁品德。若换成“喜”或“乐”，便显拙俗了。

（三）修辞与“间架结构”

修辞与语法的关系，也正如它与逻辑的关系一样，语法是修辞的基础。作为语言结构的语法，必然支配着修辞。只有在通不通的基础上，才能有好不好可言。背离语法的修辞，是不可思议的。但是，符合语法的表达，不等于全是完美的表达。从效果上看，符合语法规律的修辞表达，往往高过纯语法规范表达。

由于汉语语法的特殊手段——词序、虚词，在句法构造中的特殊作用，造成汉语句法同义形式的多样性和灵活性，为修辞提供了极充足的语法形式材料。修辞之于语法，是对句法的同义形式的调整与选择。托尔斯泰说过：“语言艺术家的技巧就在于寻找唯一需要的词的唯一需要的位置。”此语精辟地说明了词和句的同义形式的选择、调整，是词句修辞技巧的真谛。

①飞迸吧，星星之火。

②年年月月，清泉从变色岩上流过，闪烁着北魏壁画文采的颜色；日日夜夜，白杨应和着窟檐的铁马，低唱着优美的东汉相和歌。（闻捷《千佛灵岩·河西走廊行》）

例①，利用主谓倒装句深刻地表达了对星火“飞进”的祈愿。例②，将状语置于句首，强调了岁月的旷远，深情地咏赞了经久不衰、光照千秋万代的古代灿烂文化、历史古迹艺术。

语法与逻辑、修辞密切相关，但有各自的目的、任务。逻辑要求概念、推理、结论符合事理，达到“对”的目的。语法要求组词成句符合语法规范，达到“通”的目的。修辞要求炼词选句、运用一定的语言格式更加完美地符合传情达意的需要，达到“好”的目的。

四、修辞能力的培养

如何学好修辞，提高修辞能力？总的说，必须掌握修辞的基本知识、基本理论，不断地在这些知识和理论的指导下，进行修辞活动。

修辞的实质是语言的同义形式的选择，那么，掌握众多的语言同义形式，则是提高修辞能力的前提条件。从事修辞活动之先，尤其注意积累丰富的语汇。语汇贫乏，是无法进行修辞活动的。积累词汇的途径是：向典范著作、优秀作品学习，从中汲取语汇和使用语汇的经验；向群众语言学习，从群众语言这个活生生的“取之不尽，用之不竭”

的源泉汲取养分。

开拓知识领域，积累生活体验，培养观察能力、思考能力、联想能力，提高文学素养，对于修辞技能的培养和形成，极为重要。缺少这些能力，修辞活动、效果将受到很大局限。

修辞贵在积累，也贵在创新，贵在用语的机智，贵在自然所使地选择语言表达形式。修辞，切忌与人雷同、老调重弹和蹩脚模仿。老是“大海呵，我的母亲!”“苹果似的脸蛋儿”“如花似玉”之类，令人乏味；“艺海之一滴”之说，很不错；如若又来些个“艺海之一勺”“艺海之一缸、桶……”便会给人拙仿之感。

修辞，还要遵循一些基本原则：

首先，要从表达需要出发，为传情达意服务。

修辞，是解决语言形式和内容的相适应问题，必须是形式服从内容。“修辞立其诚”的“诚”，指真情实意。修辞必须建立在表达真情实意的需要的基点上。为修辞而修辞，堆砌辞藻，必然“以辞害意”，徒有其华丽的外表形式。

形式必须服从内容，而内容还有健康与不健康之别。我们所要达到的修辞效果，不仅仅要求形式与内容的高度和谐，而且要求这个“高度和谐”的客观效果是励人向上，陶冶高尚情操的。这就要求说写者具有健康的思想感情，还要表达健康的思想感情。任何绝妙的修辞技巧，难以代替内容本身，难以拔高所要表达的内容。例如：

> 夕阳无限好，只是近黄昏。（李商隐《无题》）
>
> 但得夕阳无限好，何须惆怅近黄昏。（朱自清《楹联》）
>
> 老夫喜作黄昏颂，满目青山夕照明。（叶剑英《八十书怀》）

同样是托物寄情，同样是抒写对夕阳黄昏的感慨，从语言形式及技巧看，各有千秋；但思想境界、客观的社会效果，却大不相同。面对夕阳黄昏，李商隐吟出苍凉的惜暮之情，朱自清一反李商隐而讴出无限欣慰之怀；叶老却唱出高亢的颂歌，寄托了迟暮之年犹要大放光热的凌云壮志，表达了人老志不衰的革命情操。

其次，要适应语言环境。

修辞，离不开“此时此境”“此情此景”。孤立的华词美句，毫无价值；好的修辞效果只有在一定的语言环境中，才能体现出来。修辞效果的好坏，在很大程度上依赖于语言形式与语言环境的适应程度。一个极寻常的词语或句子，如果恰到好处地置于一定的语境中，便能放出异彩，收到不寻常的效果。

绿杨烟外晓寒轻，红杏枝头春意闹。（宋祁《玉楼春》）

“闹”，是个极普通的日常用语。这句诗所呈现的蝶舞蜂唱、雀跃鸟鸣的一片春意盎然的景象，全仗这个“闹”字一闹而出。

孔乙己是站着喝酒而穿长衫的唯一的人。（鲁迅《孔乙己》）

此句如果孤立地出现，只能是寻常地写出孔乙己的与众不同。然而因其恰到好处地处于上文之后，便产生出异乎寻常的效果——一语揭示了孔乙己这一封建社会没落知识分子的经济地位和身份之间的深刻矛盾，从而预示了他不可避免的悲剧结局。

语言环境，即通常简称的语境，包括说话的场合、对象的情况，文章上下文的内容、语调、语势以及说写者与听读者之间的种种关系等。日常所说的讲话要“得体”，主要是指讲话（包括写文）要考虑语境。

再者，要适应不同的语体。

语体，是语言的运用体式，它是适应不同的交际需要而形成的。语体分两大类：口头语体和书面语体。一般地说，口语比较平实、灵活；书面语比较严谨、规范。书面语体又大致分为四种：文艺语体、政论语体、科技语体和公文语体。文艺语体的一般特点是形象而富于文采，即具有语言艺术美。政论语体的一般特点是庄严、缜密。科技语体的一般特点是精确、周密。公文语体的一般特点是准确、程式化。

语体在其发展过程中，往往出现交叉现象，产生新的语体分支。但总的说来，修辞必须考虑不同语体的特点，注意不同的同义词语、句式以及修辞格式在不同的语言体式中的适应性和局限性。例如“夸张”，在专门科技语体中就不容许存在。至于科技文艺或科学小品之类，则是另一回事。

第二章　词语锤炼

一、词语锤炼要义

“词”和“语”本是两个有着共同语法功能的不同概念。一个是最小的造句单位，一个是大于词而又不成句的造句单位。由于都是构筑句子的材料单位，习惯上将它们合在一起，表示一个具有习用性的、意义范畴较广的概念。

词语是对客观事物及其性质、特征、状态等的概括；事物的性质、特征、状态是千差万别、千变万化的。这些差别、变化的不同，必然反映到用以概括它们的词语上，于是产生了种种不同词语的同义形式。这些同义形式为同义选择提供了极大的可能性。

词语选择的必要性，是由修辞的任务目的决定的；词语选择的标准，服从于修辞的意旨要求。对具体的标准，提法不一：有的提出准确、简洁、鲜明、生动；有的主张“真、善、美”。二者并不相悖，且有相应的因果、目的之逻辑联系，只不过角度不同，即语言学范畴和美学范畴的标准不同。不过，前者标准，更为稳妥而具有习用性。

词语锤炼，应是包含对所需要的词语进行反复推敲、潜心斟酌、恰当取用的过程。这一过程，也是使理性认识、感性体验逐步明晰、提高、深化、完善的过程。这过程的具体内涵是多方面的，因而应作比较全面的理解。

（一）寻找那个“唯一”

修辞要选择词语，就是说，要从大同小异的同义词语中，寻找那个能够区别“小异”的词语。例如“笑”这一动态，用来表达的同义词语甚多，有“仰天大笑，捧腹大笑，哈哈大笑，哄堂大笑，放声大笑，浓笑，狂笑，浪笑，笑不可遏，微笑，浅笑，忍笑，扑哧一笑，露齿一笑，笑容可掬，盈盈欲笑，莞尔一笑，嫣然一笑，回眸一笑，媚笑，眉笑眼笑，嗤嗤一笑，嘲笑，讥笑，冷笑，鄙夷一笑，痴笑，傻笑，憨笑，苦笑，奸笑，讪笑，谄笑，淫笑，强笑，假笑，皮笑肉不笑”等。如果本来是捧腹大笑的笑态，就不能用“嗤嗤一笑”去形容，如果本来是强笑，也不能以“苦笑”去状其笑态；“微笑”与“浅笑”，“傻笑”与“憨笑”，大体相同，但选用哪个合适，还要考虑它们的细微差别和语体、语境的适应等问题。

而我所拥有的，只有那在我全身奔腾的古老民族的血脉。我只要一闭眼，就仿佛看见那苍苍茫茫的大漠，听见所有的河流从天山流下。而丛山黯暗，那长城万里是怎么样地从我心中蜿蜒而过啊！（席慕蓉《成长的痕迹·无边的回忆》）

且不说这段文字怎样地倾吐了对祖国、对自己古老民族的割不断的眷恋，诉说了山川大漠“在我心中重千斤”的分量；单是那“蜿蜒”一词的选择，便勾勒了高点视角下的长城的整体形象，更浓重了这种依依萦绕的眷恋情怀。“蜿蜒”与“曲折”“弯曲”以及它们的重迭形式等，在此特定语境下，是同义词语，如若选了“曲折”或“弯曲”，则是平平。

（二）变寻常为不寻常

修辞要注重寻常词语的选用。“古人不废炼字法，然意胜而不以字胜，故能平字见奇，常字见险，陈字见新，朴字见色。”（沈德潜《说诗碎语》卷下）这段话指出了寻常词语亦可以收到“奇、险、新、色”的效果。华美艳丽，并非选词的唯一标准。意新，即便是“平字、常字、陈字、朴字”，只要恰到好处，往往可以生出很不寻常的奇异效果。这类例子，举不胜举。

> 黑发飘逸，飘逸俊秀，金发挽起温柔……

这是近年世界女子足球比赛的一首歌的歌词中的几句。那个“挽”字，真是平中见奇，陈中见新：一个个驰骋足球场的倩女形象和顽强拼搏的壮美场面，随着远处飘来的悠扬歌声，漾然而出。

> 大家看那座山，她那样妩媚，那样洁净，大家叫她“碧莲峰”。清清的江水从她脚下流过，把她洗得俊美俏丽，亭亭玉立。你看现在正是晚霞满天，山尖染红一片，正像一朵盛开的莲花。

这是一段导游员的介绍话语，给人以清新、亲切、流畅之感，恰似俊俏的“碧莲峰”，莲花般的红山尖。用语大多是寻常的，尤其是“洁净”“流过”“洗得”“染红”等词语，在此时此景中，却生发出艺术魅力。

（三）精于“诗眼”“文眼”

锤炼词语，主要是精心琢磨那些使章句生辉的“诗眼”“文眼”，即关键词语，而绝非指通篇词语的字字斟酌、语语咬嚼，否则，将是寸步难行，不可思议。用词的精当程度，要看驾驭语言能力的大小。对语言艺术家来说，选词用语是得心应手的事。那些精美文辞，仿佛是从“深厚的艺术修养中纷纷涌来，又从笔端下匆匆流出，呈现一片内在的和谐”。自然，对于关键词语，也常有“捻断数根须”“绕室终日”的时候。初学写作者，对关键词语，特别是其中的动态词语和形容词语，更要苦心锤炼。

（四）新创不等于生造

随着社会生活的发展，词语总是相应地越来越丰富。我们选词，基本上是选用原有的和相应地丰富起来的词语。但由于社会生活的多样性，客观发展的日新月异，个人认识、体验的独特性和不同的程度，那些原有的和“相应”地做出反映的一般词语，已不足用或不足以最大限度地满足需求。这样，在选词过程中，容许而且需要积极地、能动地、妥当地创造新词。我们反对生造谁也不懂的词，却提倡创造谁也懂得的、富于表现力的新词。

①雨势并不减退，红莲却不摇动了。雨点不住的打着，只能在勇敢慈怜的荷叶上面，聚了些流转无力的小水珠。（冰心《往事》）

②狡诈者轻鄙学问，愚鲁者羡慕学问，唯聪明者善于运用学问。（培根）

③《关于美与爱的若干闪想》（郭因《艺廊思絮》）

④这种形象描写，既不是直观地、毫发不差地影写事物外貌，……

⑤小说的结局是凄绝的，剧作家经历千辛万苦，有了可以寻找少女的机会时，少女已飘然而去。（王愚《发现普通事物的美》）

⑥可是切莫以为这些感受里蕴含了多少微言大义，切莫从小说里面抽绎什么惊人的思想。（林岗《符号·心理·文学》）

上述例句中的“慈怜”“愚鲁者”“闪想”“影写”“凄绝”“抽绎”，是富于表现力的。它们简练、新鲜，亦易理解，不显生硬。新创词语，既要有“不囿于古法”的创新精神，又要避免滥制。新创词语，必须在已有的语言材料基础上，按照汉语词语构造规律进行。历来语言大师用词技巧的高妙，往往不只是善于选，还善于创。

在经济转型时期的今天，在改革开放大潮中以奔涌、飞溅之势，喷出的大量新创或新用的词语，是恰切而富于表现力的，同时又充满了时代气息，如“共识”“误区”“下海”“知名度”“新视角”“知识爆炸”“可读性”“智力开发”“智力投资”“拳头产品”“总策划”“涉外企业”“经济转型”“热点”“热线”“名优产品”“信息沟通”“南巡讲话”“隆重推出”“特异功能”“强化科技意识”“同步卫星”“轰动效应”等。

但有的词语近乎生造，或给人以生硬感，如“这种评析方法限制着不止一代人的文学鉴赏的视境和对艺术与生活的复杂关系的识域”“它象征性地隐概古印度哲学经常究索的问题”“于是现实成了永恒的缺憾，而人正是生活在他看来是残缺不全的现实中”“当我知道他已不在人世的确息时，那已是他牺牲后的第三个年头了”。语句中的“视境”“识域”“隐概”“究索”“缺憾”“确息”等词虽然在结构上符合合成词的并列、偏正类型的语法关系的规律，但仍感觉“生硬”，即不自然、不习惯，比较难理解，更是没有必要。

（五）终究是“炼意”

炼词，终究是炼意。随着认识的提高、发展、飞跃，情感体验的升华，必然要出乎意料地超越同义词语的范畴，而选用与新的认识、新的体验相适应的、更能完美地表达的非同义词语。古代文论家所谓的“锤字”“锤字坚而难移”“如矿出金”，往往是指这种选词活动。我国的“推敲”祖师贾岛，在“鸟宿池边树，僧敲月下门”中终于舍“推”取“敲”的苦心，可以视为从类属同义词语中进行的选择；王安石在“春风又绿江南岸，明月何时照我还”中，从“到”至“满”等十余个字里，最后吟安一个“绿”字的呕心沥血，则是“锤字”过程中随着新的体验的“飞跃”“升华”而迸发出的火花。“绿”与“到”，无论从词义范畴到词性，都大不相同。鲁迅先生的“怒向刀丛觅小诗”中的“刀丛”的选定，也是有个过程的，从最初的选择到最后的选定，应是这种炼意结果的过程。应当说，锤炼词语这一言语活动中，不少是随着“意”之飞升而在一定程度上超越词汇中同义选择范畴。

汉语的词语，纷繁丰富，浩若烟海。为了更准确、精练、明晰、生动地反映事物和达意传情，必须认真对待词语的选用。无论是说理、叙事，状物、写人、抒情，都要根据表达的目的、意旨，根据一定的语境、语体需要，从词语的同义（主要指“同义”中包括的“近义”）形式中作精当的选择。只有通过这一精选过程，才能达到表达内容与表达形式的尽可能完美与和谐的统一。

锤炼词语，在整个修辞过程中占有极重要的位置，是整个调整修饰文辞中相当普遍的言语行为。有人做过这样的统计：词语的调整修饰占“十分之七左右”，句子调整占“十分之二上下”，辞格的锤炼“大约占十分之一”。虽然这个统计是在有限范围内，但也至少说明词语修饰的大幅度比例。事实上古往今来的有关论述，大都谈及词语的当用和妙用，至于句式调整、辞格锤炼上的功夫，论及者并不甚多。

锤炼词语，不只是为着某一词语的恰当运用，它还直接关系着章句的表达效果。“夫人之立言，因字而生句，积句而成章，积章而成篇。篇之彪炳，章无疵也；章之明靡，句无玷也；句之清英，字不妄也……”（刘勰《文心雕龙·章句》）词与句，词句与章，是个体与整体的关系。常常是一词的当用，使章句彪炳；一字的败用，使章向失辉。所以，往往是“……善为文者，富于万篇，贫于一字，一字非少，相避为难也”（刘勰《文心雕龙·练字》）。拥有宏卷巨著的语言巨匠们，也难免受窘于一字一语的选择。

马雅可夫斯基曾说过：“为了使用一个单字，就得消耗成千吨字句的矿石。”古代诗人的“新诗一联出，白发数茎生”“两句三年得，一吟双泪流”，虽然有夸张成分，却是道出了炼字的苦辛；说明了即便是大诗家们笔下的佳词丽句，也不少是苦吟出来的。诗歌语言的锤炼是如此，散文甚至政论等文章的语言，也需要下苦功夫。李卜克内西在回忆马克思时说，马克思很注意词语的运用，有时竟到了“咬文嚼字”的地步。

我们提倡精当地选词，却不主张“用工太过”；我们提倡完美形式的表达，却反对徒有“霓裳”的追求。要使选炼出的词语，呈现“清水出芙蓉，天然去雕饰”的自然美，切忌“酌奇而失真，玩华而坠实”。

二、词语锤炼法

词语的有效选用，不是孤立的，往往是多方面条件的成功利用，是主观努力与客观需要相适应的综合体现。选好词语必需有丰富的生活体验，正确而敏锐的观察力、思考力、深厚的语汇矿藏和文学艺术修养，有“‘读万卷’书的书本知识和‘行万里’路的生活知识……”，有了这个丰实的基础，选词才能根据表达意旨，适应着一定的语境、语体而得心应手，左右逢源。

选词，本无一定之规或刻板公式。选好所需要的词，虽然有时要靠建立在丰实基础上的“随机应变”，但总的说，要下锤炼的苦功夫，要有大致的路子。我们根据前人和今人选词的经验，归纳出如下几个方面：词语意义、词语色彩、词语声音的辨析配用与调节，词的活用，动词、形容词及其他词语的锤炼等。

（一）词语意义的辨析与配用

选词，首先要辨析词语的含义。辨析词义的目的，是为了用词准确、简练、明畅、生动，力避含混、冗赘、晦涩、呆板。

1. 辨析细微差别。辨析词义、选用词语，主要是弄清同义词语的种种细微差别。辨别这种差别，可以采用比较的方法。只有从同义词语形式的比较中，才能更正确地、清楚地看准同中之异和大同中之小异。

①蚕的灰白色的身体完全露出来，连成一个平面，在那里波动，……它从木架上往下爬，恨不得赶紧离开，脚的移动就加快……它觉着尾巴那儿一阵痛，身体不由自主地扭动一下……蚂蚁唱完了，哈哈大笑，接着就仰起头，摇动着腿，跳起舞

来。(叶圣陶《蚕和蚂蚁》)

②所以虽是我们读书人，自以为胜西崽远甚，而洗伐未净，说话一多，也常常会露出尾巴来的。(鲁迅《“题未定”草》)

③不过在彼兑菲的时候，这话是有些真实的；在十年前的中国，这话也有些真实的。(鲁迅《隐士》)

④连我自己也诧异那时的我的幼稚，而且近乎不识羞。但是，有什么法子呢？这的确是我的影像，——由它去罢。(鲁迅《〈集外集〉序》)

例①中由于作者细致的观察和对“波动”“移动”“扭动”“摇动”这一组近义词的意义细微差异的准确把握，所以能准确、贴切、形象地分别用它们来描绘桑蚕、蚂蚁的几种不同的动态。例②中的“尾巴”，在初稿中是“马脚”。例③中的“真实”，在初稿中是“不错”。例④中的“诧异”，在初稿中是“奇怪”。这类改动，多是属于同义词中的挑选。在鲁迅的《〈中国新文学大系〉小说二集序》等篇的手稿上，这类改动甚多，例如把“如果”改为“倘使”，把“专有”改为“擅长”，把“诬蔑”改为“虚构”，把“自然”改为“当然”，把“不见得”改为“也未必一定”，把“是”改为“成为”，把“惟有”改为“只好”，把“忏悔之意”改为“徘徊之状”，把“说是”改为“自招为”，把“看出”改为“要发现”，把“狭小”改为“狭窄”，把“文辞”改为“文笔”。上述《序》文的手稿上还有如下一段：

但那时觉醒起来的智识青年的心情，是大抵热烈，然而悲凉的。即使寻到一点光明，……却更分明的看见了周围的无涯际的黑暗。

初稿中，前面的“但”字，原为“然而”，后面的“然而”却本是“但是”。这种结合语意、语境、语体等因素对同义词词义的辨析与运用，可谓细致之至了。

2. 对“新”意词语的挑选。辨析词义，选用词语，如前面所提到的，还包含着对那些随着感知的深化、飞跃而相应出现的新的超越词汇义范畴的同义词语的辨别选用过程。这类辨别选用，也是选词活动的重要方面。

①忍看朋辈成新鬼，怒向刀丛觅小诗。
吟罢低眉无写处，月光如水照缁衣。(鲁迅《为了忘却的记念》)

②轻风起来时，点点随风飘散；那更是扬花了。——这时偶然有几点送入我们温暖的怀里，便倏的钻了进去，再也寻它不着。（朱自清《绿》）

例①中的“忍”“怒”“丛”凝聚着鲁迅何等深沉的悲愤！如果将“忍看”改换成“眼看、侧看、冷看、怒看”，都将大为逊色。一个“忍”字，不仅将这几种看态囊括进去，而且更表达了强忍一腔怒火的压抑心情。“怒向”，远比“朝向”“面向”“勇向”“敢向”更能表达怒不可遏的愤慨与无畏。“刀丛”的“丛”是修改过的，说明经过反复琢磨。“刀丛”把敌人的惨无人道、杀人如麻的白色恐怖罪行，形象而凝练地表现出来了。一个“怒”和一个“丛”，展现出一幅形象逼真、与敌无畏地抗争的画面。“刀丛”较之“刀边”或“刃口”“刀下”“刀尖”都更富有表现力。由“边”到“丛”的斟酌过程，是认识、体验的飞跃过程，也是作者准确把握了所选定的词语的含义、从而精当取用的过程。

自然，对手语言巨匠们来说，有的精美文辞，往往不都是苦思冥想出来的，而是由于感知体验得深切、语义的准确掌握、自然而迅速地捕捉到的，有时简直是流出、涌出。例如上面一首诗的“辈、怒、觅、罢、低”等词的运用。例②中的“钻”字，很生动。这一“钻”，将水花写活了。既表现了水花溅落到人身上时瞬息即逝的情景，又表达了作者喜爱、渴得的心情，闪现出一颗天真的童心，同时还添增了文章活泼诙谐的气氛。如果按原来的意思写成：“便倏的没了”“便倏的化了”，情趣就会大减。“没、化”与“钻”并非同义词，由于作者的独特体验和对词义的准确理解，自然地选用了“钻”字。

3. 力求寓意深远。辨析词义，选用词语，要力求寓意深远，言尽意未止，有弦外之音。

鲁迅在他的《雪》中，以粗犷的大笔描绘着朔方的雪。它们“永远如粉，如沙”，在旋风中奋飞；又如“在日光中灿灿地生光”，“包藏火焰的大雾”，“弥漫太空，使太空旋转而且升腾地闪烁。在无边的旷野上，在凛冽的天宇下闪闪地旋转升腾……”这幅阔远凛冽、寒彻周天的北国雪景，显示着大自然的威力，也是那时的不可抗拒的社会震撼力、人们奋力拼搏的写照，是一首亢奋不羁的、对腐朽势力抗争的颂歌。雪之壮景的描绘词语，寓意深远，令人遐想不已，感奋不已。

4. 善于动静互渗。辨析词义，选用词语，要注意寓动于静，静中有动，跃然纸上。

环滁皆山也。……峰回路转，有亭翼然临于泉上者，醉翁亭也。（欧阳修《醉翁

亭记》）

作者本是写醉翁亭所处之地，但没有只停留于一般的叙说，而是用“翼然”一语，将本无动态之亭描写得那般生动，它檐角上翘，如展翅欲飞的大鸟，高踞泉上。

5. 让连用富于变化。同义词语的连用，必须富于变化。

①读书人家的子弟熟悉笔墨，木匠的孩子会玩斧凿，兵家儿早识刀枪。（鲁迅）

②它一面去惩办，一面来诓骗。正义，人道，公理之类的话，又要满天飞舞了。（鲁迅）

③当然到了该打的时候，就要坚决、彻底、干净、全部消灭之。（毛泽东）

例①中的“子弟、孩子、儿”，本是同一所指的一组同义词，作者为了避免重用和单调，更换运用。自然，这种用法，还与后代的所有者的身份不同。如果将“读书人家的子弟”说成“读书人家的儿”，词义的搭配上就不协调。例②③中的“正义、人道、公理”和“彻底、干净、全部”，分别是两组特定语境中的同义词，意义所指，实际是同一的；作者将其连用，不仅避免了重复单调，更加强了语势，使同义形式的词语，共同去表达同一内容，达到强调指出和鲜明突出的效果。

6. 留心正反义的搭配。辨析词义，选用词语，不仅要注意推敲某一词语的恰切和完美，还要留心词语意义的相同、相近和意义的相反、相对之间的搭配。

我独不解中国人何以于旧状况那么心平气和，于较新的机运就这么疾首蹙额；于已成之局那么委曲求全，于初兴之事这么求全责备？（鲁迅）

在这段文字中，有“心平气和”与“委曲求全”，“疾首蹙额”与“求全责备”，“旧状况”与“已成之局”，“较新之机运”与“初兴之事”四组特定语境下的同义词语的变换和交替配用，也有“心平气和”与“疾首蹙额”，“委曲求全”与“求全责备”，“那么”与“这么”三组特定语境下的反义词语变换和两相对照的搭配。它们既贴切，又灵活，在婉蓄而鲜明的对比中，尖锐地抨击了那些墨守成规、安于现状、怯于新事物、恐于新变革的旧势力的本性。

7. 契合其他词语搭配关系。注意一般词语特别是表示动宾关系与修饰和被修饰关系的词语之间的搭配。例如“不必说碧绿的菜畦，光滑的石井栏，高大的皂荚树，紫红的桑葚……”“闹意气、泄私愤、图报复”“……却看妻子愁何在，漫卷诗书喜欲狂。……即从巴峡穿巫峡，便下襄阳向洛阳”等句中的词语搭配运用准确而形象。关于动词、形容词的运用，后面还要谈。

（二）词语色彩的辨别与调配

词语的色彩，是指除词语的意义以外所具有的带有直感性的特定素质——情状、形态、格调、气派、韵致等的综合，它们附着于词语本身。词语色彩可以从不同角度理解：大致有历史的和现代的不同；有固定的和变化的不同；有共同的和特殊的不同；有地方的、民族的、阶层的不同；有浓淡、深浅、轻重的不同；有偏重形象的、感情的、适应于某种语言体式的不同等。

对词语色彩的辨析与配用，特别要注意词语色彩的形成、发展与变化。有的词语，从产生时起，就被“包晕”着一定的色彩而经久不衰；有的词语色彩是在长期的使用习惯中“印染”成的；有的词语色彩在长期的使用中逐渐发展变化：旧的色彩黯淡或消失了，新的色彩产生着、呈露着、凝定着；有的词语色彩，则是在具体使用的环境中临时获得的。

我们要研究的主要是词语的横面色彩，自然，在研究词彩的辨析和配用中，要涉及其有关方面。从词语在一定时期使用过程中所具有的主要色彩看，大致分两种：感情色彩和语体色彩。

1. 调配感情色彩。“情动于中，而形于言”（《毛诗》卷一）“情以物迁，辞以情发”（刘勰《文心雕龙·知音》）说明只有情的“动发”，才有言辞的“形发”。严格讲，艺术语群，大体或轻或重，或浓或淡地带有感情成分。

表示自然天象、人类日常生活、科学技术的词语，感情色彩不明显，几乎察觉不出，所以叫中性词语，表示人类意识活动和情感活动——喜、怒、哀、乐等词语，一般都有明显的感情成分，所以有褒义词语、贬义词语之别。我们在辨析和调配词语色彩时，要注意如下几种情况。

（甲）词语本身所固有的感情色彩。

嬉游的童年过去了
于是你们
一跃

而成为我们祖国的
精壮的公民。
也许
你们心上的世界
如蓝天那样
明澈而单纯，
就连梦
都像百花盛开的旷野
那般清新……（郭小川《投入火热的斗争》）

“精壮”“清澈”“单纯”“清新”“百花盛开”，都是感情倾向明显的褒义词语，它们的褒义是词语本身具有的。作者用它们表达了对青年一代的活力、心灵、前程的赞美，寄托了对青年一代的深情、期望。又如“美丽”“清丽”“绚丽”“秀丽”“娟丽”“艳丽”“壮丽”等词语，本身呈现出种种不同色调和情态的“美”，而“妖丽”等词语，则本身附着着令人厌恶的、实则是丑的“美”；“聪明”“机智”“机灵”带褒义，“滑头”“奸狡”“阴毒”带贬义。这类词语的趣情色彩，是凝定化的，它们始终存在于词语本身。选用时，要准确辨清其褒贬色彩。

（乙）词语在特定语境下形成的感情色彩。词语本身固有的感情色彩，是词语感情色彩的基本方面和主体方面。但由于表达的需要，词语的感情色形，在特定的语境下，往往临时产生变化。

①……而为多数人所不需要，甚至对多数人有害，硬要拿来上市……（毛泽东《在延安文艺座谈会上的讲话》）

②为了寻找侵略的根据，艾奇逊重复地说了一大堆“友谊”，加上一大堆“原则”。（毛泽东《“友谊”，还是侵略?》）

例①中的“上市”，本是一个中性词语，但用在这里，却表露出作者鲜明的感情色彩，作者用它嘲笑了那些把文艺作品当作纯商品贩卖，而且以次充好，借以沽名钓誉的不负责的行径。“上市”这一词语，在此语境中，被临时赋予了浓厚的贬义色彩。例②中的“一大堆”是用来限定日常生活中一般事物的数量词语，表示事物的大致的总体数量和一般的价值意义。此处用来限定“原则”“友谊”这两个带有庄严、高尚色彩的抽象事物，便辛辣地嘲讽于艾奇逊们的“原则”和“友谊”，使它们变得一文不值，从而揭示了所谓“原则”和“友谊”的虚伪本质。“一大堆”，这个带有一般色彩的中性词语，连同被它们限定的褒义色彩的词语，一并在这特定语境里的妙用下，变成令人厌恶和鄙夷的了。

（丙）妥当协调“情景词语”的感情色彩。文艺作品中，往往要写景写情。这里所说的“情”，是广义范畴，包括作者和作品中人物形象的主观感受、情绪、心态、意趣等。而情的抒写又往往借助于景的描绘，即所谓托物寄情，情融于景。纯客观地绘景和无依无托地直抒胸臆，是极少见的。关于情景之渗透、融汇、依存、浑然一体，我国古典诗论、文论以至画论中均有卓见，如“昔人论诗词，有景语、情景之别。不知一切景语皆情语也”（王国维《人间词话》），“境非独谓景物也，亦人心中之一境界”（王国维《人间词话》）。“景无情不发，情无景不生”（范晞文《对床夜话》）。无论景物之描绘、意境之创造、气氛之烘托，必然有主观情意之参与、渗透、浸融、弥漫，这是艺术创造活动的规律，正如清代一位大戏剧家在《闲情偶记》中所作的归纳：“总其大纲，则不出‘情’‘景’二字。”纵观古典文学作品，无论诗、词、曲、赋、小说，都将情景合一之理，贯穿作品之中，创造出至高艺术境界和光照千秋的艺术形象。现、近代作家的笔下，亦是如此。

> 时候既然是深冬；渐近故乡时，天气又阴晦了，冷风吹进船舱中，呜呜的响，从篷隙向外一望，苍黄的天底下，远近横着几个萧索的荒村，没有一些活气。我的心禁不住悲凉起来了。（鲁迅《故乡》）

“阴晦”“苍黄”“萧索”“荒村”等，既是景语，也是情语。它们色调晦暗，绘出了一幅被挤压和榨取得没有血色的、枯干的旧中国农村的荒凉景象，抒发了作者的悲凉、哀愁与郁愤。文中情因境异，境因情迁；情和景的用语，色调是协调的，达到了情景交融的境地。

朱自清的《春》，是一首诗情洋溢的散文诗，为我们展现出一幅万物苏醒、生气盎然、明媚开阔的春景。无论写春光、春花、春草、春雨、花香、鸟啼、蜂唱、蝶飞、村舍、农夫、风筝，用语新鲜明快，融情入景。读着它，仿佛被引到春天的碧野，满目清朗，心旷神怡，禁不住要同作者共吟一曲春之歌。

刘白羽的《长江三日》，是一篇优秀的游记散文，激情澎湃，气势雄浑。如：

……两条大江，骤然相见，欢腾拥抱，激起云雾迷蒙，波涛沸荡；至此似乎稍为平定，水天极目之处，灰蒙蒙的远山展开一卷清淡的水墨画。……可是当看到它那奔腾叫啸，如万瀑悬空，砰然万里，就不免在神秘的气氛的“童话世界”上又涂了一层英雄光彩。……长江两岸，层层叠叠，无穷无尽的都是雄伟的山峰，苍松翠竹绿茸茸的遮了一层绣幕。……天空江上一层云雾迷蒙，电光闪闪风声水高，不但使人体会到“高江急峡雷霆斗”的赫赫声势，而且你觉得你自己和大自然那样贴近，就像整个宇宙都罗列在你胸前。九天、风雾浑然融为一体，好像不是一只船，而是你自己正和江流搏斗中向前。“曙光就在前面，我们应当努力。”这时一种庄严而又美好的情感充溢我的心灵，我觉得这是我所经历的大时代突然一下集中的体现在这奔腾的长江之上。

这不是一般的山川风貌的描写，而是用浓重的彩笔饱蘸着激情，展示出长江千姿百态、千变万化、滔滔东去的雄伟壮观之景。整个绘写之中，寓含着作者庄严的思考和对祖国大好河山的深情赞领，激励着人们在风浪中搏斗前行。所用的词语的感情色彩，同所绘之物的情状、色调、气氛，十分和谐地融汇在一起。

老舍曾讲过，“语言的成功，在一本文艺作品里，是要看在什么情节、时机之下，用什么词汇和什么语言，而且用得正确、合适”。这里所说的“情节、时机”，实际是指作品中特定的人物、事件、情境、景象、气氛等；所讲的“正确、合适”，既包括词语意义的准确，也包括词语感情色彩的恰当配合。

（丁）准确辨别词语在演化中所改变的感情色彩。汉语词语的感情色彩，在长期的使用中，有相当数量在变化或转化，运用时要辨清它们古今褒贬意义的更移。

“明哲保身”“明目张胆”“舞文弄墨”等词语，原来表示褒义；在现代汉语里，已变成贬义词语。另如“体有万殊，物无一量，纷纭挥霍，形难为状”（刘勰《文心雕龙》）句中的“挥霍”，当“变化迅速之状”讲。这一词语，使用至今，不仅意义发生变异，感情色彩也随之变化，已是个表示浓重责贬色彩的词。

此外，有少量词语的感情色彩虽是早已在演化中凝定，却偶尔还被“还其面目”地使用。例如曹清华的《洱海一枝春》里写道：“大理，这是‘花花世界’。大理人也别有情趣、有福气。他们爱花、养花，几乎成了风习。”文中的“花花世界”，原本表示褒义，早已演化为贬义词语，作者却返其原义地运用。这种偶尔还原运用，如果用得巧，可以增添某些情味，还可以获得或加强“原意”的表达效果：大理，确实是个百花争妍的天然大花园，无处不是飘香万里。为了强调作者的意思，有时也采用这种“还其原意”用法，例如：“依我看，对初学者来说，还需要下点‘咬文嚼字’的功夫”，“在科学的探索、创造时代、标新立异未必不好”。

其他如某些词语经过某种语音、语法手段之后，也点染上某种感情色彩。“云”和“鱼”是中性词，但“云儿飘在海空，鱼儿藏在水中……”“云”和“鱼”却变成作者、歌者心中喜爱的事物了，这是将它们“儿化”而使其呈现褒义词语的感情色彩。另如“花儿、风儿、绿油油儿的、美滋滋儿的”“凉丝丝、红彤彤”“稀里糊涂、怪里怪气、黑咕隆咚”等，都因词语形式的变化，新添了某种色彩。

协调语体色彩。词语不仅具有一定的感情色彩，而且还具有一定的语体色彩。语体，是由于交际的目的、场合、对象的不同而在长期的语言习用中所形成的。运用词语要适应不同语体的需要，这种“适应”本身，实际是词语对语言运用体式的“复归”。词语在运用中，大体归属不同的语言体式，因而不同语体的词语，也必然带有不同的语体色彩。语体色彩越浓，词语运用的范畴越具有规定性和局限性。

使用公文语体词语的布告、规划、规则、方案、贺电、启示、公告、宪法等，一般用书面语体词语，不采用口语和文艺描写词语。例如“公告”的末尾，总有“现予公告”之类的词语，公文事务语体色彩很浓。决不可将“现予公告”更改为“现在在这儿公开告诉大伙儿”，否则，将破坏其程式化特点和严肃性。同样，在文艺描写中，也不宜不恰当地运用科技语体词语，如“我们登上了高高的、青翠的地壳隆起的表层，路途中不时地被灌木植物绊倒”。政论语体文中的例证，虽然也可以作形象描写，但不可过多，应当是定量的和定向的，例如毛泽东同志在论及长征的意义时，指出长征是“宣言书”“宣传队”“播种机”，充满政治激情，语调高亢、铿锵，如果不恰当地用上一些文艺语体词语描写，写成“长征是冒着浓烟、突突地鸣响、滚滚地前行的播种机”，甚至进而写出“天上有嗡嗡的飞机，地上有轰隆隆的大炮……四面密集包围、后面紧着追堵，半道儿横截……”，就必然破坏精粹深辟、气势磅礴的论战气氛。另如在政治抒情诗中，如果不恰当地塞进几句快板词语，或者在科技著作中来几句抒情语句，都可能造成不伦不类的后果。用语要得体，主要是指要适应对象、场合，同时也应理解为包括对语体的适应。

需要说明的是，语体之间没有绝对不可逾越的鸿沟。随着人类社会生活和自然科学的发展，随着新的交际方式和多种表达方式的发展的需要，有的语体之间已出现交叉和互相渗透的现象，从而形成新的语体分支。例如杂文，是政论与文艺语体的结合，但仍属于政论语体范畴。散文诗，是散文体和诗体语言的结合，而仍属于诗体范畴。科技文艺如科学幻想小说和科学散文等，也是语体交叉的产物。语体交叉是在一定范围之内的。从发展上看，公文语体与文艺语体、科技语体之间，不大可能交叉融合。

在我国，论说文辅以文学笔调，是自古以来论说文用语的传统，目的是加强说服力和论证力，是为了有力地论证论点，以理服人。例如荀子的《劝学》，采用了种种文艺词语和修辞手段，目的是鲜明地突出文章的意旨和论点。刘勰的《文心雕龙》、陆机的《文赋》等文学评论专著更是如此。此外，偶尔在严肃的政论中，用几句口语，可以增添谐趣和嘲讽意味，但要适量、自然、恰到好处。毛泽东在《别了，司徒雷登》一文中写道："美国人在北平，在天津，在上海，都洒了些救济粉，看一看什么人愿意弯腰拾起来。太公钓鱼，愿者上钩。嗟来之食，吃下去肚子要痛的。"诗词中也不乏杂入口语的范例，例如李清照的"昨夜雨疏风骤，浓睡不消残酒。试问卷帘人，却道海棠依旧。知否？知否？应是绿肥红瘦"。"肥"与"瘦"是口语词，因为恰切巧妙的运用，被词学家誉为"以寻常语变入音律""以俗为雅""用浅俗之语，发清新之思"的范例。诗文中偶用寻常口语，可以产生不寻常的效果。

词语的语体色彩，如前面所述，书面语体比较庄重、规范；口头语体比较通俗、自然，灵活性强。书面语体中的文艺语体、政论语体与公文语体，又有各自的特点。公文语体，因社会功能的不同而又沿袭传统的公文格套程式，往往袭用不少古语词；现代政论语体，基本上运用理论词语，但其中也掺用不少文艺语体词语，因而是比较灵活的一种语体。现在有不少文艺评论，因为大量运用文艺词语，而在实际上成为一篇篇精美的散文式的文论，尤其是出自散文家、诗人或小说家之手的文艺短论，更是将政论和文艺这两种语体完美地结合起来，使之浑然一体，给人以新鲜的语言体式的美的享受。近年来还出现一些用诗体语言撰写文艺评论的文章和小册子，可以理解为新创语体的尝试，也可视为语体发展的一种动向。

语体也是在不断发展着的。这发展包括自身的完善和相互之间的交叉和融合。特别应当指出，书面语体和口头语体应当尽可能地、不断地在新的基础上一致起来，其间距离的缩短，应是两种语体发展的总趋势。这种缩短，应视为一个国家精神文明程度的标志之一。书面语来自口头语，却又对它起着规范、提高、净化作用，口头语在不断丰富，书面语在不断吸收、迅速加工。尽可能地促成和完善书面语体与口头语体关系的发展过程，是语言工作者的本职任务之一。

科技术语大量闯入文艺、政论和日常用语，也是近年来的语体发展中的突出现象。例如“他的兴奋中心不在这儿，在培植新的麦粒品种上”。“兴奋中心”是巴甫洛夫高级神经学说的术语。“我们既要从微观角度，也要从宏观角度看问题”，“微观”与“宏观”，是观察物象的科技术语。又如“……言语的这种复杂性，一是可理解为时间上的积潴与变迁，言语总是要在历史的长河中不断刷新……二是空间上的相互碰撞、相互感染，正如梅洛・庞带所说，‘言语具有吸附的天性，它总是把周围的许多意义吸收进自己的网罗之中’”。（鲁枢元《语言与混沌》）这段论述文学语言语义的复杂性的文字中，引进了自然科学术语，唯其如此，才增强了论述的科学性、透彻性。

（三）词语声音的调节

词语是声音和意义的结合。汉语词语的音义结合，也不全然是假定的，有一定数量词语是义寓于音、因音生义的，这在汉语中屡见不鲜。“古人制字，字义即寄于所从之声。就声求义，而音义毕呈”（刘师培《字义起于字音说》），“善读诗者，由声以考义”（王士桢《倚声集序》）。我们这里主要是说，音不仅寓义，还往往透出某种乐音美、韵调美、情致美，这是我国古今诗文讲求词语声音调节的重要原因。

> “元音中的 i、y、e 音发音浏亮清越，其所代表的意面义多是欢愉、轻快、悠闲之情；a、o、u 等元音重浊阴沉，其所代表的意义则带沉痛、暗淡、抑郁之感；鼻化元音发音浑重，其体现的常是模糊之意。辅音的发音各别，音质相异，其意不同。有的清脆尖锐，有的阴浊沉重，有的发扬宏亮，有的爆烈抑塞。其所代表的意义也就有凄清轻倩、含浑缠绵、激越轻捷；迫切急遽等等的不同，……一字之助，一章得益；一字之力，全篇生色。”（张永鑫《声与诗》）

这段话里，从语音角度分析了音素、音节的音响效果——传送不同意义情感的功能。汉语音节的特有声调，更可以使汉语语音的音乐素质和特色发挥得更充分，完美而富于表现力，从而为利用词语音响效果，表达意情、状摹物态，提供“天然”条件。

从自然界到人类社会，事物的动态、意念的动态、情感的动态，往往伴以不同形式的音响，伴以有规则的、和谐的、不同高低缓急的节奏旋律，因而借助词语声音的鸣响特色，可以造成声情并茂、情景交融的美的直感。乐曲是用音符的调配变化，形成有声的音乐语言，以展现乐境；诗文则在很大程度上借用词句音调的调配变化以创造和烘托意境。曲有乐章，诗有声律，即所谓“歌咏言，声依咏，律和声”。

诗词，十分讲究词音调节，“诗源于歌，歌与乐相伴；所以保留有音乐的节奏，诗是语言的艺术，所以会有语言的节奏”（朱光潜《诗与乐——节奏》）。其实散文、小说、政论以及其他文体的语言，也注重协调音调。老舍说过：“一篇作品须有个情调。情调是悲哀的，或是激壮的，我们的语言就须恰好是配备这样悲哀或激壮的。比如说，我们只要传达悲情，我们就须选择些色彩不太强烈的字，声音不太响亮的字，造成稍长的句子，使大家读了，因语调的缓慢，文字的暗淡而感到悲哀。反之，我们只要传达慷慨激昂的情感，我们就需用明快强烈的语言。语言像一堆砖，必须由我们把它们细心地排列组织起来，才能成为一堵墙，或一间屋子。语言不可随便抓来就用上，而是经过我们的组织，使它能与思想感情发生骨肉相连的关系。”这段话，说明词语音调的调节，对于一篇作品是极为重要的。用词，必须考虑文章的情韵格调，必须使词语的声音与意境、气氛、情感等协调一致。契诃夫也曾讲道：“我通常在校样上最后完成我的小说，而且不妨说，是从音乐的一面来修改它。”这位小说家、戏剧家对词语声音的注重，到了以语言的音乐美为标准来定稿的地步。诗，是要吟的，文，也常有诵读之时；即便不吟不诵，默看也是在耳畔、胸中伴有音响的。词音的调节，看来不应低于在词义、词彩的辨用上所下的功夫。

汉语的音乐美，主要表现为声韵协调、音调和谐、音节的匀整与变化等。这种美的音调，是按照表达情意、状摹物态的需要和声律原理，通过尽可能使其协调和谐的努力而产生的。

词语声音的调节，大致包括声韵协调、字调和谐、字韵相协、音节匀称四个方面。

1. 声韵协调

（甲）音调情境的协调。词的声音，也有感情、形象等色彩和韵致之别，如何将其与写人、描物、抒情和创造意境、烘托气氛以及论证、论辩的语势协调起来，十分重要。

> 浔阳江头夜送客，枫叶荻花秋瑟瑟。
>
> 主人下马客在船，举酒欲饮无管弦。
>
> 醉不成欢惨将别，别时茫茫江浸月。（白居易：《琵琶行》）

“浸”字，无论从意义、色彩和声音上看，用得极好。“浸”这一音节，开口度即声音响亮度不大，鼻音收尾，具有含蓄、轻柔、幽静之美，与秋江月夜的静谧、恬淡、幽渺，十分和谐，因而这一个“浸”字，更净化和升华了诗的境界。如果用“沉”“浴”

“浮”“漾”等字，或在意义上，或在音响上，都不会产生出“浸”的效果；如果换上同一意义的“泡”，而改成“别时茫茫江泡月”，便大煞风景了。

东风！
红旗！
朝霞似锦！……
大道！
青天！
鲜花如云……
听
马蹄踏踏
看
车轮滚滚……
这是
在哪里呵？
——在
中国！
这是
什么人呵？
——是
我们！（贺敬之《十年颂歌》）

诗中语词的声音响度是强有力的，充分抒发了作者心中的赞美、自豪之情，描绘了普天同庆的欢腾场面。读着这些诗句，我们也似乎同时听到了共和国飞奔的滚滚的车轮声。

古今诗文中，音调情韵配合的范例，更是举不胜举。

（乙）双声迭韵的配合。双声指双音节词的两个声母相同，迭韵是指双音节词的“韵”基本相同，这是汉语词语所特有的语音形式。双声叠韵词语在状物、抒情、言志的诗文中，大量运用，很富于表现力。这种表现力，主要是借助于它们的音乐效果。平仄相协的双声迭韵词语，恰当地用于诗文句中句末，则更显其畅朗、回荡的旋律美和节奏感。

> 北方的青纱帐哟，常满怀凛冽的白霜；
> 南方的甘蔗林呢，只有大气的芬芳！
> 北方的青纱帐哟，常常充溢炮火的寒光；
> 南方的甘蔗林呢，只有朝雾的苍茫！（郭小川《青纱帐——甘蔗林》）

这几句诗的韵调美，在很大程度上是靠句末几个双声迭韵词的协调配合，因之读起来朗朗上口，诗韵回绕，音调袅袅。如果将“凛冽”换成非双声词“飕冷”，把“芬芳”换成非双声词“香味”，把“寒光”换成“冷光”，把“苍茫”换成非迭韵词“笼罩”或“无边”，则不只是造成韵步不协，而且大大破坏了双声迭韵特有的韵调美，降低原诗的音乐效果，削弱感染力。

> ①这虽是农历残冬腊月时节，在北国，依然大雪纷飞，滴水成冰，而这儿却云淡风轻，艳阳当空。我们坐在橡胶树的林荫下，……偶尔举首仰望，呵，这是谁的妙手搜集了人间的所有翡翠，嵌镶成这面天边的翡翠幕幔，把这蓝天遮得一点儿也不露？艳阳扑到幕幔上，映得一片葱绿耀眼。（曹靖华《天涯处处皆芳草》）
> ②诵明月之诗，歌窈窕之章。少焉，月出于东山之上，徘徊于斗牛之间。（苏轼《前赤壁赋》）

上面两段文字中，例①用的大都是非联绵双声迭韵词，例②用的是联绵双声迭韵词。双声与叠韵的交替使用，不仅使人产生由音而形的翩翩联想，而且造成曲调美的音感。假如把其中的“窈窕”，更换为表示“秀美端丽”，把“徘徊”更换为“来回不定”等非双声连绵词，就会破坏这种双声迭韵词所能唤起的形象联想和音乐美感，抹掉其浓重的音韵色彩。

王国维在《人间词话》里写道：“……词之荡漾处，多用迭韵，促节处双声，则其铿锵可诵……”对如何运用双声迭韵及运用双声迭韵的表达效果，做了精当的论述。

（丙）迭音的配合。迭音，主要指双音节词的两个音节的声、韵、调的完全相同，即一个字音的重迭形式。这里所说的迭音词，是属广义范畴的，它包括迭音词和词的重迭形式以及拟声词。迭音词的恰当运用，可以达到如观其形，如闻其声，从而如临其境的效果。迭音词的使用效率，在古今诗文中很高，往往超过双声迭韵词。

刘勰的《文心雕龙》中对迭音词的运用和表现力，做了高度评价："灼灼状桃花之鲜，依依尽杨柳之貌，杲杲为出日之容，瀌瀌拟雨雪之状，喈喈逐黄鸟之声，喓喓学草虫之韵，皎日彗星，一言穷理；参差沃若，两字穷形：并以少总多，情貌无遗矣。"的确，从"关关雎鸠"到"水何澹澹"，从"天苍苍，野茫茫""车辚辚，马啸啸"到"寻寻觅觅，冷冷清清，凄凄惨惨戚戚"，从"遥夜沉沉满幕霜"到"我欲登天云盘盘"，从"看它万古长滔滔"到"茫茫九派流中国"，可以说，迭音纵横回荡于古今篇章。

迭音词的运用，在散文、政论等文体中，也屡见不鲜。

在浑沌的灯里，渗入一派清辉，却真是奇迹！那晚月儿瘦削了两三分。她晚妆才罢，盈盈的上了柳梢头。天蓝得可爱，仿佛一汪水似的。（朱自清《桨声影里的秦淮河》）

初出的婵娟，"盈盈"地步上柳梢。"盈盈"这一迭音词，描绘出皎月初升时美得动人情态：她含笑而端庄，姗姗地踏着芳步，将清晖洒向人间。如果把"盈盈"更为非迭音词"不紧不慢"或"缓缓升上"，则无论从声音到意义都失之平平；即便换用别的迭音词"慢慢""缓缓""徐徐"等，声音中的形象、意境情调、色彩，也将逊色，而难以唤起"盈盈"的美妙联想。

凡音节一经重迭，往往黏附着物象的某种情态，迂旋回荡着某些情韵。这也应视为状物抒情的诗文中大量运用迭音词的原因。朱自清的《桨声灯影里的秦淮河》一文，用了四十余个迭音词，歌词《知音》里第一段的前几句："山青青，水盈盈，高山流水韵依依，一声声，如泣如诉……"就用了四个迭音词。另如在别文中的"簌簌地掉""索索地抖""滚滚的米酒""脉脉的流水"等描写中迭音词的运用，均可说明其独特效果。

论文，特别是古代文论中，迭音词亦是频频采用。例如：

若气无奇类，文乏异采，碌碌丽辞，则昏睡耳目，……（刘勰《文心雕龙·丽辞》）

枚乘菟园云：猋猋纷纷，若尘埃之间白云。（刘勰《文心雕龙·比兴》）

心懔懔以怀霜，志眇眇而临云。……游文章之懔府，嘉丽藻之彬彬。……（陆机《文赋》）

文徽徽以溢目，音泠泠而盈耳，……理翳翳而愈伏，思乙乙其若抽……（同上）

孔子曰：“大哉，尧之为君！惟天为大；惟尧则之，荡荡乎，民无能名焉！群哉舜也！巍巍乎，有天下而不与焉！”（《孟子·滕文公上》）

正是由于迭音的表现力，构成了由描绘性词语与摹拟性的迭音词凝定的大量成语，如“千里迢迢、风尘仆仆、孜孜不倦、源源不断、生气勃勃、头头是道、步步为营、熙熙攘攘、战战兢兢、形形色色、唯唯诺诺、文质彬彬、小心翼翼、气势汹汹、喋喋不休、野心勃勃、斤斤计较、夸夸其谈、衣冠楚楚”等。

2. 字调和谐

字调，即声调，是汉语音节的特点。汉语的每一个音节，都具有一定的高低变化的调子，为调配词语声音提供了“得天独厚”的条件。古人将字调归纳为四大类：平、上、去、入。诗学家又从诗歌创作实践中总结和创定了平仄交替相协的声律。刘勰在《文心雕龙·声律》篇中论述了讲究声律的道理：“古之佩玉，左宫右徵，以节其步，声不失序，音以律文，其可忘哉。”说明“音”对“文”的作用。只有有律之声，才有有序之文，犹如古人佩玉节步，协调而不相杂。古代诗文家，吟诗著文，大都按照声律寻求语言和谐悦耳的旋律美，或错综，或复沓，或低抑，或高扬，或凝顿，或挫降，使语言的音调，像一溪活水，时而涓涓流淌，时而清波乍起，时而汩汩回旋，时而浪花飞溅。

曹靖华说得好：“讲音调的和谐，下字如珠落玉盘，流转自如，令人听起来悦耳，读起来顺口，不至诘屈聱牙，闻之刺耳，给人以不快之感。”

朱光潜对字调的功用和运用，更有精微的分析。他说“音律的技巧就在选择富于暗示或象征性的调质”，接着又说“比如形容马跑时宜用铿锵疾促的字音，形容水流，宜多用圆滑轻快的字音；表示哀感时宜多用阴暗低沉的字音，表示乐感时宜用响亮清脆的字音；……宜用平声的地方往往不能易以仄声字，宜用仄声的地方也不能随意换平声。例如白居易的《琵琶行》：‘大弦嘈嘈如急雨，小弦切切如私语；嘈嘈切切错杂弹，大珠小珠落玉盘。’第一句‘嘈嘈’决不可换仄声字。第二句‘切切’也决不可换平声字。第三句连用六个舌齿摩擦的音，‘切切错杂’状声音短促迅速，如改用平声或上声、喉音或牙音，效果便绝对不同。第四句以‘盘’字落韵。第三句换平声‘弹’字为去声‘奏’字，意义虽略同，听起来就不免拗。第四向‘落’字也胜似‘堕’‘坠’等字，因为入声比较斩截响亮。我们如果细心分析，就可见凡是好诗文，平仄声一定都摆在最适宜的位置，平声与仄声的效果绝不一样。……平仄调和所生的影响并不亚于双声迭韵。……”这段分析文字，很值得细细体会。

①自古逢秋悲寂寥，
｜ ｜ — — — ｜ ｜
我言秋日胜春朝。
｜ — — ｜ ｜ — —
晴空一鹤排云上，
— — ｜ ｜ — — ｜
便引诗情到碧霄。
｜ ｜ — — ｜ ｜ —（刘禹锡《秋词》）

②谁都会想起他
他是一个纯粹的人
气质开朗
像春天的阳光
心灵透亮
像开着的门窗
谁都把对他的记忆
放在最宝贵的地方（艾青《清明时节雨纷纷》）

③年轻的朋友们，今天来相会，荡起小船儿，暖风轻轻吹，花儿香，鸟儿飞；春光多明媚；欢歌笑语追着彩云飞……（张枚同《年轻的朋友来相会》）

例①笔调清新明快。平仄的调配，十分严整，全诗的音调起伏有变，吟读起来感到诗音朗朗，情思缭绕；悠悠重霄，与诗的内容——作者所独具的高远而乐观的心志和情怀，汇融成一片内在的和谐。古代格律诗的平仄调配都比较严整。例②的句中字调平仄大致相配，具有抑扬顿挫美。句末的“朗、光、亮、窗、方”等字调也大致相协。全诗的基调——高扬悠渺，与所缅怀的周总理的气质、心灵、胸怀的深广阔亮，与人们对他的敬仰、怀念，十分谐协。例③是词曲皆美的青年歌曲，旋律是欢快跳跃的，表现了青春的欢愉、活力和向往。字调变化与曲调变化大体一致。作曲家深知并充分利用了字调本身固有的音乐素质，使曲调的节奏旋律，跟踪着词句字调的自然音流，达到了情与声、词与曲完美统一的理想效果。

诗歌讲究平仄字调的和谐，散文家，甚至政论家，也很注意音节平仄的调整。不同作者的文章风格、语势、情调等，都往往与字调的独特调节而形成的独特的语流特色密切相关。

①予观夫巴陵胜状，在洞庭一湖。衔远山，吞长江，浩浩汤汤，横无际涯；朝晖夕阴，气象万千。此则岳阳楼之大观也。（范仲淹《岳阳楼记》）

②凉秋八月，天气分外清爽。我有时爱坐在海边礁石上，望着潮涨潮落，云起云飞。月亮圆的时候，正涨大潮。瞧那茫茫天边的大海上，滚滚滔滔，一浪高似一浪，撞到礁石上，唰地卷起几丈高的雪浪花；猛力冲激着海边的礁石。（杨朔《雪浪花》）

③鲁迅是在文化战线上，代表全民族的大多数，向着敌人冲锋陷阵的最正确、最勇敢、最坚决、最忠实、最热忱的空前的民族英雄。（毛泽东《新民主主义论》）

我们读着上述三例的文字，不仅看到气势磅礴的岳阳楼之大观，看到变化方千的凉秋海景，联想到鲁迅"横眉冷对"的俨然身影，而且仿佛听到"浩浩汤汤"的江涛声，"唰唰"撞击的水浪飞溅声，激昂铿锵的评说音响。这种真切感，很大程度上来自语流里字调的微妙的抑扬音调。这种效果，若是朗咏高吟，更可强烈地感触到。

3. 字韵相协

字韵相协，即通常所说的押韵或协韵。押韵是指诗歌某些句末一字有规律地采用同"韵"音节，使其落音一致，和谐悦耳。诗歌一般要押韵，诗歌的韵，是指相同或相近的韵母。散文无须押韵，但并不排除在行文中，顺乎其然地使句末音节偶为同韵。

现代诗歌承继了古代诗歌押韵的传统，但又较之宽松、灵活、自由。一般诗歌和民歌，有隔行偶向相押，也有分节自相协押。自由诗体（包括楼梯式的外来诗体），有大致相押的，也有根本不相押的。其原因，从积极方面讲，可谓打破了律诗形式的约束，让诗情能够得到充分的、淋漓尽致的倾注、挥洒。但总的讲，根据汉语音节的语音特点，诗歌还是在无损于内容表达的前提下，以押韵或大致押韵为宜；事实上，现代和当代的诗歌，相当部分是押韵或大致押韵的。

押韵，是诗歌语言艺术美的要素和重要手段，可以造成诗歌形象、意境、音响上回环往复、浑然圆合、多变有致的音感。马雅可夫斯基说过："韵脚，……使叙述一个思想的所有诗行共同行动……我的韵脚几乎总是异乎寻常的。"

骏马
在平地上如飞地奔走，
有时却不敢越过
湍急的河流；
大雁
在春天爱唱豪迈的进行曲，
一到严厉的冬天
歌声里就充满着哀愁；
公民们！
你们在祖国的热烘烘的胸脯上长大，
会不会
在困难面前低下了头？（郭小川《向困难进军》）

这首诗虽然采用了楼梯式的自由诗形式，但也中国化了，呈现出鲜明的汉民族语言的音调特色，主要是因为按照汉民族诗歌语言协韵的艺术手法而在诗句的末字按“侯”韵相押，使中外两种诗歌语言形式自然结合，使诗的格调更为新颖昂奋，节奏更为明快畅朗。总之，形式永远服从内容，押韵与否，要根据题材、内容和表达的需要而定。

蔡伦纸那样微黄的皮肤，
荟萃河、珠峰、南海里钙土……的精华，
火药与煤炭那样黑黑的瞳仁，
附着五十万年古老文明的印痕……
我从山顶洞来，
我从甲骨文中的残片堆中走来，
我从三元里的草坪走来，
我从延安的黎明走来，
我从开国大典的礼炮声中走来，
袒露觉醒振奋的胸廓，
迎接时代的风云……

我昂起头，走进联合国大厦，
走进人类的友谊和矛盾——
我是
中国公民！（张学梦《我是中国公民》）

这首自由诗，以高度凝练的诗句，形象地概括了我中华民族——东方巨龙，从远古发展至今的历史进程。全诗以独特的手法，高度的艺术概括力和充盈的民族豪情取胜。像这类重大题材，这样深广悠远的内涵，要协以韵脚，难度较大。如果强以同一韵脚，恐怕真要成了带着链条的舞步而难以如此自如酣畅。

望着
我们宏伟的目标，
我突然感到
精神的苍白，
肺腑的空虚。
仿佛我是腰佩青铜剑的战士，
瞅着春笋似的导弹发呆；
……
茫然无知地
翻看着四化的图集，
……
"什么是现代化？
你能为她干些什么？
你掌握着哪一种科学武器？……"
难道能这样的响亮回答——
"我无知。"（张学梦《现代化和我们自己》）

像这类政治题材，这般奔放的政治诗情，如果囿于韵律，也会影响诗情的畅发。曲艺、民歌、鼓词之类，因为要说唱，要易于上口、记忆，自然要押韵。

高山梯田水汪汪，
哥哥犁田云中央，
织女看见忙招手，
错把哥哥当牛郎。
高山梯田水汪汪，
妹妹云里忙栽秧，
对着天门把歌唱，
唱得仙女来帮腔。

这是一首现代七言民歌。平白如话，畅若流水，句末又协以韵脚，更增添明快、匀整的曲调美。

押韵，要注意与诗的风格的协调。豪放、粗犷、昂扬、明快的诗歌，韵脚一般宜选响亮度大的“麻”“寒”“唐”“庚”“东”韵；含蓄、低抑、深沉、悲愤的诗歌，韵脚一般宜选响亮度小的收撮、圆合的“皆”“支”“齐”“微”等韵。

押韵还要注意与诗情、诗意、诗境的和谐统一，不能因设韵不当而破坏其自然美，要水到渠成，恰到妙处。韵脚只能是全句、全诗的锦上添花，不可弄成画蛇添足、诘屈聱牙之拙。如果协押韵脚有碍于内容表达，干脆不押，不能以拼凑的聱牙之韵，伤豁朗自如之诗情、诗风。

4. 音节匀称

音节匀称，是指词语数字的调配，尽可能做到平匀相称。格律诗，在诗的句数和句的字数上的严格，超过押韵和平仄调节。“五律”“七律”“五绝”“七绝”，主要是因为诗的规定句数和规定字数而定名的。自古以来众多的律诗名篇，充分说明根据汉语音节特点调整音节而使其匀称整齐的必然性和可能性。我国古代，除律诗之外，即便是作为长短句诗体的乐府诗，也在力求音节字数的大致相称。例如白居易的《花非花》（新乐府）：“花非花，雾非雾，夜半来，天明去。来如春梦几多时，去似朝云无觅处。”前四句都是三言，后两句都是七言，全诗由三言与七言组成，呈现出匀称美节奏美。如果将“花非花，雾非雾”中的前一句或后一句，多加上一个字而写成“花非似花，雾非雾”，或“花非花，雾非似雾”，无论是吟咏或歌唱，都略有不匀整之感。

现代诗歌音节字数，除长短不一的自由体外，一般都注意到音节的大致匀称。如诗人艾青的长诗《在浪尖上》，贺敬之的《回延安》《桂林山水》，郭小川的《团泊洼的秋天》《将军三部曲》《青纱帐——甘蔗林》，诗中基本保持了句子字数的齐整，或至少保持了节段自身音节字数的大体一致。

我被你的名字征服，
我被你的风度征服……

如冷月清光
花淡淡、叶疏疏……

似嫦娥起舞，
袖飘飘、衣楚楚……

有深思的暗香，
有联想的烟雾……

把月光凝成花树，
照亮我写诗之路！（韩笑《月光树》）

这首漫溢着清幽渺远情思的赞美诗，不仅以“模”韵相协，而且讲究音节的匀整美。现代新民歌，讲押韵，也很讲音节齐整。新民歌中很少是不押韵、不讲字数的。

诗歌讲究音节调配，一方面是为了使诗歌的整体呈现齐整、平匀的音乐美；另一方面也是为了便于吟咏、记忆。散文，就整体讲，是不讲究音节匀称的，但为了获得更完美的音调节奏，也促使作者在语流的音响上注意调节字数，虽然这种对匀称美的追求，只是在少量的、个别的词句上。

大理好，

洱海，这面光洁的南北长百里，东西宽十余里的梳妆镜，放在它前面。苍山，这扇高及八里，宽百余里的锦屏，竖在它背后。

……

大理，好一幅风景画。

大理，好一首抒情诗。（曾靖华《洱海一枝春》）

对洱海，苍山的描绘，对大理的赞叹，都注意到音节的调节。字数匀称的句子，在散文诗中大量运用，在论文（包括政论、文艺评论等）中，也不时运用，特别是一些由四字组成的词语和句子的连用。例如：

①春冬之时，则素湍渌潭，回清倒影。绝巘多生怪柏，悬泉瀑布，飞漱其间。清荣峻茂，良多趣味。（郦道元《巫峡》）

②苍山十九峰，自北而南，宛如十九位仙女，比肩并坐，相依相偎，好像在对镜理妆，凝视洱海。又好像在顾盼着苍山下，洱海滨的终年盛开的繁花，默默欣赏。山巅白雪皑皑，好似一条又细又白的纱巾，披在头顶，显得分外洒脱。（曹靖华《洱海一枝春》）

③艺术，……你应该成为人民大众喷发悲愤的胡笳，倾吐哀愁的箫管，追求光明的翅膀，探索真理的泛槎，建设乐园的瓦刀，装点江山的花朵，讴歌幸福的唢呐，抒写爱情的竹笛……（郭因《艺廊思絮》）

④官僚主义现象是我们党和国家政治生活中广泛存在的一个大问题。它的主要表现和危害是：高高在上，滥用权力，脱离实际，脱离群众，好摆门面，好说空话，思想僵化，墨守陈规，机构臃肿，人浮于事，办事拖拉，不讲效率，不负责任，不守信用，公文旅行，互相推诿，以至官气十足，动辄训人，打击报复，压制民主，欺上瞒下，专横跋扈，徇私行贿，贪赃枉法，等等。这无论在我们的内部事务中，或是在国际交往中，都已达到令人无法容忍的地步。（邓小平《党和国家领导制度的改革》）

上述例句说明作者在行文中，偶尔配以平匀整齐的词句，可以在节奏音感上为全篇增添舒缓与急迫交错的参差美。四个音节的词组，其中特别是成语，历来为诗文作者所喜用。这是因为四字格的词组和成语，综合利用了汉语音节和表意文字的特点。它们往往既能比较完整地表达事理、表现事物的动态情状，又能集中地体现汉语语音的音乐特色，是容量饱和、字调多变，即音和义被高度而完备地浓缩的精粹的词语形式，所以为人民喜闻乐用。

音节的调配，还包括音节的两相对称、匀整，例如：

①凡事都要脚踏实地去做，不驰于空想，不骛于虚声，而惟以求真的态度作踏实的工夫。以此态度求学，则真理可明，以此态度作事，则功业可就。（李大钊）

②科学上没有平坦的大道，真理长河中有无数礁石险滩。只有不畏攀登的采药者，只有不怕巨浪的弄潮儿，才能登上高峰采得仙草，深入水底觅得骊珠。（华罗庚）

上述两例中，音节数字基本上匀称，有的是句与句，有的是句中词语与词语。至于格言、警语、谚语等，更为讲究。

声韵的协调，字调的和谐，字韵的相协，音节的匀称，再加上吟诵时诗文的语法重音、语法停顿和感情重音、强调停顿的顿挫起落、语调的抑扬变化，构成词句、篇章音响上多种格调和旋律的乐章美。词音的恰当调节，对选用词语来说，是必不可少的。

无论词义、词彩，还是词音的辨析与选用，都必须遵循形式服从内容的原则，切忌内容肤浅苍白而徒有华巧形式。

（四）词语的变异用法

词的活用，是指不同性质的词的临时变通运用。如名词、形容词当动词用，形容词当名词用，名词当形容词用等。这种利用词的临时转类的变通用法，可以使词语更加凝练、形象而独具情味。好的诗文，往往因为恰如其分地、巧妙地活用了某个或某些词，而倍增神韵、大放异彩、富于艺术魅力。

①登东山而小鲁，登泰山而小天下。

②红了樱桃，绿了芭蕉。

③竹色溪下绿，荷花镜里香。

④知否知否，应是绿肥红瘦。

⑤一水护田将绿绕。

⑥尔欲吴王我乎？

⑦十二月光阴中间，天上每日几十架飞机侦察轰炸，地下几十万大军围追堵截，路上遇着说不尽的艰难险阻，我们却开动了每人的两只脚，长驱二万余里，纵横十一个省。

例①中的“小”是形容词，在句中活用为动词，是形容词的意动用法。读者吟咏至此，犹如亲自登临山顶，眼前景物如同一个快镜头倏地推向远处。这一“小”字的活用，唤起了人们的生活体验，引起了登临泰山远跳天下的闪速联想。“小”这一形容词，临时获得了表示物象的急速变化的动词的特性。这个形容词的活用，实际是以登高远望的动作的结果，表示动作的过程和结果，既概括了倏地变小的过程，又描绘了天下变小之状，较之直接用某个动词更为形象而凝练，更能给人以登高远眺、襟怀坦荡、心旷神怡的真切感受。至于“小”在诗中所寓含的哲理，则是不言而喻的了。例②③中的“红”“绿”，是形容词变用为动词，实际是以物之色表示色变过程。例④⑤中的“绿”“红”，是形容词变用为名词，实际上是以物之色代用为物体本身，这种以色呈动，以色示物的用词法，往往使被活用的词，凝聚着物象的色泽与动态美。例⑥是将名词活用为动词，这种用例虽然少见，却也能反映出独具的效果：概括力和生动性。吴王之事，多为人所知，所以“吴王我乎?”，便能获得以二字概括一个完整的历史事件、借以一针见血地戳破对方的计谋的特殊效果，省去了多少笔墨！词的活用，古文中有，今文中也可常见，例⑦中的“纵横”，是形容词活用为动词。这一被活用的“纵横”，在气贯长虹的语境中，更显出它的磅礴、驰骋之势，充分表明了红军这一股铁流势不可挡，堪称英雄好汉。“纵横”二字，既描述了锐不可挡的壮行远征，又概括了辗转迂回的途程。无论从音调语势和语义上，是无懈可击的。

活用词语，要从表达需要出发，要用得恰切自然而巧妙。散文家曹靖华的《雪雾迷蒙访书画》中，有这么一段：“一入冬季，浓雾迷蒙，大雪飞扬，迷雾中，一遇空暇，即身披盈寸的绒绒的鹅毛雪片，伶仃于瓦涅街头，访书、探画。”“伶仃”，是个形容词，此处变通地用为动词，十分形象。仿佛使人看到这位只身于异国街头的中国书生，顶风冒雪、寻访书画的情景。这个形象色彩很浓重的修饰语，被突破常规地直接活用为动词，别具一番情味。如果将“伶仃”改为“站立”“俟立”，便平淡无“奇”了。

①……所有值得珍惜的美丽，都需要保持一种距离。……于是那棵树才能永远长在那里，虽然孤独，却保有了那一身璀璨的来自天上的金黄。（席慕蓉《写给幸福·孤独的树》）

②而黄色，似乎永远捉摸不定，永远流动不居，即使花瓣形式了它，没有风摇曳，依旧觉得在那形式中游移……（席慕蓉《芊芊芳草·一大片一大片金黄》）

在艺术语言里，这类词语活用是常见的，诗歌如此，散文也不乏对词语的变用。也正是特定语境语体中的适当变用，才表达出作者的独特的、深微的感受而意趣盎然。

（五）着眼于动词、形容词的选用

动词、形容词的选用，在各类词的选用中占极重要位置。无论是言志、状物，还是抒情，从运用词语上讲，都要求准确、精炼、生动、明畅。如果能恰切地选好表示动态和情状的词语，就会把事理说得更透晰、缜密，把情感抒发得更真切动人，把事物描绘得栩栩如生。

选用词语所以要着力于动词、形容词，因为它们往往是章句成败的关键。诗文的意、情、神、趣、色，主要靠这两类词的恰用、妙用，有了这种恰用、妙用，才能有“彪炳之文，清英之句”。古往今来，文圣诗仙，名篇佳作，语言功力，多凝聚在这两类词上。其实，前面所举的例句词语的分析，几乎全集中在这两类词上。我们要充分重视对它们的选用，充分挖掘和发挥它们的潜在的表现力。

选用好动词、形容词，不都是以华美、典雅、绚丽为标尺。词语中的“国色天香”故然可贵，词语中的“闲花野草”未必不是“宝”。选用这两类词语，与其说是词语本身如何，还不如说是词语采选得如何。往往极寻常的词语，用在极恰当的地方，便会大放光彩。无论动词，还是形容词，既要注意恰当选用，使之准确生动，还要注意它们在连用时的配合。

①床前明月光，疑是地上霜。举头望明月，低头思故乡。（李白《静夜思》）

②好雨知时节，当春乃发生。随风潜入夜，润物细无声。（杜甫《春夜喜雨》）

③齐着船舷的菜叶和垃圾被白腻的泡包围着，一漾一漾地，填没了这只船和那只船之间的空隙。（叶圣陶《多收了三五斗》）

④我们回到了老家湖南。我们含泪伫立橘子洲头，漫步在湘江两岸；回清水塘，登岳麓山；徘徊板仓小径，依恋韶山故园……万千思绪，随山移水转。（毛岸青、邵华《我们爱韶山的红杜鹃》）

例①中的“疑”“举”“低”“思”，明快而简洁地概括了见景生情的心理过程，抒发了“月是故乡明”的乡情。语词和诗情，同样是明如秋水而又含蓄深沉。例②的“随”“潜”“润”“细”，真可谓“惊人”之语。几个动词，立即呈现出夜雨润物的轻柔与静谧。这种效果，要归之于作者的细致的观察、感受和用词的精切，否则，难以如此迅速地引起读者的联想与体验共鸣。这几个词，无论从义、彩、音及连用的协调上，都可堪称为同义形式中的“唯一”。例③中的“包围”“一漾一漾”“填没”，是极平常的词语。这几个动词，再加形容词“白腻”，便十分形象地绘出了旧社会乡镇的岸口河沿的脏乱景象。例④中的“伫立”“漫步”“回”“登”“徘徊”“依恋”等极为明快、形象地描述了回乡漫游的过程和情景，抒发了依依不舍、感慨万分、难以离去的乡恋情怀。

①孤帆远影碧空尽，唯见长江天际流。（李白《黄鹤楼送孟浩然之广陵》）

②枯藤老树昏鸦，小桥流水人家，古道西风瘦马，断肠人在天涯。（马致远《天净沙·秋思》）

③……而那红色果皮上一层茸毛，或者是一层薄霜，便显得柔软而润湿。云霞升起来了，从那重重的绿叶的罅隙中透过点点的金色的彩霞，林子中回映出一缕缕的透明的淡紫色的浅黄色的薄光。（丁玲《果树园》）

例①②是古典诗曲中的名句。所以为名句，主要是创造了情景协调的、真切的诗境。例①内隐着动，例②侧重在静。无论是形象的色调、气氛的烘托，还是作者情感的流露，主要借助于诗句中一系列形容词的恰切连用与配用。如果去掉它们，那便是诗将不“诗”了。例③中的描写，笔法细腻，色彩斑斓，绘出了一幅朝霞映照、果实累累的绚丽的果园图景。

文辞，华而不实不好，实而不华也未必是好。

（六）其他词语的选用

1. 慎用古词语、方言词。古语词、方言词的适当运用，也很富于表现力。古语词具有一定的庄严色彩和凝练的特点。往往被偶用于严肃的政论和记叙描写及其后的议论中。例如：

①中国共产党坚决相信，只有完全地、诚意地和坚决地执行这个纲领，才能达到保卫祖国战胜日寇之目的。否则，因循坐误，责有攸归；全国丧亡，嗟悔无及。（毛泽东《为动员一切力量争取抗日战争胜利而斗争》）

②在新一辈的村领导人的心目中，早就有了一个未来十八年的发展设想。他们要创造一个崭新的“农村”概念。……七十户呵，我们一向忠厚、勤苦和不敢有任何非分之想的乡里乡亲呵，请大胆地跨步过去吧！这一步的历史价值，也许会像农

民楼之于茅草房，草棚之于猿人洞一样。（艾牧《谁知道，角落这个地方……》）

运用古语间，一般要适当适量，更不可滥用。现在有的评论文章，特别是对古典作品和文艺论著的评论和分析文章，文言词语甚多，有的用语甚至比被评论的古典诗文语词还古奥，是应当引起注意的。

在小说和地方戏曲中，适当使用方言词，可以使人物刻画更生动，作品更富于地方色彩。例如周立波的《暴风骤雨》、话剧《陈毅出山》、邓友梅的《那五》等，方言词用得比较出色。同古语词一样，方言词也不宜多用，更不容滥用。政论文中，更以少用为宜。

过去有人完全用方言写小说，或小说中充斥着地域方言的土语、俚语，是不妥的。

俚走出弄堂门口，叫啥道天，浪向落起雨来哉。啊呀，格爿天末（?）实讨厌，吃中饭格辰光，还是蛮蛮好格究，那老会得落雨格介？又弗是黄梅天，现在是年夜快呀！

像这样地道的苏州话语，是无论如何不能用来作为各种文体的表述语言的，否则只能让人坠入“语码”的混沌和迷雾之中而起不到广泛的交流作用。

2. 精于副词运用。副词的恰当选用，有助于语意、语势以至情韵的表达，古今诗文家很注重此类词的潜心推敲，而且用得极为高妙。

①野火烧不尽，春风吹又生。

②春风又绿江南岸，明月何时照我还。

③孔乙己，你脸上又添上新伤疤了！

④山穷水复疑无路，柳暗花明又一村。

这几句诗文所表达的思想情感，从用语上讲，关键在于“又”这一副词。小草的顽强生命力，春绿故乡江南的喜悦，孔乙己无休止的厄运，春游中“绝路逢生”的惊喜，全寓含在“又”这一副词之中。例①④中的哲理也全仗这一类词传送。

①僵卧孤村不自哀，尚思为国戍轮台。

②春蚕到死丝方尽，蜡炬成灰泪始干。

③情满怀呵意满胸，恰似漓江春水浓。

一个“尚”字的运用，全句给人以挺健、练达之感，表达了执着的赤诚的爱国心志，“方”“始”，吐露了忠贞不渝、鞠躬尽瘁的精神，“恰似”，不仅比“尤似”“更似”等词语在意义上更准确贴切，从声音色调上，尤富于情韵。这情韵是从它的历史经历或背景里，很浓重地透露出来的。

3. 借用科技词语。近些年来，科学技术日新月异的发展，推动着某些社会科学与自然科学在发展中不断地交接与汇融。这种现象，也相应地反映到词语的运用上来。主要表现在越来越多的自然科学术语被文艺作品、政论文章以及日常口语所吸取和采用。

诗歌简直是文学中的文学，语言艺术中的艺术，它要求把那一切文学要素都浓缩结晶起来。像中国古典诗歌中的精品，寥寥数语就把人带进一个宏观世界或者一个微观世界，寥寥数语就产生一种石破天惊或者余音袅袅的效果。（秦牧《古典诗词艺术探幽·序》）

其他如“焦点聚光的构思艺术”“开发十亿人智力的伟大事业”“语言污染”“精神污染”“系列电视剧”“心灵轨迹”等。这些科技术语的运用，犹如在浩瀚的文学和日常语汇中涌进新鲜血液。这些科技术语，往往更富于生命力和表现力，从长远看，这种“涌进”，应是语汇发展和运用的历史趋势，它们将比方言词、古语词、外来词活跃得多，能量大得多。

4. 巧用重迭式的量词。数量词语的运用，特别是量词的重迭形式的运用，也具有特殊的表达效果。

而青松呵，
决不与野草闲花为伍！
一派正气，
一副洁骨，
一片忠贞，
一身英武。

这些数量词语，不仅与被它们修饰的事物搭配得十分熨贴，而且使音调抑扬有致，青松形象的神采气宇，因之轩昂风发。

①转轴拨弦三两声，未成曲调先有情。

弦弦掩抑声声思，似诉平生不得志。（白居易《琵琶行》）

②一条条街道宽又平，一座座楼房披彩虹；

一盏盏电灯亮又明，一排排绿树迎春风……（贺敬之《回延安》）

例①中“弦弦”“声声”这两个重迭量词，倾诉了琵琶歌女的悲苦和作者的深切同情，同时也显露了歌女的高超技艺，两个重迭量词，对句子的节奏起着缓急顿挫交相替换的作用。例②中，每句开头采用了一个数词和一个重迭量词的组合形式，具有民歌的明快的语言特色。四个数量词组的连用，形象地描绘了延安的新面貌，表达了作者兴高采烈的神态和欣喜、欢愉、赞颂之情。

总之，不能孤立地从某一方面、某一角度出发去考虑如何选词。凡是可以堪称为典范用词的，都是根据表达需要，结合语体、语境，从词义、词彩、词音三个方面综合考虑和选择；从三者的完美结合去反复斟酌，尽可能避免顾此失彼。

第三章　句式选择

一、句式选择的意义

修辞，是对语言的调整修饰，自然既包括词语的锤炼，也包括句式的选择。炼词与造句，密切相关。从某种意义上讲，炼词的直接目的，是推出最恰切、最富于表现力的句子形式，因为修辞不仅要从同义词语中去寻找那个“唯一”需要的词语，还要寻出“唯一”需要的词语的“唯一需要的位置”。

人们交流思想，达意传情，不是以词为基本单位，而是以句子，即以词或词组组成的句子为基本单位。古代诗文家所说的“为人性僻耽佳句，语不惊人死不休”“两句三年得，一吟双泪流”“诗贵活句，贱死句”以及历来的“名篇、名句”之说，正说明这个道理，也正说明炼词是以炼出理想的句子为直接目的的。选句，是修辞的重要内容之一。

同义句式，一般指意思大致相同而结构形式不同的句子形式。句子形式的不同，表达功能和效应亦不相同。自然，这种不同体现在不同的语言环境、语体风格、个人表现风格上，因为无论是对同义词语还是同义句式的恰当选用，都不是也不可能是孤立的，它们离不开特定场合。

俗话说，“一句话，百样说”“怎么想，怎么说”“想怎么说，就怎么说”“怎么说好，就怎么说”“换言之”“也就是说”“换句话说”“简单地说”，等等，说明同一个需要用句子形式表达的意思，可以用各种不同的句子形式来表达。内容即使同一，表达的句式也可以是多种多样的。根据表达的需要，选用不同的句子形式（包括句型和句类），叫做同义句式的选择。选句，实质上就是根据内容的需要，对同义句式进行挑选和调整。汉语句式的多种多样，为我们选择句式、锤炼句式，提供了极有利的条件。

①“和平、友谊”是最响亮的国际语言。

②呵，“和平、友谊”，多么响亮的国际语言！

③“和平、友谊”难道不是最响亮的国际语言！

④最响亮的圆际语言——“和平、友谊”。

⑤“和平、友谊”——这一国际语言，最响亮。

⑥让“和平、友谊”，在国际语言里，更加响亮！……

这几个句子，格式类别不一，有直陈句（顺陈句），有感叹句，有反问句，有祈使句，结构形式上也不尽相同；它们所表达的内容，基本上是一致的。至于哪个句式最富于表现力，要看将它置于什么样的语境、语体之中。

选句，大致包括两个方面：选择与调整。选择，是指在已有的同义句式中采选，使句子的内容与形式适切地统一于一体；调整，是指在已采用的句式的基础上，对词序、句序、词句的个别之处进行增减或做出新的安排、调整，使句子的内容与形式更为完美地结合。

①人们都清醒过来了，接着人们又欢呼起来了。

我已经看到了盼望许久的佛光。

我木然站着，不一会又狂喜起来，但是我心里又忐忑，

有些不安，感到空虚。

②人们清醒了，欢呼起来。

我见到了佛光。

我木然、狂喜。

却又忐忑、空虚。（张抗抗《战嵋山启示录》）

例②对于例①，便是在已有句式的基础上做了调整。例②的句式，简短灵活，词语干净利落，更适合表达佛光突现突隐时的惊喜、怅惘和描绘当时的情景。例①句有些拖沓、呆板，不大切合处于佛光瞬息而出、复又隐没的场景中特有的心理反应。“木然”和“狂喜”之间，有个过程，故用一个简单的复句；“忐忑”与“空虚”，几乎可以是同时的心情，所以用一个省句表述。

如前所述，选句与炼词，密切相关。有“不佞”之字，方有“清英”之句；有句之“清英”，方能呈现字之“不佞”。选句和炼词，总的目的一致，都是为更好地表情达意。但二者也还有不同之处。炼词，归根结底是“炼意”，“意”升华得愈精愈高，词语方能选择得更美更高妙；选句，则是侧重于对理想句式的追求。自然，选句过程中，也在一定程度上包含着对句意的提炼，因为句意不同，选择的句式往往有差别。词与句，相对地说，是个体与整体的关系。炼词，要服从“句”这一整体的需要，要解决与整个句式——小范围的、直接的、邻近的语境的协调问题；选句，要以整个句意的需要、整个句子色彩的需要、整个句子的声音——语流的音调美、节奏美、旋律美的需要为出发点，去安排和调整词语的位置，去选择与之相应的句式。一般不能因词设句，而应该因句酌词。

选句，是修辞活动的一个重要内容，占有极重要位置，应予以充分重视和深入研究。汉语的句式多种多样，各具特点、风采。不同的句式，是在长期的思想交流过程中，适应着不同的表达需要而形成的。由于语气不同，产生了直陈句、设问句等；由于详尽省简表达的不同，产生了完全句、长句、省略句等；由于强调点和侧重处不同，产生了种种非常规的倒装句式等；由于语体语境、格调不同，产生了短句、感叹句、整句、散句等。多种句式的产生原因，说明了特定的句式与特定的表达内容在不同语境中的不同程度的适应性。锤炼句式，就是为了适应表达需要去寻找完美的句子形式，正如前面所说，去寻找“唯一需要的词”的“唯一需要的位置”。这里所说的“唯一需要的位置”，实际上是指最恰当的结构位置。词的结构位置，直接关系到句子的形式。

所以，从实质上讲，选句是利用句子的结构、语气等修辞功能，达到修辞的目的。

每一种句式，都有自己的结构特征和语气，有自己的特殊表达效果，有自己的使用规律。句式是多样的，但毕竟有限；而句子——写出的、未写出的，说出的、未说出的，却是无限。我们研究选句，学习选句，掌握不同句式的结构、语气特点和使用规律，能够以简驭繁、以有限把握无限，使句意和句式和谐统一，提高选句能力，达到理想的表达效果。

一九八二年十月，一群文学友人聚会蓉城，同游乐山、峨眉。经二苏祠，见门联："蜀中多才子，文章天下奇"，心中顿生敬意。于是自我感觉，此行游历峨眉，拂山之风，沐山之雨，也沾了一点灵秀之气。触景生情，文思驰骋，尽在山林的启迪之中了。（张抗抗《峨眉山启示录》）

这是文章开首一段话，也是全篇的主旨。笔调颇有风采，言简意深，书面语的韵味浓。作者主要采用直陈句概括全篇，很切合表达内容和意图的需要。

谁说雪只是冬天的精英？雪，乃是春天的信使！只有融化了的雪水，才足以证实春天的脚步的来临，当春风吹来，雪，融成涓涓之水汇入潺潺的小溪，滋润大地，濡湿枝丫，使万物发出新绿，预兆着一个金色秋天。……起风了……雪花，纷纷扬扬，轻盈盈、静悄悄……

这是一段吟雪文字，是多种句式的综合运用，呈现出语句灵巧和多变的特色。句子怎样选择？也如同怎样炼词一样，没有具体的刻板规式，只有总的原则和一般途径。词和句式，都不能孤立地论其好与坏，妥与不妥。凡是丽辞佳句，都是因多种因素而定论的。

选句，要从表情达意的需要出发，要适应一定的语言环境和一定的语体，要特别注重句式与语体相适应的问题。一定范围、一定结构形式和语调的句子是形成语体的要素。因此，选句必须考虑语体条件。祈使句、感叹句等，一般不能用于专门科技语体；祈使句、感叹句，一般不能用于公文语体；论述重大政事的政论语体，不宜采用过碎、过省的短句和省略句；文艺语体中的散文语体，不宜过多采用偶句；诗歌语体一般不宜采用长句，尤其不宜采用带关联词语的复杂句式（包括哲理诗在内），而宜采用高度凝练的短句、紧缩句、感叹句等句式。

①你青春的生命，
受大苦痛。
你青春的生命，
受大折磨。

你青春的生命，
享大欢乐。
你青春的生命，
奏大凯歌。（臧克家《短歌抒我情》）

②我们曾经对官员经商以及由此派生的社会现象投以满腔的义愤。而今天，在滚滚商潮之中，许多人对这一现象却持有更冷静和更理性的态度——如果我们不否认市场化是中国未来的走向，官员经商便是这过程中一个必然出现的篇章。何况在涌动的经济浪潮面前，一些琢磨人的官员们，将失去他们的市场，失去他们生存的空间，因为市场经济不需要这些，也不能容忍这些。在公平的市场经济面前，干事的人将会展示出他们的才能和实力。当市场经济解放了人才的时候，也就解放了整个社会走向未来的最大生产力。

目前有不少地方政策纷纷出台，一半以上的省市允许官员搞第二职业——经商或其他。这种架势，真让人有一种“商业运动”的感觉。看来急欲发展经济的中国，仍然需要冷静，需要理智，需要对自己对别人、对今天对未来的洞悉。只有这样，才有可能形成一种真正的、成熟的市场经济机制，并以此挑战世界。（捷南《官员与经商》）

例①，这首诗上下两节，意义上、句子间都有重转关系。因为是诗，作者没有用“虽然……但是”之类的转折关联词语。如果用关联词语，则将冲谈诗味。作者用意合句，将同一青春生命的两种“命运”，形成鲜明对照，让读者自己去思考和领会张海迪身残志不残、与厄运顽强搏斗而终于使青春生命大放异彩的崇高精神。例②是以经济转型、改革开放深入时期的重大政治课题为内容的思想杂谈片断。所用语言，体现了政治语体的特色，特别是在选用的句式上，句子结构相对地比较完整而复杂，充当结构成分的短语多为联合短语、介词短语，其中由“对”“在”“当”组成的介词短语作状语成分的不少，这是政论语言形式对“准确”“谨严”的表达需要而在句子形式上做出的反映，又是表示种种逻辑关系的复句及相应的关联词语的显现。这样，增强了政论语言的理论力度，无可辩驳地论述了“涌动的经济浪潮”中，“官员”经商的必然出现以及“急欲发展经济”时“冷静”与“理智”的必要性。

不同结构、语气的句式，具有一定的感情色彩和音调乃至风格特色，因而，选句还需要注意句子之间、句群之间的感情色彩、音词与风格的协调。怎样去阐述问题，怎样去抒发感情，怎样去创造意境、刻画人物，怎样去造成某种语势格调，都与采用不同的句式密切相关。

二、常用句式的运用

一般说，句式可以从不同角度去分类，各类句式有自身的修辞效果和运用规律。这里，只谈几种常用句式的功能和运用。

（一）顺陈句和倒装句的运用

1. 顺陈句：特点是顺达。顺陈句，是按照正常词序即常规语法结构组成的句子。一般在说明、议论、叙事、描绘、抒情中普遍采用，使用率极高。如果词序安排得当，词语搭配稳妥，可以充分发挥其表意准确、明晰、周密、畅达的效果。

①本报华盛顿11月4日电（记者王德铭）新当选美国总统的民主党人克林顿4日在阿肯色州州府小石城对记者说，他要再次肯定基本上贯彻美国外交政策的连续性，并期望在国际事务中发挥美国作用方面取得民主、共和两党的支持。

这是克林顿竞选以来首次在外交事务方面的政策性表态。克林顿具体地谈到，他的未来政府要推动中东和谈，完成削减战略武器的谈判、促使达成世界贸易谈判协定、支持俄罗斯的民主、和平解决前南斯拉夫各共和国间的冲突、援助索马里饥荒的受害者等。他宣称，“已取得了冷战的胜利，现在我们有机会去建设一个新的和平”。

但是，克林顿特别强调，他所面临的“艰巨而又头等重要的任务是要恢复我们国家的经济实力”。

②冬，没有春的朝气，没有夏的明丽，也没有秋的妩媚，它只会给人带来寒冷，然而只有在冬天，才有那漫天飘落的、美丽圣洁的雪。（董献《哦，冬雪》）

例①是一则新闻，报道美国新当选总统克林顿谈外交政策。文中基本上用的是顺陈句，而且多是顺陈长句，特别是克林顿对他未来政府外交事务方面的政策性的表态所用的那个句子，具有顺陈句、长句的表达效果。例②是一篇抒情散文的片断。所用的顺陈句，顺着作者思路的常规轨迹，情感的自然状态的发展，作常态的表述，寥寥几语，便给人以明快、畅达之感。顺陈句，又叫常规句，它一般是在没有思想感情上的特别强调和伏起波澜时采用的。

顺陈句一般反映了客观事物的发展过程、主观认识的认识过程和情感的流动趋向的常规行进轨迹，以及常规行进轨迹的逻辑联系。

2. 倒装句：特点是强调。倒装句，是由于表达的特殊需要，一反常规地安排词序而形成变式结构的句式。这种打破常规结构的句式，有着种种特殊的修辞效果，常用于感情色彩浓重的诗歌、散文、小说中的人物描写和情感抒发，并偶用于论战色彩强烈的致论、杂文等，主要作用是突出说写者所要强调的事理、情感。诗句的倒装，有的是为了押韵。倒装句，古今诗文中屡见不鲜。“贤哉，回也！”（《论语·雍也》），突出地赞扬颜回的美德。“嘻！亦太甚矣，先生之言也！”（《战国策·赵策》）是对先生之言的强调性评说。

倒装句分单句的倒装和复句的倒装。例如：

①不止一次了，清爽的秋风把我从昏睡中吹醒；
不止一次了，节日的礼花点燃起我心中的火种。
……
是战士，决不能放下武器，哪怕是一分钟；
要革命，决不能止步不前，哪怕面对刀丛。
见鬼去呢，三分杂念，半斤气馁，一己声名；
滚它去吧，市侩哲学，庸人习气，懦夫行径。（郭小川《秋歌》）
②——呵，我们的党！
我们
高举
你光荣的
旗帜，
前进，
在社会主义——共产主义的

大路上！（贺敬之《放声歌唱》）

③在银灰色的天空中，大雪仍在飘飘扬扬地下着。我的心中，感着无边的宁静与欢喜。（冰心《雪窗驰想》）

④这只是我自己心情的改变罢了，因为我这次回乡，本没有什么好心绪。（鲁迅《故乡》）

⑤水生……对着荷花淀吆喝：

“出来吧，你们！”（孙犁《荷花淀》）

⑥他们应该有新的生活，为我们所未经生活过的。（鲁迅《故乡》）

⑦一唱雄鸡天下白，

万方乐奏有于阗，

诗人兴会更无前。（毛泽东《浣溪沙·和柳亚子先生》）

上述诸例，都是不同类型的倒装句。例①是谓语前置的倒装句，对“不止一次了”的反复咏叹，表达了作为一个革命战士的坚强意志——不甘心迷离昏睡、灰心丧气。“见鬼去吧”“滚它的吧”，移置句首，表达了革命战士经过一番痛苦的激烈的内心斗争之后，对利己的私念、习性的无比愤怒、厌恶而禁不住的大声呵斥。例②是状语后置的倒装句，主要强调指出“前进”这一豪迈行动的处所。例③是状语前置的倒装句，把“在银灰色的天空中”这一状语移置句首，一是为了先突出地展现大雪飘扬的环境，以反衬作者的心境，二是为了避免句子的拖沓冗长。例④是个因果倒置的复句，正句前置，是为了强调故乡景象引起悲凉之感的原因。例⑤同例①一样，也是个主谓倒装句。如果说成“你们出来吧！”这样的顺陈句，就不能把水生在着急生气时冲口而出的命令语气生动地表达出来。例⑥是定语后置的倒装句，倒装的意图：一是让句子简短利落，另一是强调后置定语的内容。例⑦中的第一句应为“雄鸡一唱天下白”，这个紧缩句内的主谓倒装的目的，主要是为了适应格律的需要。“一唱”置前，方能符合“仄仄平平平仄仄”的平仄律。

倒装句中，主谓倒装句的使用频率较之其他倒装句要高。这种句式，感情色彩比较浓厚、强烈，往往带有祈使、命令语气，形式也比较简短，因而常用于文艺作品的抒情、对话，尤其常见于抒情诗、散文诗和歌词。例如“再见吧，妈妈”“飞进吧，火星”“下来吧，九霄云外的诗人”“起来，不愿做奴隶的人们”等，其他如在散文、政论的段末、章末也能见到，如“Ade，我的蟋蟀们！Ade，我的覆盆子们和木莲们！……”“别了，司徒雷登”，别具一番情味。

顺着事理的发展顺序去思考与表述事理，基本上要用顺陈句。当人们的思想感情的发展有了波澜的时候，必然引起思考，表达就会逾越常轨，因而也必然采用与之相应的倒装句。倒装句中变位的结构成分，往往是表意的侧重处。

（二）长句和短句的运用

1. 长句：特点是严谨。长句，结构成分比较繁复，可以包含比较深广丰富的内容。因为容量大，便于精确、完整、缜密、周详地表述比较复杂的事理和逻辑关系，具有比较明显的庄严的语体色彩，常用于政论和文、史、哲、经等学术论著及自然科学技术论著。

①欢迎我们的领导者——这诞生在上海、生长在江西的丛山里、在二万五千里长征的艰难困苦中百炼成钢、在农村的泥土里成熟的领导者。（宋庆龄《向中国共产党致敬》）

②根据恩格斯提出的以思想家们如何回答存在与思维何者为第一性来划分唯物和唯心的标准，经过长期检验，可以看出是科学的。（《中国哲学史走向唯心论的几种途径》）

③不但要研究每一个大系统的物质运动形式的特殊的矛盾性及其所规定的本质，而且要研究每一个物质运动形式在其发展长途中的每一个过程的特殊的矛盾及其本质。（毛泽东《矛盾论》）

④这种以“昂壮”为基调的语言，是真理的无往不胜、气势的永不衰竭的反映，是精神个性的永不枯萎、永不懈疏的乐观、热情、睿智、诚挚、顽强、充满青春活力的反映，是为冲破和压倒各式各样的强大政敌和论敌的谬说、诡辩、欺骗、奸狡、贪婪、残暴而作无情斗争的反映，是真理的探求者，发掘者、阐述者、宣传者、鼓动者与实践者战斗风格的反映。（《马克思的语言风格及其典范意义》）

⑤如果物体是许多杂乱无章的小晶粒组成的，每个晶粒虽然具有规则的外形，但整个物体却没有规则的外形，那么，这种晶体就叫作多晶体。

上述例句，还只能是相对而言的长句，其中，大都是复杂结构的长型单句，也有多重复句。例①是个单句，长的原因主要是因为附加成分较复杂。作者用几个修饰语高度概括了中国共产党从诞生到成熟的过程，体现了党的斗争经历途径。句子形式虽长，内容却丰实，是长而不空。例②也是个长句，长的原因是主语的附加成分较多，修饰语中回答了“标准”的提出者和提出了怎样的标准，给人以准确、严密的语感。例③是比较长的递进关系复句，两个分句的修饰成分的层次上的逻辑关系，两个分句之间的推进关系，十分清晰而谨严，句中的两个“及其”，起到了紧缩句子成分之间距离、使整个句子显出简约的特点。例④是个并列关系的复句。作者用了四个并排并列的分句，概括了革命导师论战语言的基调和特色形成的根源，颇为全面，语势充盈。例⑤是个多层关系的复句。多层关系是由于多晶体的形成的多种条件和原因而形成。作者采用了这个多重复句，精确而分明地给多晶体下了定义。如果不用这种种关系的复杂层次，则难以将定义下得如此精确严密。

长句是由于复杂的事理、精密的科学原理，丰富而细致的思想感情的表达需要而产生的一种句式，如果用得好，是很富于表现力的。表意抒情，大部分可以采用短句；但某些事理，某些意念和情感活动，必须采用长句。否则，显得松散琐碎，破坏精确严谨性，影响概括力、逻辑力。句子长而空不好，长而实未必不好。自然，根据汉语的特点和使用汉语的传统习惯，我们提倡在不影响句意表达效果的前提下，尽可能地采用短句。

长句有自己特有的表现力，不能一概否定。用句，取长取短，应由表达需要来定。

其实，古文家的笔下，亦不乏长句，如：“而余亦悔其随之而不得极夫游之乐也”，“其所以服人心，在行事适其宜而风采可畏敬故也”，等等。当今诗人的笔下，亦不时流出充溢诗情的长句，如郭小川的《团泊洼的秋天》《秋歌》《登九山》《拍石头》，冯牧的《今天》等。如《团泊洼的秋天》：

秋风像一把柔韧的梳子，梳理着静静的团泊洼；
秋光如同发亮的汗珠，飘飘扬扬地在平滩上挥洒。
高粱好似一队队的“红领巾”，悄悄地把周围的道路观察。
向日葵摇头微笑着，望不尽太阳起处的红色天涯。
矮小而年高的垂柳，用苍绿的叶子抚摸着快熟的庄稼；
密集的芦苇，细心地护卫着脚下偷偷开放的野花。

这些诗句绘出了团泊洼的一幅秋景。团泊洼的秋风、秋光、高粱、向日葵、垂柳、芦苇在诗人的笔下，都那么美，都在展示自己生命的价值，为装扮、守护这块土地奉献自己。这幅秋色图景富于生气，分外迷人，无疑是融进了诗人的情怀。诗句是比较长的，但这正好应和了对这幅秋景的咏赞，自然舒缓、绵绵漾漾，如散文行板节奏。自然，用绵长的句子写诗，也不排除作者在探索另一种诗歌形式。这些诗句虽长，却毫无散漫平淡感，同样给人以浓郁的诗味、诗语的音乐感；韵脚的音响是清朗的，赋予了诗歌形象和音调的整体感。

2. 短句：特点是灵便。短句，结构成分简单，句子短小，如果用得恰当，可以呈现明快简洁、干净利落、生动活泼的语言特色。短句，往往广泛用于文艺作品中的诗歌（包括歌词、词曲、散文诗）、小说等。无论是状物、抒情、言志，还是人物对话，短句的使用效果、频率都比较高。日常口语、对话，民歌、儿童作品，一般不用长句而用短句。

①东风！
红旗！
朝霞似锦……
大道！
青天！
鲜花如云……
听
马蹄踏踏，
看
车轮滚滚……（贺敬之《十年颂歌》）

②不管世界多么复杂，各种各样的人有多少想法，总有那么一些人，心跳动着，不是为了自己。

这样的人，过去有，现在也有。将来更会有。

他们的心跳着，不是为了自己。他们不怕嘲笑，不怕冷遇，甘心做傻瓜。他们不是为了自己。……

你送我以温暖，我报你以体谅和信任，这些东西对你也就是温暖。你和我都同样需要温暖。大家互相赠送温暖，就会驱走严寒。……（严文开《心的歌》）

③“不是牛亡，是《牛虻》，讲些什么？”

“不懂。”

“读完了？”

"没。"

"书打哪来?"

"偷的。"

"干啥?"

"卖。"(刘心武《班主任》)

④雨住一会儿,又下一阵儿,比以前小了许多,祥子一口气跑回了家。抱着火,烤了一阵,他哆嗦得像风雨中的树叶。(老舍《骆驼祥子》)

⑤将钱、陈二人捉置一处,相提并论,大概是从30年代吴宓的一句感慨开始的。近十几年来,这方面的议论,影影绰绰,藏头露尾;多也不多,少也不少;不知是有意半遮半掩呢,还是现趸现卖,总之是先逗起读者的鸦片烟瘾,然后递上一盒普通香烟,令人感受得到后的失望。因窃思之,钱、陈二大师,学问路数、学术品格、兴趣爱好、价值取向均各异趣,怎可将二人笼统地相提并论呢?

……

一言蔽之:钱钟书是诗人,陈寅恪是学者;钱钟书是艺术家,陈寅恪是科学家;钱钟书治学为自己,陈寅恪治学为别人;钱学乃一家绝学,陈学是天下公器……。自然,这是钱、陈二人相比,要是陈寅恪与陈援庵相比,陈寅恪就应坐到钱钟书的位子上了。(李洪岩《钱钟书与陈寅恪》)

例①的几个诗句,十分短小,音调却是高亢,铮铮作响的。作者在诗的开首,连用了几个独词句,如特写镜头般展现出祖国灿烂明媚的现实图景,接着又以轰鸣般的短句,奏出了祖国腾跃、猛进的脚步声。这些句子,无论从形式上,意义上,还是音调上,对放歌纵唱的抒情诗来讲,达到了相当完美的程度。如果在"东风""大道"等四个独词句前加上些较长的修饰语,或改用比较完整的句子,效果将大大减弱。例②是为一部集子写的前言中的摘句。前言,一般应属论说文体。作者在这篇短论中,几乎通篇采用短句。句子简短,用词也很寻常,却凝练而又畅豁,含蓄而又富于诚挚和亲切感。作者用短句形式,同作者的用语习惯和语言风格有关,另外也似乎感到作者在读了那本集子后感触颇深,由衷不拘地讲出自己的肺腑之言。因感而言,句子大都如日常口语那样简洁短小。例③是张老师和宋宝琦的一段对话。对话句子简短,符合对话时的语言环境,更符合宋宝琦的性格和他当时的心情。例④充分体现了老舍语言的简洁美,体现了短句特有的表达效果。作者几笔短言便形象而概括地描绘了暴雨骤歇,复又纷下、祥子奔跑回家、急忙抱着火烤时的情景，笔头流露出对这位被烈日烧烤，又被暴雨浇泼的车夫的深切同情。例⑤是涉及学术问题的论文片段，除个别句子较长之外，基本上用的是短句，表达了对有人将两位名人相提并论的不同看法，起到了十分明快简洁的效果。句子短而不碎不散，加上采用对比的手法，更显气势，颇有“激厉”之感。短句进入政治、经济、科技文著中，例不胜举。

用句简短，是汉族人民自古以来的语言习惯。古代诗文中，长句只是偶见。这跟汉字的特点直接有关，也跟作者的语言技巧和风格有关。柳宗元的《小石潭记》是优美的游记散文。句式多样，又以短句见长。“从小丘西行百二十步，隔篁竹，闻水声，如鸣佩环，心乐之。伐竹取道，下见小潭，水尤清冽……青树翠蔓，蒙络摇缀，参差披拂。”语句小巧玲珑又畅似行云、明若潭溪、朗如佩环鸣响，体现了游记散文语言的明快、简洁、畅豁美。

短句，结构单纯，字数又少，既适于表达事物、行动、情感的剧变，也适用于抒发情感的浓重、萦绕、含蓄，突出描绘事物的鲜明特征。例如：“夜正长，路也正长，我不如忘却，不说的好罢。”（鲁迅《为了忘却的记念》）“总司令……额上的皱纹也比过去深了，密了。”（刘坚《草地晚餐》）“但也并不是因为你是中国的特产，我才特别的喜欢，是因为你美，你真，你善。”（郭沫若《银杏》）

（三）整句和散句的运用

1. 整句：特点是匀称。这里说的整句，不是指结构完整的句子，而是指两个或两个以上相互关联地并排并列、结构和字数相同或相近的句子，以及包含结构和字数相同或相近的词语的句子。这种句式，在表意上、形体上、音响上，更呈现出整齐平匀美，适用于诗歌、曲艺等文艺作品，有时也用于散文、论文等文体中的描绘、抒情与论证。整句包括偶句和排比句。

①旧话说：

跑一天的腿，

张一天的嘴；

咱们说：

喝三瓢雪水，

放万朵花蕾！（郭小川《祝酒歌》）

②广厦亿万间，等这儿的木材做门楣；

铁路千百条，等这儿的木材铺钢轨。（同上）

③说来娓娓动听，……有故人相晤之亲切，而无严师面诲之紧张；有促膝谈心之舒畅，而无正襟危坐之拘束。（黄秋耘《闲话〈花城〉》）

④在这辑诗丛汇集的近千篇散文诗中，诗人们用他们各具风格的文思，体现各自的新的追求。作品中，有对人生的思考，有对山川的描绘，有哲理的诗化，有真理的求索，有献给生活的赞歌。

⑤在峨眉山，

在神水泉边，

一丛丛山花盛开，

招展着——

轻轻的红，

浅浅的黄，

淡淡的蓝。（忆明珠《峨眉山花吟》）

例①的一个对句，内容两相对照，鲜明突出了小兴安岭林区工人“志在千山万水”不畏艰辛的乐观、豪迈气概。例②句子较长，却是字数相等，结构整齐对称，有力地表达了林区工人对自己工作意义的理解和由此而产生的责任感和豪情。例③是一个并列关系的多重复句，两个大分句内部的转折分句，词语、字数、结构都对应得很严整，匀称，从中流露出对长者名士的平易近人和亲切教诲的欣喜心情，充溢着相晤时的和谐气氛。例④是几个省略主语的排比句，全面而概括地介绍诗丛汇集的内容，具有令人渴览的吸引力。例⑤是包含着结构、字数相同的词语的排向，音、义都柔美而齐整，展现出丛丛山花的明丽淡艳，无边无垠，富有轻歌曼舞的节奏美。

古代律诗，很讲究对仗，诗内含有严整的偶句，严格遵循偶句规格，例如杜甫的“新松恨不高千丈，恶竹应须斩万竿”。这对偶句倾吐出对善与丑事物的强烈的爱憎感情，音调铿锵而激厉，对仗技巧黯熟高超。古代散文中也常用这种句式，如“守一城，捍天下，以千百就尽之卒、战百万日滋之师”（韩愈《张中丞传后叙》），两对宽式结构的另一类偶句，以匀整的节奏，造成了两军激战时众寡悬殊的鲜明对比，赞颂了张中丞之功德与英雄气概，语势雄浑磅礴。无产阶级革命前辈，为我们留了不少新格律诗，有的对仗十分工整，如朱德的“河旁堡垒随波涌，塞上烽烟遍地阴”。以匀称的句子描绘了烽火年月硝烟滚滚、壁垒森严的战斗场景。

皋兰山上起园林，薄暮轻车试一临。
地势回环灯闪烁，天风浩荡夜深沉。
云藏白塔秋风起，零隐黄流朔气侵。
但得明朝光景丽，好收四海未归心。（《夜登兰山》）

今人用旧体诗形式抒发情怀的，亦十分注重偶句的严整。上面一首律诗中的偶句基本上对仗工整，它将皋兰山的无限风光形于“有限”，使其荡漾着匀称、和谐、起伏跌宕的音调旋律之中，如“天风”之“浩荡”，如“地势”之“回环”……

偶句和一些字数相等或大致相等的一对句子，在日常口语、谚语、格言中，也常运用。它表意完整，易记易上口，如：“上有天堂，下有苏杭”“你走你的阳关道，我走我的独木桥”“财源通四海，兴隆达三江”“祸至不惧，福至不狂”“金的人格，铁的性格”等。用于文章标题和广告中的，也为数不少，如：“经济信息的园地，工商企业的耳目”“扬浩然正气，抒生死恋情”“水往低处流，人往高处走”“力垫底儿，招练鲜儿”“走出国门，迈向世界”“弘扬中华学术，倡导科学态度”“迎接会计制度革命，实现专业知识更新”“功薄昆峻，花香百代”等。

2. 散句：特点是错落。散句，是指一组结构不完全相同、字数不等、意思相关的句子。其句子有长有短，参差不齐，所以又叫参差句。这种句子，灵活多样，不单调，不呆板，变化有致，富有自然美，小说、散文、论文、自由诗等，基本上采用这种句式。

①只有您，幽静细致，一派斯文，温柔中透露着刚毅。

②这些以天下为己任的人，忧国忧民，人民的一声长叹，都会震撼他的心灵……

③人们在旅途上，又是夜航，最容易倦。我睡得迷迷糊糊的，忽然觉得耳朵里像灌满水，铮铮发响，知道飞机正在往下落。一睁眼，只见身边的星星，地面的灯火，密密点点的，恍惚是上天下地撒满珍珠，连成一片。飞机打着旋，我只担心：可别撞碎这些珍珠呵。（杨朔《印度情思》）

④无数颗星星在茫无涯际的宇宙中运动着。……从地球上望出去，银河就像一个环，套在地球周围。这是一个美丽的环，当它一半没在地平线下，另一半横过天空的时候，人们就说，这是一条天河，它把多情的织女和牛郎隔开了。

哪里知道，这条天河淹没了一千万万颗以上的星星呵！一千万万，你一口气数下去，得数一千多年！（郑文光《飞出地球去》）

⑤我国的文物，年代久远，种类繁多，内容丰富，工艺精美，为举世所公认。石窟艺术、明清建筑、江南园林等，均可写成专著，拍成影片，加以宣传。人们看到这些古代文明的象征，看到我国各族人民智慧的这些光辉的结晶，既可以增强爱国主义感情，也可提高美的鉴赏力。（《关于加强爱国主义宣传教育的意见》）

例①是对宋庆龄同志那富有教养的中国妇女的美好性格和革命情操的咏赞。这一组散句，先短后长，语调基本上是徐缓的，但徐缓中因为句子的长短变化，加上字调的抑扬顿挫和词语感情色彩的协调而形成音响节奏的起伏，呈现出语流内在的和谐。如果把末一句改为“刚柔俱备”，句式的格调与所要称颂的性格，便不甚协调。例②以一组朴质、深情、明畅的参差句子，表达了对“以天下为己任”的革命者感人肺腑的赤子之心的崇敬情怀。例③写夜航机降落时的情景和作者的所见所感，自然明快，生动有趣，新鲜活泼，如与亲友娓娓道来。假如不是用散句，而是采用偶句，或采用排句，或以排向偶句交替使用，都不会生出平中见奇的韵味。例④是一篇科学散文的一个节段，内容所述，酷似一位语言素养极高的地理教师，满怀热情地向学生讲述银河系的奥妙，何等令人神往！语句的自然流畅、形象生动，不能不归之于散句的妙用。假如用偶向，或过多地用排向，那将是格格不协的。例⑤是讲述利用文物进行爱国主义教育的方式的可能性与必要性，有说明，有论述。在介绍我国文物的丰富、精美时，句式简短，论及它的教育意义时，句式较长，这是符合内容表达需要的，也体现了论说文句式变换的多样性。论说文的句式，尤其是说明文、政论、科学专著，基本上不用整句。否则，必然是语不得体，给人以不伦不类之感。

以上就整句和散句的结构特点、表达作用和运用，分别做了介绍。事实上，除了新旧格律诗、民歌等必用或常用偶向之外，除了散文、论文等其他文体中偶用排向之外，书面语体、口头用语，不少是整句和散句的交错使用。

①无私才能振奋。“风如马，任你跨；云如雪，随你踏；哪儿有困难，哪儿就是家！”任何伟大的事业总是在忘我的境界下诞生的。在任何时候，我们都不能自甘落后，匍伏卑微，做政治上鼠目寸光的庸人，工作中无所用心的懒汉，生活里妄自菲薄的弱者。人世间并没有什么救世主，也没有什么神仙和皇帝，我们只靠自己救自

己。(《振奋精神赞》)

②呵，故乡的叶笛。

那只是两片绿叶。把它放在嘴唇上，于是像我们的祖先一样，

吹出了对于故乡的深沉的眷恋，吹出了对于故乡景色的激越的赞美。

吹出了对于生活的歌，吹出自由的歌，劳动的歌，火焰似的燃烧着的青春的歌……

那笛声里有故乡绿色平原上青草的香味，有四月的龙眼花的香味，有太阳的光明。(郭风《叶笛集》)

例①是一篇短论的一段论述，句式整散交错。随着文思的发展、赞颂情感的起伏，偶句、排句、散句自然地交错运用。例②是散文诗《叶笛》中的片断，抒情色彩十分浓厚，想象的翅膀从叶笛的悠扬激越声中起飞，翱翔于古今，展现了故乡的变化，讴歌了故乡人民的善良、纯朴、勤劳、热爱自由和追求光明。笛声与想象悠然飘扬，句流随之油然淌出，有缓有急，有滴有注。散文诗的语句，往往兼有散文和诗歌语句的特点，必然有整有散。只有既洒脱又凝练、既整又散的语句的结合，才能充分表达出散文诗的情韵。

句式的参差交错，在古代作品中，除韵文之外，也是基本的用句特点。“文之思也，其神远矣。故寂然凝虑，思接千载；悄焉动容，视通万里；吟咏之间，吐纳珠玉之声；眉睫之前，卷舒风云之色；其思理之致乎？故思理为妙，神与物游。”（刘勰《文心雕龙・神思》）这段文字，主要论述形象思维中的基本规律。论者以形象而凝练的散中有整的句式，酣畅淋漓而又严密地论述了“神与物游”这个艺术创作中形象思维的原理。

整散句式的综合运用，既可避免拘谨、呆板，又可避免零碎、松散，呈现语流的明快、灵活、匀整、畅豁和自然美。

(四) 完全句和省略句的运用

1. 完全句：特点是严整。完全句，是与省略句相对而言的句式，它专指句子结构成分完全具备或基本成分（主语、谓语）齐备而且结构成分一般按常规安排的句子。这种句子表意明确完整，一般不需要特定的语境条件就能清楚地理解句子本身所要表达的意思。因其表意的严整，往往具有庄重严肃色彩，故多用于各种科学领域的论著，也用于庄严场合的报告、演说以及法律条文等。有的文艺作品中，为了增添庄严色彩或强调地抒发某种感情，也常连续运用这种向式。

①第四十五条，中华人民共和国公民在年老、疾病或者丧失劳动能力的情况下，有从国家和社会获得物质帮助的权利。国家发展为公民享受这些权利所需要的社会保险、社会救济和医疗卫生事业。

国家和社会保障残废军人的生活，抚恤烈士家属，优待军人家属。

国家和社会帮助安排盲、聋、哑和其他有残疾的公民的劳动、生活和教育。（《中华人民共和国宪法》）

②这块碑，永远不会风化剥落，

这块碑，永远不会被人摧毁！

这块碑，胜过钢浇铁铸，

这块碑，犹如泰山的青松常翠！（《永远矗立的纪念碑》）

例①共四句话，句句完整无缺，周密谨严，准确精练。尤其是几个完全句的主语，虽然同是一个，却未因前句中已经出现而在后面句子里省去，这是为了适应宪法这种文体的庄严性的需要。宪法是国法大典，它的条文是执行、检查的准绳，必须保持每句话的完整无误，不生歧义。例②为了强调人民心中建立的总理纪念碑永远矗立、永不败毁，每一个句子的同一主语——纪念碑，不仅没有省去，而且用逗号隔开，以突出它的存在和对它的反复的、一次比一次更深远而执着有力的咏赞。

2. 省略句：特点是简洁。省略句，是省略了主语或谓语等主要成分或省去了原本存在的其他成分的句子。句子成分的省略，必须在一定的语境之下。只有在一定语境之下省去句子成分，句子才不会生出歧义、不会被误解。句子成分虽然因某种原因和特定的语境（如对话）而隐没，但句子意思是完整的。省略句，具有明快、灵便、简洁、多变的特点，便于强调突出重点，刻画人物形象的某种性格特征，抒发某种特殊的情感，因而普遍地、大量地运用于日常口语、文艺作品。省略句，由于结构形式的不同，感情色彩和语气音调也就有差别。

①我朝他宽宽的两肩望了一下，立即在我眼前出现了一片绿雾似的竹海，海中间，一条窄窄的石级山道，盘旋而上，一个肩膀宽宽的小伙，肩上垫了一块老蓝布，扛了几枝青竹，竹梢长长的，拖在他后面，刮打得石级哗哗作响。……这是我多么熟悉的故乡生活啊！我立刻又和这位同乡亲热起来。我又问：

“你多大了?”

“十九。”

“参加革命几年了?”

“一年。”(茹志鹃《百合花》)

②他一边放东西，一边对我们又抱歉又诉苦，一边还喘息地喝着水，同时还从怀里掏出一包饭团来嚼着。(茹志鹃《百合花》)

③“‘不行春风，难得秋雨。’同志，你听到过这句谚语吗?”

我点了点头。

他又问：“可是，你知道这春风是从哪里刮来的吗?”

我摇摇头，觉得他问得有些奇怪。

……

“嗯，北京。”老汉严肃地点点头，笑眯眯地说：“从北京，从党中央。”(峻青《秋色赋》)

④生在旷野，死在旷野。慷慨地把芬芳交付大地，无私地用色彩点染春风；

眠于草丛，立于草丛。只有阳光给它的温暖，只有雨露给它的滋润；

在雨露里孕成细蕾，在雷闪中吸吮光辉，在黎明时献给太阳千紫万红。(那家伦《花的世界》)

⑤我们一定要兢兢业业地做好自己的工作，加强同全国各民族人民的团结，加强同全世界人民的团结，为把我国建设成为现代化的、高度文明、高度民主的社会主义国家，为反对霸权主义，维护世界和平，推进人类进步事业，而努力奋斗。(邓小平《中国共产党第十二次全国代表大会开幕词》)

例①的描述和对话，大都采用了省略句。“拖在……”和“刮打得”的前面省略了主语“竹梢”，是承前省略。对话中的“十九”和“一年”是分别省略了主语和主语、谓语、宾语的句子，“十九”是谓语，它之前省略了“我”“一年”是补语，它之前省略了“我参加革命”。承前省略的结果，使句子更加洗练，两句对话的省略，生动地刻画了小通讯员的敦厚、朴质、爽快的性格，符合与生人初次见面时交谈、对答的心态。例②的后两个“三边”和“同时”之前，都承前省略了“他”这一主语。这样一省，便把一个熬红眼睛、给包扎所送东西的乡干部的一系列急速的动作描绘得十分形象、逼真。透过他的急速动作、他的饥渴、他对自己迟来的内疚，反映了他为革命的奔波、对同志的诚挚，对革命的忠心，以及他的纯厚善良。如果把省略句更换为补上主语“他”的完全句，动作的急切情状就表现不出来，或者就不会那么真切。例③“觉得”之前省略“我”这一主语，“从北京，从党中央”，这句答话，只保留了状语，其余成分都因上下文而省略了。主要成分虽然省略，表意却是完整的，对方完全能理解。这样的对答省略，不仅表现了语句的简练和明快，还表现了老汉的爽直性格和喜悦心情。例④是一首散文诗的第一节。全诗共分三节，每一节中每一句，都隐去了主语——簇簇的花。省略的原因，一是表达上的特殊需要；二是诗题已经明示。这种在全部诗句中省略全部诗句主语的表达，是少见的，独特的，却又是允许的。这种特定情况下的独特省略，更为含蓄深沉，别有一番韵味。“花”的那种顽强的、把自己贡献给大自然和人类的美质，从精美而独特的语句形式的情韵中映现出来。例⑤是邓小平同志所致的开幕词的结尾。整段话除了第一个分句显现主语之外，后面的四个分句都因与第一个分句的主语相同而省略。省略之后，句子之间显得更为紧凑，语势更为促激，因而也就更富有号召力。

在描述、抒写、论说、对话时，除了采用上述的承前省略的句子之外，还常采用承后省略的句子。

⑥尽管受到的委屈比我们谁都大，走过的道路比我们谁都艰辛，他却始终顽强地追求共产主义这个大目标，强烈地要求加入到党的队伍中来。（《党员作家首先是党员其次才是作家》）

⑦没有鲜明、强烈、深刻的感情，艺术家不能成为杰出的艺术家。（郭因《艺廊思絮》）

⑧这样写，
这样写——
我们的历史，
要这样写。（贺敬之《回答今日的世界》）

⑨……站起来，腿僵了，腰硬了，她迈不开步了。
……渴呵，渴呵，她哪里去找一点水喝？

例⑥⑦⑧⑨，都是承后省略句，前面的分句省略主语，主要为强调分句的谓语部分。例⑥突出了“他”的委屈和艰辛；例⑦强调“艺术家”的感情特点；例⑧强调“我们的历史”的写法；例⑨突出“她”的过度劳累与干渴。

此外，还有独语自述时的省略和某些公文中的省略。例如："他站在窗前，自言自语着：'下雨了，去还是不去呢?'""一、热爱祖国，拥护中国共产党的领导，立志为社会主义事业服务，为人民服务。二、学习马列主义、毛泽东思想，逐步树立无产阶级观点、劳动观点、群众观点、辩证唯物主义观点。三、热爱专业，学好理论知识和技能……。"（《中等专业学生守则》）至于日记、书信之类，省略句更是大量采用，以至通篇采用。

省略句用得得当，无论在表意的周全上，还是感情抒发的完满真切和音调的协调上，都往往不下于完全句，甚至在特定的语境下，有过之而无不及。

省略句的一个突出现象是：凡复句中分句的主语是同一的，除特殊需要强调主语之外，一般都要省略主语；否则，语句呆板、拖泥带水。尤其在口语对话中，句句用完全句，显得笨拙可笑。

（五）紧缩句的运用——紧凑简便

紧缩句，是以单向形式表达复句内容和结构关系的句子形式。特点是结构之间的距离大大缩短，字数大大减少；相对地说，句子形式比一般单句还短小灵巧，表意上比一般比较疏松的复句精炼、紧凑、灵活，并且不影响复句中分句之间某种关系的表达。这种句式广泛运用于口语和书面语中的各种文艺语体。

①中国人常说"有一利必有一弊"，也就是"有一弊必有一利"：揭起小无耻之旗，固然要引出无耻群，但使谦让者泼剌起来，却是一利。（鲁迅《"题未定"草（六至九）》）

②我们的战术就是游击的战术。大要说来是："分兵以发动群众，集中以应付敌人。""敌进我退，敌驻我扰，敌疲我打，敌退我追。"（毛泽东《星星之火，可以燎原》）

③我们这是靠山吃山，靠水吃水。

④人多力气推山倒，众人拾柴火焰高。

⑤人老心不老，真叫人佩服。

⑥月琴不弹没有音，木叶不吹没有声，开天辟地古老事，不说大家不知情。（布依族古歌）

⑦他那钢一样结实的身体里，像是蕴藏着使用不尽的力量，他这副样子，让人觉得：不管遇见什么敌人，他一伸手就能掐死他；……（杜鹏程《保卫延安》）

⑧说来就来，说走就走。

⑨这事儿，不说则罢，一说就烦。

例①—⑥中加着重号的向子，都是无明显的语音停顿、无关联词语的紧缩句；例⑦⑧⑨是带关联词语的紧缩向。紧缩句大都由假设复句紧缩而成。上面的例句中，例④是条件关系；例⑤是转折关系。紧缩句中还有表示承接关系的，例如“他越讲越起劲儿”等。无论哪种关系的紧缩复句，都具有共同的特殊的表现力：言简意明，紧缩而不诘屈。连用时，可以造成一定的语势。

紧缩句，灵便短小，又可以容纳比较复杂深刻的内容，因而便于集中概括人们长期积累的生产斗争、社会生活经验和精粹哲理等，也因而成为谚语、成语、格言等熟语的重要语言形式。例如：

成语：“一呼百应”“藕断丝连”“不见不散”“百思不得其解”“敢怒而不敢言”“山雨欲来风满楼”。

格言：“有则改之，无则加勉”“学而不思则罔，思而不学则殆”“出淤泥而不染”。

谚语：“种瓜得瓜，种豆得豆”“急流碰岩石能激起浪花，勇夫遇到困难能激出力量”。

至于古典诗文，则更是广泛地采用这种形式和内容都高度浓缩的紧缩句。上述成语、格言中，就有不少是用文言紧缩向表达的。

（六）意合句的运用——暗合意浓

意合句是不用关联词语而靠分句之间意思上不言自明地自然连结来体现种种关系的复句。意合句是对带有关联词语的复句而言的。带关联词语的复句，凭借关联词语，表示分句之间的种种关系，特点是表意精确谨严而清晰，常用于书面语中的政治、经济、哲学、法学、自然科技等专著和论文。意合句的特点是简洁、精炼、平朴、灵活，同时往往又寓意深远、耐人咀嚼。这种句子，被诗歌、散文、小说、戏剧、民歌、儿童作品以至文艺短论等广泛采用；日常口语中更是屡见不鲜；政论语体的演说、讲话、报告语句中，也有时出现这种句式。

①大家去谒灵，

强盗装正经。

静默十分钟，

各自想拳经。（鲁迅《南京民谣》）

②他们是历史上世界上第一流的战士，第一流的人！他们是世界上一切善良的爱好和平的优秀之花！是值得骄傲的祖国之花！我们以我们的祖国有这样的英雄而骄傲，我们以生在这个英雄的国度而自豪！（魏巍《谁是最可爱的人》）

③我卖了人，我卖不了心，我卖了闺女，我卖不了冤仇。（田间）

④八年呵，

多少战斗的早晨，

多少动乱的黑夜，

多少悲愤的黄昏！

……

时光流去了，

记忆犹新。

现在可好了，

胜利已经来临。（郭小川《将军三部曲·风前》）

⑤冰河簌簌解冻了，芽儿扎扎冒土了；小鸟吱吱破壳了，婴儿呱呱坠地了……冰河叮冬弹琴了，芽儿翩翩起舞了；鸟儿啁啾唱了，婴儿微微笑了……（李富祺《透明的音符·摇篮曲》）

⑥关于“文化大革命”，也应该科学地历史地来看。……要对这样一个历史阶段做出科学的评价，需要做认真的研究工作，有些事要经过更长一点的时间才能充分理解和作出评价，那时再来说明这一段历史，可能会比我们今天说得更好。（邓小平《解放思想，实事求是，团结一致向前看》）

⑦吃东西的吃够了，不劳动不行了，福气得自己闹了，别人不养活你了。（《万户欢唱致富歌》）

例①是一首民谣体诗，讥刺了一帮国民党当政官僚们对孙中山先生的伪忠心、假虔诚，撕破他们“精诚”的假面具，揭露了他们彼此间暗中施展权术、勾心斗角、争权夺势、同室操戈的卑劣行径。全诗用两对转折意合句，将“谒灵”者们的心理与行径形成鲜明对比，达到了辛辣讥嘲、深刻揭露的目的。诗中意合句的运用，谐趣横生，意味深长。如果加上“虽然”“但是”之类的关联词语，就不会产生如此强烈的效果。自然，另一面，这种句式的采用，也是由民谣的句式特点所决定的。例②用四个句子，高度赞扬了我们最可爱的人。乍看似乎是几个并排平列的句子，实际上存在着意合关系：第一、二、三句与第四句（复句）之间是因果关系。大凡饱蘸激情的礼赞文章，多用这种意合句。意合句无论用于抒情还是议论，都给人深沉浓烈感，如像“白杨树实在是不平凡的，我赞美白杨树”，其间如果用“因为……所以”将它们关联起来，格调、气派就大不一样。例③的一、二句之间，三、四句之间都省去了转折关联词语。这一省略，把一个旧社会含辛茹苦，被无情的残酷剥削和压榨，逼到卖儿卖女地步的一个普通农民的激愤、呼喊、控诉和痛心疾首的情景，淋漓尽致地表现出来了。人处在肝肠欲裂的痛苦时，往往如汩汩泉涌般地喷发心声，因而，描述这种情景时，不宜用关联词语去体现话语间的逻辑关系，否则将造成表达上的失调。例④第二小节的两个复句分别是转折和因果关系，作者省去了“也”之类的关联词语，让读者去意合。说明诗体语言，除去某些哲理诗之外，以多用意合句为宜，避免冲淡和破坏浓郁的诗味。例⑤全部采用意合句，每组分句之间，都省去了“也”之类的关联词语，体现了儿歌语句形式的特色。如果把关联语用上，就不能表现天真烂漫的孩童心性和欢快活泼的儿歌节奏。例⑥的删节号后面是个多重复句，“有些事……”前后分句之间的种种关系，都省略了关联词语，因而句子之间距离紧凑，呈现出规范口语的谨严而又亲切自如的特点。例⑦是一首顺口溜似的民歌，歌唱了“不劳动者不得食”的新政策，赞扬了新政策对某些光吃不干的农村干部的“制裁”。句中的分句间的关联词语都省略了。采用这样的意合句，一是为民歌语体的句式特点所决定，二是因为这种意合句子间的关系不言而喻，一目了然。

运用意合句，必须注意虽然隐去关联词语，但句子之间的关系清楚分明，只需读者“意合”，便能悟出作者的思路和语流的脉络。如果不能通过意合而表明分句之间的关系，则不必采用意合句，否则造成语意混乱、必要成分残缺的语病；如果能够明显地通过意合去表达句意，却硬要用关联词语，便使人感到累赘繁冗、拖泥带水。

意合句的口语色彩很浓，但要注意它的适应性。古代诗歌中，有不少因大量采用这种句式而增添情韵的范例。

（七）语气句的运用——意调相协

语气句，是因表达不同语气的需要而产生的。任何句子，都有不同的语气；没有语气的句子是不存在的。如果没有语气，思想交流难以准确进行，因为语气是体现思想感情交流目的的重要因素。语气句，虽然结构关系上没有上述句式那样显著的特征，但句子前后往往带有表示不同语气特征的特有的语气词语，如：“难道、岂不、哪里”“吗、呢、呀、呵、了”“让（祝）……吧”“何不、何必”等，还带有不同语气的书面符号，如句号、问号、感叹号。

语气句一般具有不同程度的感情色调，语体适应性较强，其中感叹句、祈使句、疑问句，除公文语体、专门科找语体之外，广泛被采用，尤其是在“没有诗情便没有诗”的诗歌语言里，频频拈用。

不同的语气句子，也有不同轻重缓急和强弱扬抑的音调特点。语气句是因交际目的不同而形成的，因而明显地具有不同的表达效果。一般说，陈述句语气比较平缓，疑问句（特别是其中的反诘句）比较激厉，祈使句、感叹句往往因句意的变化时而激扬，时而轻缓。诗文中，单独采用某种语气句是少见的，大都是综合运用。

①骏马，
在平地上如飞地奔走。
有时却不敢越过湍急的河流；
大雁，
在春天爱唱豪迈的进行曲，
一到严厉的冬天
歌声里就满含着哀愁；
公民们！
你们
在祖国的热烘烘的胸脯上长大，
会不会
在困难面前低下了头？（郭小川《向困难进军》）

②从车上跨下，急雨如恶魔的乱箭，立刻湿了我的长衫。……我走，我奋疾地走。路人少极了，店铺里仿佛也很少见人影。哪里去了！哪里去了！怕听昨天那样的排枪声，怕吃昨天那样的急射弹，所以如小鼠和蜗牛般，蜷伏在家里，躲藏在柜台底下么？这有什么用！你蜷伏，你躲藏，枪声会来找你的耳朵，子弹会来找你的肉体，你看有什么用！（叶圣陶《五月卅一日急雨中》）

③让我们
科学和智慧的

星群，

发出

更灿烂的光芒！

……

让我们的

生产进度表，

万箭齐发——

那红色的箭头

射向

更远的前方！（贺敬之《放声歌唱》）

④走了！从沂蒙山来的祖孙三代人，就这样走了！呵，这就是我们的人民，我们的上帝！（李存葆《高山下的花环》）

⑤没有生活，哪里有如诗如画的语言呢？

没有生活，最准确的文字也是个跛子。

没有生活，那借鉴的珍珠也是暗的！（陈中宣《诗的语言美》）

例①在述说骏马、大雁也有胆怯畏难时，用陈述句；当用祈请呼唤和询问语气以激起在祖国哺育下成长起来的青年公民们的深思和勇气时，用感叹句和疑问句，是符合作者诗思的节奏、诗情的起伏的。例②以含有满腔的怒火、激昂的语调和促急的音步的感叹句和疑问句，表达了对那些被敌人血腥屠杀吓破了胆的人的质问和谴责。例③在强烈、庄重、充满豪情的祈愿的驱使下，作者采用音调高亢的祈使句，达到了“放歌”诗体的理想的表达效果。例④以三句无限深情的感叹句，抒发了对我们那些献出儿子而无所奢求的纯朴、无私的人民的无限敬意。例⑤论说生活是美的语言的源泉，采用三个不同语气的排比句，灵活多变、齐整有力。

（八）文言句的运用——凝炼谐讽

现代汉语书面语在议论、抒情、描写时，往往不时地用上几个文言句子。文言句，言简意赅，如能用得恰切、巧妙，不只是使语言精练，还能使语势富于变化，有时还能增添讽刺、幽默意味，具有不寻常的表现力。

①“缺乏艺术性的艺术品，无论政治上怎样进步，也是没有力量。”**诚哉斯言**！

（曹清华《花·小跋》）

②四十米路，不过百步之遥。然而，有些人偏不甘“无所事事”，而要让这份情报闯闯递送、折封、登记、传阅等“关口”，给大家弄点事情做做。至于效益，他们是不管的。此谓何种“忙”？“无事忙”是也！（诸葛立早《“无事忙”戒》）

③五日保护青年。近在西安附近有集中营之设，将西北、中原各省之进步青年七百余人拘系一处，施以精神与肉体之奴役，形同囚犯，惨不忍闻。青年何辜，遭此荼毒？夫青年乃国家之精华，进步青年尤属抗战之至宝。信仰为人人之自由，而思想乃绝非武力所能压制者。……奈何今日又欲重蹈之乎？（毛泽东《向国民党的十点要求》）

④美不是静止固定的东西。凡艺术，皆贵玄远，求其神韵，不尚胶滞。音乐之中高山流水，弦外之音，绕梁三日，皆此义也。艺术家于生活静止、凝重之中，能作流动超逸之想，于尘嚣市声之中，得闻天籁，必能增强艺术的感染力量。（孙犁《谈美》）

例①是《小跋》的结尾，作者用了一个短小的文言句子来赞叹引文，简洁、活脱而风趣。例②末尾，用两个文言句子自然作结，幽默口吻中带有辣丝丝的嘲讽意味。这是短论中常见的用法。例③以大量的文言词句，揭露国民党反动派对青年的迫害罪行，语势激迫、铿锵有力。文中大量采用文言句式，是符合语境、语体和特殊的表达需要的。例④也大部分采用文言词语和句子论述艺术的美学原理，给人以凝练和深邃感。一般说来，带哲理性的“文艺断想”“思想火花”等短文，适当采用文言句式，可使语言焕发出如同它的内容一样的凝练、精粹美。

此外，还有表示其他语气的句子，如否定句与肯定句，被动句与主动句等，也都有一定程度的特殊表现力，应根据表达不同情意的需要加以采用。

（九）句式的综合运用——起伏跌宕，意贯气畅

以上就若干不同的句式的特点、表达效果和用法，结合例句，分别做了简括分析。我们说，句式的采用，不是单一的；除个别特殊的表达需要之外，基本上是循着文思、文情发展变化的轨迹，而对不同句式综合地、交替地运用。

庐山，您有多少奇峰？在数不清的群峰中，谁又是您的主峰？

是被李白称之为“青天削出金芙蓉”的五老峰吗？但它的高度并不能让登攀者

做到“一览众山小”。

是海拔高度冠于全山的大汉阳峰吗？但它却谦逊地守护在您的西南端，并不以主峰自尊。

是您的中心地牯岭吗？然而，它却以宽衍的盆地亲切地迎接游客，无意和周围的山峰争奇斗险。

那么，是双剑峰，九叠屏？是香炉峰，石镜峰？是一鹤鸣峰，龟行峰？是绵延似长城般的城墙峰，还是像只仙鞋翩翩然落入鄱阳湖中的大孤山？

似乎谁也不是主峰。

似乎谁又都是主峰。

每一峰都有自己独特的风格，独特的位置，谁也取代不了谁。

庐山啊，您的美是一巨大的整体的美。我从您身上找到了一把金钥匙，一把能打开全人类艺术宝库的金钥匙。

我爱您啊，庐山的群峰！（章武《庐山的群峰》）

这是一首散文诗，也可说是一首哲理诗。它几乎包括了我们前面讲到的所有句式。由于句式的多变，使整首诗的语言，如庐山群峰，千姿百态、参差奇丽。时而如大汉阳峰之巍然矗立，时而如中心地牯岭之宽衍，时而如鹤鸣，时而如龟行，时而如城墙峰之绵延，时而如大孤山之翩然。整个散文诗句的基调、主旋律和节段的音调节奏十分和谐。全诗因句式的多变而波澜起伏。正如文论家陆机说的：“夫其放言遣辞，良多变矣。”总的讲，诗文句式，应以随着文思、情思流动的不同节奏，而以多变为宜，为贵。

句式是多种多样的，哪种句式好，不能孤立地去给以定论，要看其适应题旨、情境等表达需要的程度如何，看其与文章中的小簇句群、段落句群以至全篇，在意义、色彩、音调、语气上的和谐程度如何；换言之，看其根据表达需要从同义句式中所选句式的完美程度如何。句式虽各有特点和各自的表达效果，但如果离开或背离语境、语体和题旨内容的需要，则将使炼句的种种努力，适得其反，枉然而为。

句式的独特运用，与语言风格特色有关。鲁迅语言的独特风格的形成，与习用某种句式密切相关。倒装句在他笔下是常出现的，如：“去罢，野草，连着我的题辞！”（《〈野草〉题辞》）；“如果我能够，我要写下我的悔恨和悲哀，为子君，为自己。……子君却决不再来了，而且永远，永远地！……”（《伤逝》）；“但我总记得见过这一篇好的故事，在昏沉的夜……”（《好的故事》）。至于文言句式，鲁迅更是大量运用，而且用得高妙。

句式是多种多样的，但又是交叉相错的，一个句子，从不同角度去分析，既是短句，也可以是省略句、倒装句、紧缩句、感叹句等，它们之间，可以相互转换，无论是句型还是句类。

造句的目的是为了语句简洁、明畅、连贯、灵活而协调，以“清英”之涓涓句流，汇成“彪炳”之浩浩篇章。

第四章 辞格运用

一、辞格界说及其他

（一）辞格界说

“辞格”一说，最初见于1923年出版的《修辞格》（唐钺著）一书。作者在给辞格所下的定义中，指出“不用通常语气而用变格的语法”，目的是“增大或确定词句所有的效力”。此后，“辞格”作为修辞学的术语、重要组成部分和研究对象，沿袭下来。在诸多的辞格定义中，认为辞格具有特殊的艺术表达效果，是共同的；而对辞格本身，说法不完全一致。有认为是“修辞上几种重要模式或代表”（陈望道）；有认为是“创造的具体手法”（张弓）；有认为是“对语言着意加工而形成的修辞方法”（郑远汉）；有认为是“独具效果的言语方式”（刘焕辉）；有认为是有规律性的“组织结构”（袁晖）；《辞海》认为是“积极修辞中的各种格式”。由此可以看出，对辞格的理解，多数是大致相同而且“同”得有道理，只是表述上有些差别。

就我们常用辞格的实际情况看，有的辞格在结构上的确有明显的特定格式或模式；有的辞格在结构上的规格性不强或不明显，而实际上又是特殊的言语表达手段。有的侧重在外部结构形式上；有的侧重在内部意义上，而结构形式隐约其中，淡化其外。由此，“辞格”的界说，应当体现这些实际情况。

辞格，是适应表达需要、获取某种言语艺术效果而形成的、结构上比较固定或带模式色彩的言语格式。也可以宽泛地简说为语言表达的特定格式。辞格的别称，有“语格”“辞式”等，一般以取用“辞格”或“修辞格”为宜。

（二）辞格研究

辞格，是劳动人民在长期的语言交流中凝定成的，具有特殊的表达效果。两千多年前，我国劳动人民就在“硕鼠硕鼠，无食我黍！三岁贯女，莫我肯顾。逝将去女；适彼乐土。乐土乐土，爰得我所”中，用特定的表达方式表达对贪暴的统治者的怨恨、蔑视。

我国古代的思哲们很早就注意到辞格的研究。汉代的王充，在他的《论衡》中曾谈到夸张问题，认为“秦王拔剑击之，轲以匕首擿秦王，不中，中铜柱，入尺”之说是夸张，并作如下解释：“夫言入铜柱，实也；言其入尺，增之也。”同时，还论及夸张的效果，认为苏秦所谓“临菑之中，车毂击，人肩摩，举袖成幕，连衽成帷，挥汗成雨”是“增之”“炽盛”，用以“激齐王”。其后，远自梁代刘勰的《文心雕龙》，近至陈望道的《修辞学发凡》、张弓的《现代汉语修辞学》，对辞格的研究，都是卓有成效的。前者既是文论著作，也是修辞论著，后两者则是系统的修辞专著。

《修辞学发凡》中，以修辞的言语表达功能为准，将修辞分为两大范畴：消极修辞和积极修辞。在积极修辞中将辞格归纳出三十八种，足见汉语语言特点为辞格的形成提供了充足条件。辞格的种类虽多，但如果从辞格本身的特征观察，又大致分为两大类：侧重形式的辞格，如对偶、排比、回环、顶真等；形式内容兼备的辞格，如比喻、借代、比拟、夸张等。有的辞格之间，存在着比较密切的内在联系而并非截然迥异，例如比拟等，其实都有“喻”的意思。我们常用的辞格大都有共同之点，都是以客观事物之间的不同方式、方面的联系为基础的。

新中国成立后，汉语修辞学的研究、从广度到深度，都有了很大进展，从而大大推动了汉语修辞学的发展。总的说，经历了从新发展到“走向繁荣”的时期。无论在基本知识的普及、修辞理论的研究、语体风格的探讨、修辞分支学科以及汉语修辞新体系的建立、各种教科书、专著、修辞论文的编撰等，都反映了对辞格的新的、带突破性的研究成果。至于专门研究辞格的专著、专论，更是层出不穷，达到较高的学术水平。

（三）辞格的民族色彩和地方色彩

辞格的运用，带有民族色彩和地方色彩。汉民族自古以来，喜用松、竹、梅、菊、荷喻高洁的情操；少数民族喜用雄鹰、骏马喻勇敢、强悍的英雄形象；高山族以水喻少女之美，以山喻少男之壮；陕北乡民则把村姑比成山丹丹。国外一些民族把喜爱和颂扬的人与物，比作鸽子、玫瑰、夜莺、山鹰。这种不同辞格内容的不同的民族、地方特色，与不同民族的文化传统、风俗习惯、生活环境、地理条件等密切相关。不同的客观事物，在不同的民族心理中，往往引起不同的主观感受和心理反映。就花而言，“出淤泥而不染”的荷花，“香自苦寒来”的梅花，娟娟凌波的水仙花，幽香扑樽的兰花，“东篱下”的菊花，“挺且直”之青松，“冗繁削尽”之青竹，自古以来，从汉族的文圣诗仙到平民百姓，赞咏不绝。单是咏梅诗篇，就无以数计。而少数民族，则喜雪莲花、格桑花、山茶花等，玫瑰、紫罗兰、丁香、百合花的花香常散溢在外国优美的曲调里。而同一种事物，在不同民族的心理，又引起相反的反应。例如“龙”是我国历来崇尚为至上、吉祥的象征物，而在西方人心目中，则是可憎可怕的形象；狼与狗是汉族人民憎恨和唾骂之物，而哈萨克斯坦内的哈萨克人，却将“狼”比作公正和有才能的人。西方人对狗十分喜爱，认为狗性最好。美国的一场“狗官司”中，参议员佛斯特宣读一篇奇文《狗的礼赞》，击败了对方。奇文慷慨陈词，礼赞了超越人的狗性，引起了广泛同情，这档狗官司，不是杜撰的奇闻，而是事实。以此来说明辞格内容的民族性，亦不是戏言。

（四）辞格的功能

辞格虽不应是修辞的全部内容，但应是修辞特别是积极修辞的重要方面，是语言艺术化的重要手段，是具有美学价值的语言表达的特定格式。

辞格，历来是一种广泛运用的、特殊的语言表达格式。无论在书面语还是口语中，无论在诗歌散文还是其他文艺形式作品中，都极为普遍地被采用。古今中外典范的文学、文论著作中，无一不是大量地、成功地采用了种种具有独特效果的辞格的。从《诗经》《楚辞》到《史记》、乐府诗集，从唐宋诗词散文到明清小说文论，从《呐喊》《女神》到当今名家诗文，凡语言熠熠闪光之处，往往是因为精当地运用了辞格。

辞格对语体的广泛适应性以及在表情达意上产生的异乎寻常的效果，说明辞格这一特定语言表达方式的必要性和重要地位。恰当地运用辞格，可以使语言表达生动形象，精炼畅豁，鲜明透彻，变化多姿，斑斓缤纷。

如果没有绝妙的比喻，哪有“嘈嘈切切错杂弹，大珠小珠落玉盘”的名句；如果没有形象的夸张，哪有“桃花潭水深千尺，不及汪伦送我情”的名句；如果没有鲜明的对比和工整的对偶，哪有“横眉冷对千夫指，俯首甘为孺子牛”的名句；如果没有感人肺腑、催人泪飞的比拟，哪有《总理，你在哪里?》的名诗。诗体语言如此广用辞格，古今散文乃至论（尤其是文论）中，亦不乏运用辞格的范例。

> ……文者，天地之精英，而阴阳刚柔之发也。……其得于阳与刚之美者，则其文如霆，如电，如长风之出谷，如崇山峻崖，如决大川，如奔骐骥；其光也，如杲日，如火，如金镠铁。……其得于阴与柔之美者，则其文如升初日，如清风，如云，如霞，如烟，如幽林曲涧，如沦，如漾，如珠玉之辉，如鸿鹄之鸣而入寥廓。（姚鼐《复鲁絜非书》）

作者用一连串比喻，淋漓酣畅地论述了豪放和婉约两种文学风格的特色。

有气的艺术，才能使人意扬志激。

有韵的艺术，才能使人心动神移。

有趣的艺术，才能使人兴高采烈。

有味的艺术，才能使人迷恋留连。（郭因《艺廊思絮》）

作者用一组排比句，全面地概括了艺术的气、韵、趣、味的必要性和客观效果。

为了表达的需要，为了使文章更能以理服人，以情动人，以彩照人，以气鼓人，必须充分发挥辞格的表现力。

（五）辞格运用的基本要求

运用辞格，也如同炼词选句一样，必须根据题旨情境的需要，适应语体的特点，使其恰切而自然。不可背离表达需要和语境气氛、语体特点，去为比喻而比喻，为夸张而夸张。什么情况和时候用哪种辞格，没有具体的定规，但每一种辞格，结构形式或用法上都有各自不同的特点和规律，我们必须掌握这些特点和规律，才能正确地根据表达需要选用某种辞格。

1. 运用辞格，较之选词炼句更需要丰富、广泛、细致而独特的对生活的观察和体验的积累，只有具备这个积累的矿藏，联想才能翩然而至，想象的翅膀才能奋然腾起。联想与想象，是构成辞格的重要的主观条件。例如：

路边，坡上，到处扔着这黄色的小丑帽，好像刚刚来过几千个马戏团，小丑们为峨眉的秀丽景色所动，纷纷甩掉小帽，立地成佛……

“我觉得像蝴蝶泉。”

“像春天的油菜地。”

“像一只只鼓满海风的船帆。”

“像张开的金色的蚌壳。”（张抗抗《峨山启示录》）

如果没有生活体验的积累和细致观察，没有丰富的想象与联想力，就不会把那淡黄色的长着“白色的花蕊”“高高耸起的花冠，尖角上有一道道红杠杠”的小花，比成小丑帽，也不会将满山遍野的小黄花想象成几千个马戏团小丑扔下的小丑帽，更不会有“蝴蝶泉”“油菜地”“鼓满海风的船帆”“张开的金色的蚌壳”等精美、恰切、绚丽的比喻。

2. 运用辞格，也有个选择和锤炼的问题。必需对所选用的辞格，无论在内容上形式上以及表述辞格内容的语言的情感色彩、语体色彩上，还是表述语言自身的简洁、精当、形象生动性上，都要反复推敲，精心调整，使其更趋于完美。否则，会弄巧成拙，适得其反，或者本来是一个极好的比喻、比拟内容，却因表述的冗繁、平板、笨拙而大失光彩。

3. 运用辞格，要有独创性，内容切忌雷同、平庸；要给人以新鲜感，不落俗套，更不可乱用、滥用。

①那歌声，听着听着，仿佛一条褐色的、闪光的丝带从遥远的天边向我飘来。

②大雪天，大家在地里干活，干劲冲天，推起小车，来往如箭一般，个个干得像刚揭锅盖的馒头，热气腾腾。

例①中的比喻，恰切而富于美感，形象地描绘出一位中国的非洲歌手的优美动听、富于非洲风土人情的歌声，带给人的联想和感受。例②中的“如箭”有些落俗套，那冒气的馒头之比，更近乎噱头。

4. 尤其要注意辞格的语体适应性，特别是夸张、比喻等，一般不能用于以日常事务为内容的公文语体和专门科技语体。公文中的广告，可以例外。如“老师：呵，大雪如柳絮纷飞，寒风如刀刺骨，百花早已调零，正所谓‘千山鸟飞绝，万径人踪灭’，请您准予今日或明日回家取棉装一套，学生高文”。假条是不可这样写的，描写性词语和比喻等，不能用于事务性公文。

如何用好辞格，一方面对辞格特别是常用辞格的特点、用法的有关知识要掌握好，再就是从前人的修辞实践中去领会。鲁迅先生在他的《不应该那么写》中说道：“凡是已有定评的大作家，他的作品，全部就说明着‘应该怎样写’。只是读者很不容易看出，也就不能领悟。因此在学习者一方面，是必须知道了‘不应该那么写’，这才会明白原来‘应该这么写’的。……‘应该这么写，必须从大作家们的完成了的作品去领会。那么，不应该那么写的这一面，恐怕最好是从那同一作品的未定稿本去学习了。在这里，简直好像艺术家在对我们用实物教授……’。”这种方法是对一般文学创作者和初学习作者而言的，但完全可以用于学习修辞，包括辞格在内的极重要、极实际的有效方法。

古今名著，特别是文学名著中，有着大量的运用辞格的典范，我们在广泛的阅读中要仔细琢磨，潜心领会，从鉴赏其妙处中吸取运用的经验，提高运用辞格的艺术技巧。

另外，广大劳动人民的口头语和民歌中，有着更为生动活泼、表现力极强的用格范例。这些范例，是我们学习的一个重要方面。我国有不少少数民族的日常用语本身，就缀满了一串串葡萄般密集的比喻、比拟的珍珠，清新透明，光彩夺目，我们尽可从中吸取营养，提高素养。

二、常用辞格的运用

现代汉语的辞格和辞格运用技巧是古汉语辞格和辞格运用技巧的继承和发展，带着浓重的民族色彩，鲜明地体现着汉语的艺术表现力。

汉语的辞格，丰富多样，但其中有一些辞格，在历来的作品中只是偶用、偶见。真正具有美学价值、语言艺术效果而又在运用上有着普遍意义的辞格，不过十余种。这里仅对这十余种常用辞格及其特点、效果和用法，做初步的探讨和分析。

（一）比喻

1. 比喻

在众多的辞格中，比喻的语体适应性最强，使用的频率、效率最高。它在种种辞格的运用中最活跃、最广泛、最为人喜闻乐用。

秦牧曾说过：“美妙的比喻简直就像是一朵色彩瑰丽的花，照耀着文学。”又说：“精彩的譬喻，仿佛童话里的魔棒似的，它碰到哪里，哪里就忽然清晰地亮起来了，一个精彩的比喻，你看上一次，有时甚至可以‘铭记终生’。”比喻，的确是一种高效率的辞格。

比喻，又叫譬喻，俗称打比方，是用于所要表达的对象有相似点的另一种本质不同的事物，来描绘、述说、抒写所要表达的对象的一种辞格。所谓要表达的“对象”，是指事、物、情、理。

比喻，可以把人和事物的特征鲜明化，把抽象的事物具体化，把深奥的道理通俗化，使人通过比喻形象产生联想，从而理解被比的“对象”，受到感染，加深印象。

比喻的构成，必须具备一些基本条件：

首先是两种本质不同的具体事物：一个是被比的事物，叫做本体；另一个是比的事物，叫做喻体。

其次，两种本质不同的具体事物有相似点。这个相似点是构成比喻的客观基础和核心。

再次，有“似、像”等比喻词，用以连结两种事物（本体和喻体）。变体比喻中，有的隐去比喻词，有的采用别的比喻词。

只有两种本质不同的事物而无相似点，构不成比喻；只有两种事物的相似点，而无两种事物的本质不同，则比喻就没任何存在的意义。刘勰在《文心雕龙》中曾说过：“物虽胡越，合则肝胆。”一语道出了比喻的真谛。两事物如像北胡和南越那样，相去甚远，但经两事物相似点的巧妙沟通，两事物便可以如肝和胆那样相贴，从而产生所期望的效果。比喻的两种事物相去愈远，恰似点愈近愈多，比喻的效果愈好。

①淡处若薄雾依微，焦处如双眸炯秀，干处有隐显不测之奇，湿处有浓翠欲滴之润，明如秋山，泽如春水，灼若晨花，秀如芳草。（沈宗骞）

②东京也无非是这样。上野的樱花烂漫的时节，望去确也像绯红的轻云，但花下也缺不了成群结队的“清国留学生”的速成班，头顶上盘着大辫子，顶得学生制帽的顶上高高耸起，形成一座富士山。也有解散辫子，盘得平的，除下帽来，油光可鉴，宛如小姑娘的发髻一般，还要将脖子扭几扭，实在标致极了。（鲁迅《藤野先生》）

③谁说你那间斗室是激流中的孤岛？
你的轮椅
是无畏号船只，
冲风又破浪。
在人生大海里行驶。（臧克家《短歌抒我情 · 无畏号》）

例①是对几种不同的色质的描绘，生动形象、清新明丽。色质是最难描绘的，作者恰切地用几个明丽优美的比喻形象，使这些美的色质具体化，可触可感。那一连串的比喻形象，交织成了一幅多彩的立体色谱。明、泽、灼、秀，是物之色质；秋山、春水、晨花、芳草，是物。二者有着本质区别，但因其间有共同点，而且被作者准确地把握住，因而构成了这一组美妙的比喻。例②中前面一个比喻，真切、形象，绘出了樱花怒放的远景：一片片一簇簇，那么轻柔、瑰丽。后面一个比喻，很独特，饶有兴味，对清国留学生们是个带着幽默意味的轻刺。花与云，高耸的制帽与富士山，本是“胡越”之物，但其间有形状、情态的相似处，作者将其比喻，获得了“合则肝胆”之效。例③歌颂了张海迪身残志坚，为把知识和青春献给祖国人民而自强不息、开拓进取的崇高精神。张海迪的人生道路是靠革命理想焕发的青春活力和一把手推轮椅走过来的。“轮椅”和“无畏号船只”的恰似点是共同的用途——乘载，再加上两种物体外形上某些相似处，使得这个比喻奇特而又贴切，收到了耐人寻味、励人向上的效果。

比喻是“语言艺术中的艺术”。宋代陈骙的《文则》中，将比喻分为十种，并曰：“文之作也，可无喻乎?”当代散文家秦牧指出：“如果在文学作品中完全停止采用譬喻（比喻），文学必将大大失去光彩。”可见我国传统的为文（主要指文学之文）的比喻观。学者钱锺书，是个比喻大师，笔下的比喻奇妙无比，众若繁星，且对比喻做出精辟的理论阐述。单是《围城》一书，便有数百个比喻，个个超凡脱俗，妙趣横生，幽默味长，讽意火辣。

谁知道从冷盘到咖啡，没有一样可口：上来的汤是凉的，冰淇淋是热的；鱼像海军陆战队，已登陆了好几天；肉像潜水艇士兵，曾长期伏在水里；除醋以外，面包、牛油、红酒无一不酸。（钱锺书《围城》）

此为方鸿渐与鲍小姐到一家西菜馆吃饭时餐桌上的菜肴，这家“门面还像样”的馆子竟然摊出“无一不酸”的西菜，实是有失餐馆门面，更叫方少爷来时的自得与炫耀，顿时化作无可奈何的尴尬。想到方少爷在“酸”面前的窘态，读者必是喷然大笑。有人认为研究钱钟书而不研及他的比喻，便“不能搔到痒处”。钱先生还以“两柄”“多边”之见解阐述他的比喻观点。

比喻之功能，不只在寓理状物，还有无可比拟的描摹音乐和乐声给人的种种主观感受的性能。例如白居易的《琵琶行》，韩愈的《听颖师弹琴》，李贺的《李凭箜篌引》等，将乐境之美、之奇、之幽、之魅力，推向极致。比喻，的确是语言艺术中的一种超妙表达手段。

2. 比喻的种类和运用

（甲）明喻

明喻，是喻体和本体事物以及喻词在一般情况下都出现的一种比喻。这种比喻形式，其比喻关系比较显露，比喻的意思一目了然。喻词有“如、像、似、若、宛如、恰似”等。明喻的基本格式是“甲像乙”。

明喻又称“直喻”，是比喻格中最常用的一种。

①碧玉妆成一树高，万条垂下绿丝绦。
不知细叶谁裁出，二月春风似剪刀。（贺知章《咏柳》）

②云中的神呵，雾中的仙，

神姿仙态桂林的山！

情一样深呵，梦一样美，

如情似梦漓江的水！（贺敬之《桂林山水》）

③荆原震颤了一下，他的目光同罗阡相遇了。是气流相颤，尚有闪电雷声；是长风撞击，尚有大雨倾盆。然而，分别了长长的二十二年之后，老人迷茫干涩的眼光，却犹如两片互不相干的云朵，擦边而过，陌如路人……

④他轻轻地跳上冰床后尾，像一只雨后的蜻蜓爬上草叶。轻轻用竿子向后一点，冰床前进了。（孙犁《嘱咐》）

⑤这个亭踞在突出的一角的岩石上，上下都空空儿的，仿佛一只苍鹰展着翼翅浮在天宇中一般……那瀑布从上面冲下，仿佛已被扯成大小的几绺……岩上有许多棱角，瀑流经过时作急剧的撞击，便飞花碎玉般乱溅着了。那溅着的水花，晶莹而多芒；远望去，像一朵朵小小的白梅，微雨似的纷纷落着。……这平铺着、厚积着的绿，着实可爱，她松松的皱缬着，像少妇拖着的裙幅；……她又不杂些儿尘滓，宛然一块温润的碧玉，……（朱自清《绿》）

⑥老渔民长得高大结实，留着一把花胡子。瞧他那眉目神气，就像秋天的高空一样，又清朗，又深沉。（杨朔《雪浪花》）

例①中先是描绘春柳丝绦盈盈下垂的情态。接着又以奇特、巧妙、新颖的联想将二月的春风与工剪相比譬，韵味浓郁。春风与工剪之间，以喻词“似”连结，一看便知是个明喻。细嫩柔韧的柳条，仿佛是春风剪成的。春风拂拂，垂柳依依，柳丝细切而匀整；二月春风温中带寒，宛如春姑手中的工剪，利中有细。那细匀的柳丝，不正是如剪的春风裁剪成的么？这个联想和由这个联想构成的比喻，是新奇而贴切的。例②中所写的漓江水十分迷人。它幽深渺远。水中的倒影如美的梦幻，缥缈奇特。作者在此情此景中产生的独特感受与联想，构成了这个情、梦与水的比喻。水是迷人的，新颖、奇巧的比喻更是美丽动人、引人遐思。如果不是“如情似梦”，而是直接描绘，漓江水的美便不会如此系人情思，动人心弦。诗中的比喻，很富于意境创造力。例③用“犹如”这个比喻词，将“眼光”与“云朵”的比譬连结起来。迷茫的眼光是本体，缥忽的云朵是喻体，以两片云朵的擦边而过和眼光的“漠然”不相对视为主要相似点做比譬，十分熨贴而别致。这个比喻，将饱经磨难、久别二十余载的两位老人相见时的复杂心情，全部披露出来了。例④用一个清新、鲜活、小巧的比喻，描绘了“她”那灵便、轻盈、娟秀的身姿和熟练的动作。形象逼真，生动活泼，飘散着水乡的生活气息。例⑤连用了六个比喻，描绘了梅雨潭的岩亭、瀑布和飞溅的水珠以及潭水的绿。梅雨潭的景色，壮美而奇丽，读者仿佛也被引到水潭边同观共赏。那“朵朵小白梅”似乎也轻轻纷落在同观者脸上，凉丝丝的；那水边清洌的水气，爽心宜人。作者所用的比喻词，富于变化，有时用“仿佛……一般”“像……似的”，有时用“便……般”，有时又用“宛然”。例⑥中，老泰山的神情、气宇、心地，在一个精巧美妙的比喻中透露出来，作者给老泰山绘出了一幅苍劲豪爽、心地纯净开阔、亲切逼真的肖像画。

明喻中的相似点，有时有比喻词点明，有时不点明。上文中①②③④⑥例，相似关系是用明喻比喻词点明了的；⑤例的比喻词有的隐去。

（乙）暗喻

暗喻，是不用明喻的比喻词而用别的形式或词语表示两种事物的比譬关系的一种比喻。因为不用“像、似”之类的比喻词，本体与喻体的比譬关系不如明喻那样明显，却有暗中比合的意思，所以叫暗喻。暗喻的本体、喻体都要出现，其间的关系常用“是、成为”等词连结。暗喻的基本格式是“甲是乙”。暗喻又叫隐喻。

暗喻的本体和喻体之间的关系更为密切，比合的两种事物更为贴近，“似”的程度加深，相似点被强化。暗喻的表达效果除与明喻的生动形象相同之外，语气更肯定，感情更浓烈，喻体形象更鲜明，更耐人寻味，引人深思。

暗喻有如下几种形式：

（1）判断式暗喻。判断式暗喻，是暗喻的基本格式。特点是将本体直接判断为喻体。暗喻喻词“是”，是两体之间连结的主要纽带。暗喻形式上用“是”将本体判断为喻体，实质上是极言其“相似”的“比喻”。

①翠湖的茶花多，开得也好，红彤彤的一片，简直是那一段彩云落到湖岸上。（杨朔《茶花赋》）

②风格即人。（布封）

③那些拉着买卖的，即使是最漂亮的小伙子，也居然甘于丢脸，不敢再跑，只低着头慢慢地走。每一口井都成了他们的救星，不管刚拉了几步，见井就奔过去……路旁的柳树忽然变成了天使似的，传达着上天的消息。

“柳条儿动了！老天爷，多赏点凉风吧！”（老舍《骆驼祥子》）

④有人日夜梦想着占有点什么，

把占有都看成是幸福的花朵。

……

人生总在不断地占有某种资财，

同时也被占有，被揉成各种形态。（杜运燮《占有》）

例①用“是”这一暗喻比喻词，紧密地将红彤彤的一片茶花和落到湖岸的彩云比譬起来，较之于用“像”“似”更真切动人。例②的风格和人，是截然不同的两种事物，一虚一实。作者为强调风格是人化之物，采用暗喻形式。“即”，就是这种判断式暗喻的喻词。“风格即人”这一格言，采用判断式暗喻方式，更富有哲理意味，更加肯定有力。例③中“井”成了救星，“柳”成了天使，这两个暗喻，借助上下文描述的特定语境，将烈日给人们带来的酷热和干渴，将人们对水与风强烈的祈求和渴望得到的心情，做了“极言”的描绘，给人真切淋漓之感。如果采用明喻，就不会有此强烈的效果。例④是一首哲理诗的片断，谈占有者与被占有者之间的种种辩证关系。有人把“占有”看成花，作者提醒着：“占有”还可能把人扭曲，人可能因扭曲而变态。“看成”与“揉成”，把“占有”的欲念行为和“花朵”“形态”直接比譬起来，使这个比较抽象的道理形象化了——“占有”并不全都是幸福和享受，还可能使人的心灵和形体变成各式各样的畸形体。

（2）修饰式暗喻。修饰式暗喻，是指本体事物与喻体事物之间，有修饰、限制关系的一种比喻形式。这种比喻，自然就不用什么比喻词，而是在修饰的事物和被修饰的事物的关系中显现本体与喻体的比喻关系。

①一批人咕噜着离开了万盛米行，另外一批人又从船埠头跨上来。同样，在柜台前迸裂了希望的肥皂泡，赶走了入秋以来望着沉重的稻穗所感到的快乐。（叶圣陶《多收了三五斗》）

②“语言是思想的直接现实。”任何真理，必须借助于羽毛丰满的语言的翅膀而翱翔长空，高飞远走。（罗淑芳《马克思的语言风格及其典范意义》）

例①中的“希望”是本体，“肥皂泡”是喻体，前者修饰后者。表面上不易看出它们的“比喻”关系，实际上是将“希望”比方成“肥皂泡”，全句的意思是“美好的希望如五光十色的肥皂泡一样迸裂了”。如果改写成：“在柜台前，失望了”“在柜台前，希望像肥皂泡一样迸裂了”“在柜台前，希望成了肥皂泡，迸裂了”，都未尝不可，只是前者的直述，比较平板；后两者，即明喻和判断式暗喻的运用，比较生动，却又不如文中所用的修饰式暗喻，形象简练而又含蓄。例②和例①一样，本来可以直述为“必须借助语言”，作者为了形象简洁而又比较别致，也采用了修饰式的暗喻。

（3）并列式暗喻。并列式暗喻，是指采用并排平列的句式表示本体和喻体之间比喻关系的一种比喻形式。本体和喻体之间不用任何比喻词。这种暗喻的喻意比较内在，喻体和本体之间的比喻关系，往往由听者读者自己去领会。诗歌、谚语、格言等，常采用这种暗喻。

①一棵移动的树
一个守林人
沿着溪水一样清亮的日子
沿着落叶一样金黄的日子
沿着松籽一样饱满的日子

走向每一棵树
走向每一个亲人
在没有路的路上走着
温暖的季节留不下足迹
只有严寒的冬日
没有脚印的地方才会印上他
深深的脚印（朱雷《森林抒情·守林人的雕像》）
②最干净的水是泉水，
最精炼的话是谚语。（《中外谚语选》）

例①是一首诗的片断。作者怀着深深的敬意，以真切而富于才情的联想，为守林人塑造了丰碑般的雕像。片断中的第一、三小节里，人是本体，树是喻体。守林人如参天大树那般伟岸；不同的只是他成年地“移动着”，所以将二者比譬起来。守林人深情地、细心地守护着祖国每一棵栋材，所以将每一棵树比做他的每一个亲人。作者以清新、纯朴的语句，平中见奇的平列式暗喻，绘出了一幅葱茏明丽而又幽深的森林图景，塑造了森林守护工人的崇高形象，讴歌了他们对森林的深情和高度责任感。如果不用平列式暗喻，而用带“像”“是”之类的明喻或暗喻，诗情就不会如此淳厚浓郁。例②中平列式暗喻的两个匀整句子，将谚语之精炼语言比做“最干净的泉水”，贴切而通俗，畅朗而又饶有兴味。

（4）同位式暗喻。同位式暗喻，是指本体与喻体事物的比喻关系，采用同位词组的语言形式来体现的一种比喻形式。本体和喻体构成同位关系的词组。这种比喻往往有强调喻体的意思。

①眼睛这心灵的窗口，在倾诉着衷情……

②未来属于你们这些八、九点钟的太阳！

例①中，“眼睛”是本体，“这心灵的窗口”是喻体，它们以同位词组形式来显示比喻关系。例②的“你们”和“这些八、九点钟的太阳”也是同位式的暗喻。这种暗喻形式虽然与喻体处于很近的同位位置，比喻关系似乎很明显，比譬的意思却要经一番细味，才能完全喻晓。

（5）注释式暗喻。注释式暗喻，一般指采用具有注释作用的破折号，将本体与喻体联结起来体现比喻关系的一种比喻形式。本体和喻体之间往往有语音停顿。这种比喻式除表示注释之外，还有强调的意味。

①任什么谗言，
尽小人诬告，
真正的雄鹰呵
——我们的彭大将军，
为保卫真理的荣誉，
你用带伤的翅膀，
去抽打——
恶人的灵魂！（张志民《你与太行同高》）

②散文——文学的轻骑兵。

例①以本体“彭大将军”注释喻体“真正的雄鹰”，其间以破折号表示注解；后面的一个破折号不是注解式暗喻的连结符号，而只是语音的延长和强调延长的所述部分。例

②以喻体“文学的轻骑兵”注解本体“散文”。

（丙）借喻

借喻，是直接借喻体事物代替本体事物的一种比喻。它的形式特点是只出现喻体，本体和比喻词都不出现。借喻的本体和喻体之间的关系较之暗喻更为紧密，表达效果更为形象简洁而富于独特的语言艺术魅力。例如：“您给我们带来了难得的艳阳天。”这是一位国家元首在迎接国宾时的第一句话。话讲得热情而漂亮，是借“艳阳天”这个喻体直接代替本体——光明、温暖、喜庆、友谊……如果采用明喻或暗喻的表达方式，便不会如此精美、得体、暖人胸怀，怡悦人心而富于诗情。

借喻的运用，必须具备两种条件：第一，本体与喻体以及它们的比譬关系是人们所熟识而习用的。例如：

快步踏进久别的讲堂，
眼前是闪闪一片亮光，
这光亮不是来自电灯，
它来自八九点钟的太阳。（臧克家《亮光》）

例中的“八九点钟的太阳”，一看便知是比喻蓬勃向上的一代青年。第二，如果是新的比喻，必须有上文中的明喻或暗喻做前提。例如“然而圆规很不平……”如果没有上文的“……两手搭在髀间，没有系裙，张着两脚，正像一个图画仪器里细脚伶仃的圆规”这个明喻做基础，而只是孤立地出现前面那个借喻，读者很难寻出“圆规”的本体，甚至会产生画图仪器用的圆规的规脚一长一短的误解；而那“圆规”（杨二嫂）只能是作者心中的借喻罢了。

①从语言的大海里，
纵选出万担珍珠，
也无法表达，
您崇高的品性；
从文字的矿藏中，
纵开出千吨宝石，
也无法描绘您，

伟大的生平。（韩瀚《写在祖国的江河和土地上》）

②郭立楠饶有兴致地东张西望。他的心情几乎在任何时候都同太阳岛的风格协调——明朗、愉快、生气勃勃。由于荆原的到来，他更感到春天的阳光的温煦和夏天的逼近。（张抗抗《淡淡的晨雾》）

例①的“万担珍珠”和“千吨宝石”是借喻的喻体，隐去了本体“最美最崇高的词语”和“最美最崇高的文字”，也未出现任何连结两体的比喻词或符号标记，这就几乎将两体融为一体，而使读者首先去触感喻体事物形象，直接用喻体形象去思考、体会，从而更直接而形象地受到感染、获得信念。例②中直接借用喻体“春光的温煦”和“夏天的逼近”的表达，较之直述或运用明喻暗喻更凝练、形象，更能迅速地引导读者步入诗一般的意境去凝神遐思。

精美的借喻，具有独特的语言魅力。

明喻、暗喻、借喻这三种比喻形式，广泛适用于文艺作品，尤其适用于诗歌、散文、小说中的抒写和描绘。这三种比喻形式，同中有异。比喻的两体事物间，关系越是接近，形式便越简短，喻体便越是升级，直至升到主位。自然，喻体无论怎样升级，终究是为了突出本体事物。

春像一首诗，春就是一首诗，这诗有谁能谱写？谁也不能，只有春天自己。

此例中的第一句，是明喻；第二句是暗喻；第三句中的“诗”是借喻的喻体，本体是“春”，因为上文有明、暗喻的基础，所以能一目了然地看出是借喻的喻体。

比喻的客观基础是客观事物之间的相似关系。没有这种关系，就不能构成比喻；没有抓准客观事物之间的恰似点，就没有闪现智慧火花的成功比喻。只有丰富的联想和细致的观察，才能抓准恰似点，高妙的比喻才能水到渠成，应时油然而生。

比喻中所用的比喻词跟事物的两相比较以及对事物、事理进行揣测和想象时所用的判断性词语如“如、像、似、是”等，往往相同，因而要以比喻的定义为准，去将二者加以区别。此外，“碰钉子、抓辫子”之类，只是含有比喻义的词语，不是比喻。

运用比喻，要抓准事物的恰似点，恰似点愈恰切、愈多，效果愈鲜明、愈能说明问题。同时，比喻所取用的喻体事物，如前所述，一定要为人们所熟知，如果是鲜闻寡见的，比喻便难以被人理解而具有普遍意义。有人在强调德智体全面发展时说：“忽视德育，要出危险品；忽视智育，要出次品；忽视体育，要出废品。不偏不废，才能出正品。”其中比喻，浅湿、通俗，全面发展的道理说得透彻易懂。另外，还要注意喻体的感情色彩。

（二）借代

1. 借代

借代，是借用与某事物密切相关（除相似关系之外）的事物代替某事物的一种修辞格式。借用的事物叫借体（乙），被代替的事物叫本体（甲）。它们的关系是借借体代替本体，基本格式是乙代甲。借代关系反映到辞格形式上是本体被舍去，只出现借体。

借代是语言艺术化的一种最经济的修辞格式。恰当运用这一辞格，可以通过借用的事物，使所要描绘或表现的事物更为生动形象，鲜明突出；可以透过所借用的事物；流露作者种种感情倾向。这种表达效果，大大地提高了借代的使用效率，使其广泛运用于书面语体和口头语体，尤其是诗歌。如“一日不见，如三秋兮”（《诗经·采葛》），以“秋”代“岁”（年）；“过尽千帆皆不是，斜晖脉脉水悠悠”（温庭筠《望江南》），以“千帆”代“千船”；“寄意寒星荃不察，我以我血荐轩辕”（鲁迅《自题小像》），以“轩辕”代中华民族（祖国）。口语中的运用，如“小胡子又翘尾巴了”，以“小胡子”代那个留着小胡子的人；“今天该老北京大显身手了”，以“老北京”代那个土生土长的北京人。

2. 借代的种类和运用

运用借代，有一定的前提条件：第一，抓准可以构成借代的某种特定关系；第二，本体和借体以及构成借代关系的借体，是人们早已熟悉和习用的，如“那边来了一群红领巾”；第三，如果是新构成的借代，必须在上文出现与借体有关系的被代替的本体，或者在下文将这一本体作补充说明。

客观事物的普遍的多种联系，是借代的客观基础。根据不同的联系，构成不同种类的借代。借代可分为如下几种：

（甲）借特征代替本体。这种借代实际是用本体的特征当作借体去代替本体。

①不知道是听信了他的话呢，还是自个看不上眼，老王太太离开玉石眼了。（周立波《暴风骤雨》）

②关门主义“为渊驱鱼，为丛驱雀”，把“千千万万”和“浩浩荡荡”都赶到敌人那一边去，只博得敌人的喝采。（毛泽东《论反对日本帝国主义的策略》）

例①的“玉石眼”，是指那匹马的透明如玉的眼睛。这是直接借用那匹马所特有的漂亮眼睛代替那匹马，较之“老王太太离开那长着一对玉石眼的马了”这种将所代事物明白地写出，要简洁明快、生动活泼得多。例②以“千千万万”和“浩浩荡荡”直接代替众多的、声势浩大的、不可阻挡的爱国抗日统战队伍，不仅形象地突出了这一队伍的特点，而且对批评关门主义的错误，具有极大的论证力、批判力。

（乙）以标志和附带物代替本体。这种借代是以本体的某种标志和附带物当作借体去代替本体。

①红旗跃过汀江，直下龙岩上杭。（毛泽东《清平乐·蒋桂战争》）

②潮水似的人流，往学校的礼堂涌去。粉的纱巾、绿的单帽，闪耀于紫莹莹的丁香丛中，穿过了青葱葱的林荫道。（张抗抗《淡淡的晨雾》）

例①的“红旗”是革命队伍的标志，以它作借体直接代替本体。某种事物的标志，是某种事物所特有的，以它代替本体，可以十分明确地表明所指、所代。例②所描绘的是一群群男女同学时隐时现地走过校园林荫道的情景。作者却将其本体（一群群男女同学）隐去，而用他们身上鲜显的附带物“纱巾”与“绿帽”直接代替他们，使这幅校园生活小镜头形象更加别致，色彩更加明艳。在这个特定语境中，那“粉巾”与“绿帽”，不言而喻地会被人们意会到所代替的事物。借代的使用确实能增添文章的风采和情韵。

（丙）借具体事物代抽象的本体。这种借代，貌似借喻，实际是以与本体有某种关系（非比喻关系）的事物代替本体。

不在一部分人民家中一时地打烂些坛坛罐罐，就要使全体人民长期地打烂坛坛罐罐。（毛泽东《中国革命战争的战略问题》）

例中的“坛坛罐罐”是日常生活用品，十分具体。以它们代替“切身利益”，使论述更加形象生动而具有说服力。

（丁）借专称代通称。这种借代是以某特定的人和事物的特定称谓，代替与之有关的某特定的人和事物。

①我们谈诗，谈画，而闻捷谈得最多的，还是他的“本报讯”。（李季《清凉山的回忆》）

②春风杨柳万千条，六亿神州尽舜尧。（毛泽东《送瘟神》）

例①的“本报讯”是新闻通讯中的术语，作者借它泛指新闻工作。这样的借代，较之直言更具体而幽默，突出地表现了闻捷同志对本职工作的深厚感情。例②以“舜尧”这一专称，泛指“勤劳勇敢而富有创造力的广大中国人民”。这一借代，简洁、形象地赞扬了六亿人民的才智。

（戊）借局部代整体。这种借代，借体与本体是局部与整体的关系。

①起来，不愿做奴隶的人们！把我们的血肉筑成我们新的长城……（《中华人民共和国国歌》）

②望穿双眼盼亲人，花开花落几春秋。（电影《小花》插曲）

例①以人体的部分——“血肉”代替人体（生命），表达了疾呼“为国捐躯者团结起来，以生命保卫祖国”的满腔爱国激情。如果不是借用“血肉”这个局部，就难以渲染民族生死存亡关头的浴血奋战气氛。例②以“春秋”这岁年的季节代替“岁年”。期待的焦灼与怅惘之情，从这“春秋”一词的经历和历史背景里，隐隐地流出来。

（己）借结果代本体原因。这种借代是以由本体原因造成的结果直接代替本体原因。

①我看了你们印出的很整齐的刊物，就不禁为你们捏一把汗。（鲁迅《答托洛斯基派的信》）

②那些感人肺腑的诗篇

谁读了能不热泪盈眶（艾青《光的赞歌》）

例①“捏一把汗”的动作是“极度担忧”造成的，这种用结果代替造成结果的原因的表述，比一般化的对原因的表述更形象、含蓄，更能表达鲁迅对党的深挚的爱护关切之情。例②的“热泪盈眶”是“深深感动”的结果，如果直接用原因表述，就不如“热泪盈眶”真切感人了。

（庚）借处所和工具代本体。这种借代是借本体事物或人所用的工具、所居住的地名，直接代替本体事物或人。

①少年不愿万户侯，亦不愿识韩荆州。但愿身为汉嘉守，载酒时作凌云游。（苏轼《送张嘉州》）

②雨来刚到堂屋，见十几把雪亮的刺刀从前门进来。（管桦《小英雄雨来》）

例①是以任职所在地“荆州”“嘉州”直接代替任职的人。例②以日本鬼子所用的杀人武器代替日本鬼子，形象地突出了日本鬼子的残暴，烘托了你死我活的斗争气氛。

借代的种类不止上述几种。但就上面介绍的几种借代，即可见借代这一辞格的多样性和特有的表现力。

借代和借喻，有时不易分辨，主要因为它们除了不同之处以外，还有相同之处。借代和借喻的共同点是“借而代之”，是借用喻体、借体代替本体。二者的区别在于：借喻的两体之间以相似点连结，是比喻关系；借代的两体之间，以除相似点之外的其他种种关系相连结，没有比喻关系。例如“大枣核存心把剩下的钱往少处说”和“何以解忧，唯有杜康”，“大枣核”的本体是韩老六的大老婆子，其间有比喻关系，可以说成“韩老六的大老婆子像个大枣核”；“杜康”的本体是“酒”，其间是酒与造酒能手的关系，而非比喻关系，不能说成“酒像杜康”。二者的分辨，可以采取试加比喻词的办法。

（三）比拟

1. 比拟

比拟是将物拟成人、将人拟成物，或将此物拟成彼物、彼物拟成此物的一种修辞格式。比拟，实际上是使物人化、使人物化，使此物彼物化，使彼物此物化。比拟，也是语言艺术化的重要手法。恰当地运用比拟，可以使语言表达形象逼真，生动有趣，活脱自然，情景交融。这种辞格，常用于诗歌、散文、小说，特别是童话、儿歌、寓言等文艺作品。比拟在我国古典诗歌中得到广泛而成功的运用。例如：“嘤其鸣矣，求其友声”（《诗经·伐木》）；“丝桐感人情，为我发清音”（王粲《七哀》）；“愿为双黄鹄，高飞还故乡”（《古诗十九首》）；“杖兮杖兮，尔之生也甚正直”（杜甫《桃竹杖》）；“有情芍药含春泪，无力蔷薇卧晓枝”，等等。像这类比拟用例，在古典诗歌里可谓俯首即拾。现代诗歌的百花园里，比拟更是遍及各个圃畦和角落，催开了簇簇绚丽的花团。

仙鹤呵，莫离开亲爱的人间，
请留下，羽化的人性的模范！
你的仪态是优雅的峰墙，
你的丹顶是珍异的王冠。
你娴静，又欣然起舞翩跹，
你沉默，又俄然飞鸣震天。
除了避敌，你行止常闲，
除了孵卵，你直立不蜷。
不猛不怯，你温良而庄严，
不骄不媚，你入世而超然。
勇毅呵，你不顾远道无援，
忠信呵，你每年春北秋南。
……
仙鹤呵，莫离开亲爱的人间，
皎洁的生灵，地上的天仙！（胡乔木《仙鹤》）

仙鹤是绝美的，吟鹤之诗也是绝美的。作者以人格化的表达方式，婉转动人而淋漓尽致地礼赞了这“羽化的人性的模范”，这陶冶性情、净化心志、令人神往的“地上天仙”。如果不采用拟人的表达形式，便难以达到这般完美的地步。

2. 比拟的种类和运用

比拟是根据人与物、物与物之间的某些特征，产生主观联想和想象而临时赋物以人性、赋人以物性、赋此物以彼物性、赋彼物以此物性而构成的。因此，运用比拟，必须抓准特征，展开联想与想象。

（甲）拟人

拟人，是把人的思想感情、性格、习性、语言、仪态、动作行为等人所具备的一切赋予事物，使其“人格化”的一种特定的表达方式。简言之，是把物当成人来写的一种比拟辞格。

①这是虽在北风雪的压迫下却保持着倔强挺立的一种树。……参天耸立，不折不挠，对抗着西北风。……如果美是专指“婆娑”或“旁逸斜出”之类而言，那么，

白杨树算不得树中的好女子。但是它伟岸，正直，朴质，严肃，也不缺乏温和，更不用提它的坚强不屈与挺拔，它是树中的伟丈夫。（茅盾《白杨礼赞》）

②真情使人激动，假情使人讨厌，情少令人乏味……情从短短的诗行中流出来，使石头变软，野花流泪，小草低头，大雁回旋。（舒婷《双桅船》）

③诚如诗人公刘的两行诗所概括的，既然历史在这儿沉思，我们怎能不沉思这一段历史？……当诗人的激情和其对应事物邂逅相遇时就会激起活跃的想象。……歌德所说，当想象一发觉向上还有理性，就牢牢地依贴着这个最高领导者……它愈和理性结合，就愈高贵，到了极境，就出现了真正的诗，也就是真正的哲子。（骆寒超《评艾青〈归来的歌〉》）

例①赋予白杨树以“伟丈夫”性格和品质，借以赞颂这人化的白杨树，抒发出对北方农民的坚强不屈、团结抗日的精神的无限崇敬，效果是励人向上、鼓舞斗志的。例②中野花上的露珠、小草打蔫，大雁回旋、石质变软，这些自然物的自然现象在人的“异常”心境里，极易产生对人在特定情感支配下的某种外形动作的联想和想象，从而赋予它们以人的思想、性情和行为。这种将人格移植于物的表达法，要比直接抒写更能动人心怀。花淌泪，雁徘徊，草低头，石变软，充分表明了诗的真情的感化力。例③把抽象的“历史”这一概念人格化了，从而十分具体形象地将这“一段历史”未能正常向前发展的势态及其应将说明的问题，含蓄地、令人深思地披露出来。读者的目光自然要在这里辗转、停步，竭力穿透纸背。

上述的拟人例句，概括了拟人的两种基本表现形式和内容：将具体的物比拟成人；将抽象的概念比拟成人。前者的被拟之物，除了①②例中的植物之外，还应包括无生命的物象和其他动物，如“风在吼，马在叫，黄河在咆哮”。

（乙）拟物

拟物，是把事物所具有的特性、动态等赋予人，或把此物的特性、动态等赋予彼物的一种比拟辞格。简言之，就是把物当成人，或把此物当成彼物来写。

①他气冲冲地走进办公室，把他那肥胖的身子往沙发上使劲一摔。

②老人心疼儿子，可又无可奈何。这天，她实在耐不住了，冲着儿子喊：“成天埋在书堆里，有本事把书吃了！”

③三日开幕的中国展，当天入场人数突破八万。……圆球形的展场终日吞吐着

友好的、潮水般的人群。

④嘎嘎的大雁往南飞，

衔一串丰收衔一串笑（李瑛《花的原野》）

⑤好个国民党政府的“友邦人士”！是些什么东西！（鲁迅《“友邦惊诧”论》）

例①把有生命的人体当成可以掷扔的物体。这个颇带谐谑兴味的拟物辞格，十分形象地描绘了“他”在极度气愤下的反常的可笑动作，以令人吃吃发笑的描绘，表露出对“他”的讥嘲。这一比拟为物的一“摔”，摔出了一个活灵活现的戏剧镜头。这一比拟，来自作者的巧妙联想：“他”急于坐下而重重一坐的动作，和远掷笨重物体的动作之间，颇有相似之处。例②是把书拟成食物，这是将不可食用之物比拟为可食用之物，饶有兴味地反衬了“儿子”的苦学精神和老人的关切心情。书本不可食，然而偏要儿子去吃那人皆所知的不可食之书。这近乎荒唐的以物拟物的表达，是在人的特定心境下产生的，因而是容许的，它确实取得了一定的表达效果。例③的“吞吐”，一般指动物界的庞然大物，如巨鲸之类的吞食动作。规模宏大的展场进出口，人声鼎沸，人流涌进涌出，从高角度望去，自然产生巨物“吞吐”的联想。这种将人群拟成被“吞吐”的对象的表达，形象而新奇，目的是极言“中国展”之大受欢迎，吸引着国外友人纷涌沓至，同时烘托了盛会般的热闹、友好气氛。例④的大雁衔着一串串丰收和笑，是出自作者的联想和想象。一个接一个的丰收，一阵接一阵的笑声，深深感动着作者，也许正是作者同农民一样满怀丰收喜悦、无限欢欣之时，恰逢一行行大雁从头顶飞过，于是地上的丰收与欢笑，和天上的北雁南飞，被作者奇巧机灵而又极自然地连结起来，构成了这个诗情浓郁的拟物辞格。一件件丰收的喜庆事情，被形象地拟成一串串谷穗之物。例⑤把人当成物，即把惨无人道的“友邦人士”拟成没有人性的“什物”来写，表达了作者的极度愤怒与斥责，作者真不愧为无“丝毫奴颜媚骨”的民族英雄。

比拟和比喻这两辞格，既是密切相关，又有着明显区别。二者都是通过联想，将两种性质不同而有某种关系的事物联系起来。比喻是将两物比合起来而使人喻晓其意，重在两物的“似、如”上，把本体比作喻体；比拟则是重在“虚拟”上，直接把本体当成拟体来描写，让拟体具有本体的所有特性而本体化。比拟是特定情感下的产物，但有的比拟要有比喻的基础才能构成，只有当甲在某些方面有些像乙时，才能直接把乙当成甲来写，使乙如甲那样地产生思想、情感活动，或具有甲的特性。例如“油蛉在这里低唱，蟋蟀们在这里弹琴”（鲁迅《从百草园到三味书屋》），这个比拟，如果没有“油蛉的鸣叫如人的低声吟唱，蟋蟀们的鸣叫如人在弹琴”这个比喻做前提，上述的比拟是不可形成的。

比拟中的拟人与拟物，有时是套用在一起的，譬如例④，实际上是比拟的套用。

比拟的运用，要注意符合事物的特性、比拟环境的气氛，人物的特定心境、本体和拟体的感情色彩的协调等。否则，会适得其反。

（四）夸张

1. 夸张

夸张，是为了表达需要故意“言过其实”地将所要表达的事物、情感、心志，加以扩大或缩小的一种辞格。扩大，是指把表述的对象的形象、特征、作用、程度等，竭力往“高、大、长、强、深、重、速”等处讲；缩小，是指把表达的对象的形象、特征、作用、程度等，竭力往“低、小、短、弱、浅、轻、缓”等处讲。

夸张，可以鲜明地突出事物的本质特征和作用，可以淋漓地畅发浓烈的情感、深刻的感受和奇壮的心志，可以引发读者的联想与想象、烘托环境气氛等，给读者以强烈的感染和深刻印象，使之经久而不泯灭。古人给夸张另定了十余个名目，如“壮辞”“甚言”“倍写”“扬厉”“情至之语”等，足以表明夸张的性质特点。这种具有独特表现力，“重在主观情意的畅发”而不重在“客观真实的记录”的夸张，常用于富有奇思幻想色彩较浓的文艺作品。古代诗文里，不乏运用夸张的名句，例如“崇高维岳，峻极于天”（《诗经》），“力拔山兮气盖世”（项羽《垓下歌》），“蜀道之难，难于上青天”（李白《蜀道难》），“杨子取为我，拔一毛而利天下，不为也”（《孟子·尽心》），“怒发冲冠”，等等。

夸张在民歌民谣中，也极为广用。例如民歌“扁担细又长，挑起两箩筐。莫嫌箩筐小，泰山不够装”；民谣“大户人家吃顿饭，前门关，后门关，苍蝇衔去一颗米，一直撵到太阳山，不是桥神菩萨去拦路，险些要到鬼门关”。小说，特别是讽刺小说，往往要以夸张辞格为重要表现手段。口语中的夸张说法，更是常事，例如：“气得他蹦三丈”“两撇眉毛险些飞出脑门”等。

夸张虽是虚说，却绝不是谎言，“壮辞可得喻其真”，夸张的基础是真实。

2. 夸张的种类和运用

根据夸张所取用的方法，可将其分为两种：

（甲）直接夸张

这是直接将表达对象故意“言过其实”、不借助某种特定的语言表达格式的一种夸张辞格。

①呵！现在，我的祖国呵，
你把千斤的重担
千百次地
放在我的肩头吧，
我要说：
我能够担得起！（贺敬之《放声歌唱》）
②泰山小呵天山低，
顶天立地的向秀丽！（贺敬之《向秀丽》）
③山，
快马加鞭未下鞍。
惊回首，
离天三尺三。（毛泽东《十六字令三首》）
④中日两国，是“一衣带水”的邻邦。

例①②是对表述对象的“扩大”。例①的“千斤”和“千百次”都是夸大的虚数，是在往“重、多”处说，以此表达肩负重任的愿望和决心。例③④是对表述对象的缩小，“三尺三”和“一衣带”都是缩小的虚数，以此说明相距之近。前者表达了红军的不畏艰险和乐观精神，后者极言两国地处之近，说明和表达了近邻之邦友好相处的重要和愿望。

（乙）间接夸张

这是借助某种特定的表达格式，将表达对象故意“言过其实”的一种夸张辞格。

①春歌好唱不好作，
一字一句都要用上千斤笔墨。

不是我舍不得花费笔墨，
只因为春天的诗情太浓太多。

半支春歌还不曾在纸上抹，

百级狂飙已自为我从天落。（郭小川《春歌》）

②商旅踏上驿道

飞天走下画墙

彩色的丝绸

连结——

敦煌的日出

中亚的黄昏

罗马的星光（喻晓《〈丝路花雨〉观后》）

③谷穗压得山背驼，磅秤难秤丰收禾。

扯直长虹做秤杆，搬来大山做秤砣。（民歌）

④五岭逶迤腾细浪，

乌蒙磅礴走泥丸。（毛泽东《长征》）

例①的“百级狂飙”，是喻体。本体是指由中国和世界的战斗风云和胜利信念所汇聚成的、激荡而迅猛的诗情。作者借这个用夸张手法构成的借喻，表达了他的春歌所述，奏出了春之旋律，抒发了他的豪迈情怀。例②中的“飞天走下画墙”，是将古代文物人格化了。事实上，飞天手中的彩绸所连结的、超越时空之旷远，是不可能的。作者通过拟人辞格达到“极言”的目的，纵情地讴歌了“丝绸之路”和传送邦国之间文明、和平和友谊的商旅的历史贡献。例③是一首民歌，借拟人拟物辞格夸言谷穗之多，极言秤杆之短，秤砣之轻，而需用长虹、大山来代替，十分生动形象而谐趣横生地反映了大丰收的好年景和人们的欢快心情。例④把逶迤五岭和磅礴乌蒙比作“细浪”“泥丸”，是通过比喻将千山万岭缩小为无足轻重之物，从而突出了红军“万水千山只等闲”的英雄气概。

运用夸张，要注意以下几点。

第一，要“饰而不诬”，即有客观现实和真情实意作基础。夸张要有真实性，正如“漫画有夸张，却还是要诚实”（鲁迅语）。如果说，“黄河之水天上来”，是合理的夸张（极言其高其猛），那么“漓江之水天上来”之说，便不切实。同样地，“如情似梦黄河的水”的描写，也会因背离真实情境而难以唤起读者的共鸣，读者不曾有这种感受，原因是与物之间情状色调很不协调。

第二，要“饰而有节”，即要掌握分寸，有一定的限度。否则，将适得其反。例如有人在给驻守边防的战士的信中写道：“你就是祖国，你就是太阳，你是顶天立地的巨人，你就是和平的象征。”这是比喻不当，夸而无节。当然，如果这位边防战士屡建奇功，则夸辞中尚有可取之处。

第三，要抓准夸张对象的本质特征，注意夸张对象的形象特征和感情色彩的协调性。例如：“在人迹罕至的地方，谁还能嫌你的果实太轻，闪耀在我们的眼前，一树沙枣是一天星星”（尧山璧《沙枣》）。诗的末句，是通过暗喻辞格进行夸张的。无论从两物共同特征的“多”，还是从两物形象的表征和感情色彩看，都和谐一致、夸饰适切。

第四，要注意夸张在不同语体中的适应性。夸张广泛适用于文艺作品，尤其适用于那些诗情激荡、大笔挥写的礼赞、颂歌之类的抒情诗以及表达鲜明爱憎、劳动豪情等的民歌。公文语体和专门科技语体，禁绝夸张。至于科学幻想小说之类的夸写，则是另外一回事。

运用夸张，还要注要夸张的目的性和显明性，不能为夸张而夸张，也不能将“他能肩挑一百五”当成夸张。

（五）双关

1. 双关

双关，是利用词语的同音关系或词语在特定语境中产生的多义条件，使某些词语、句子临时获得兼顾表里双重意义的一种辞格。恰当地运用双关，可以使语意表达含蓄深长、幽默风趣、机智巧妙、耐人寻味。这种侧重在言外之意的辞格，由于受使用条件的限制，使用范围和频率一般小于和少于上述辞格。双关的运用，在我国民歌体的诗歌中，常可见到。例如刘禹锡的《巴渝竹枝二首》中写道：“杨柳青青江上平，闻郎江上唱歌声。东边日出西边雨，道是无晴还有晴。”字面上的意思是“晴”，里层的意思是“情”。古代南朝的子夜吴歌中，表达爱情的双关语甚多，以至被人将双关辞格叫做“吴格”。现代民歌如《刘三姐》的“风吹桃树桃花谢，雨打李花李花落，棒打烂锣锣更破，花谢锣破怎唱歌!”中的“桃花、李花、烂锣”，字面上说的是两花一锣，内里指的是姓陶、李、罗的三位秀才。

2. 双关的种类和运用

（甲）谐音双关。这是利用词语的同音或近音关系的条件构成的一种双关。

①这就是文人学士究竟比不识字的奴才聪明，党国究竟比贾府高明，现在究竟比乾隆时候光明：三明主义。（鲁迅《言论自由的界限》）

②我们不能侥幸办事情，应该磨盘压碾子——石打石。

例①②都是利用近、同音关系构成的双关。例①的“三明主义”，实指“三民主义”，是利用“明”和“民”的近音关系构成，巧妙地嘲讽和揭露了国民党右派的所谓的“三民主义”。例②“石”与“实”同音，以此构成歇后语，形象而风趣地说明办事要“实打实”的道理。

（乙）语义双关。这是以语义在特定语境下作暗示性转移为条件构成的一种双关。

①刘闯：秋菊，快走！洪湖就要天亮了！（《洪湖赤卫队》）

②我躺着，听船底潺潺的水声，知道我在走我的路。（鲁迅《故乡》）

③小俞已经意识到事情的不妙，她和道静两个同时哭了。夜是这样黑暗、阴沉，似乎要起暴雨。多么难挨的漫漫长夜呵！（杨沫《青春之歌》）

上述诸例，如果不是在特定的语境之下，都没有双关意义；只有字面表述的意义，即单一的写实意义。只是因为它们都处于特定的上下文，所以能显而易见地看出是在：明道东，暗说西；明言桑，暗指槐，以“言外之意”为主。例①的“天亮”一词，明写自然天象，暗示胜利即将来临。例②的“路”，明指船行之路，实指革命之路。例③的“夜”和“暴雨”，字面上明写黑夜和暴雨，暗中指旧社会和革命高潮。这样的明说暗指，必然引人深思、遐想，从而加深印象，倍增效果。

运用双关，要从表情达意的特殊需要出发，尤其要注意双关语的感情色彩和使用的场合。使用不得体，容易流于多余和低俗。

双关往往和比喻、拟人套用在一起，因而也更增加其情趣。双关又易与借喻混同，不易分辨。双关是借助于同一语句的音、义条件达到明言暗指的目的，它兼关字面和字外之意，虽然以后者为主；借喻中表示喻体的词语，没有双层意思，而只有单一的意思，即只表示本体所要表达的意思。例如“鲜红的太阳照亮全球”，这是表示借喻喻体的词语，但不是既表喻体、又表本体“国际共产主义在全世界实现”，即未含有两重意思，目的只是为了形象地表示本体。

（六）对偶

1. 对偶

对偶，是用字数相等、结构相同或相似、意义相关的一对语句组成的一种辞格。对偶又叫对仗，俗称“对子”。对偶句的上句叫上联，下句叫下联。

对偶因其形式简短、音节匀称、结构整齐，便于记诵，自古以来是人民群众喜闻乐用的一种语言表现形式，也是集中体现汉语特点而为汉语所特有的语言表现形式。它的运用范围很广。对偶句所表达的内容，一般是相关、相似或相反的两个方面，包括事物形象、思想情感等，因而要求词义、词性、字调两两相对，形成鲜明的对照或映衬。古代诗歌，特别是格律诗中，不乏对偶佳句。例如："晴川历历汉阳树，芳草萋萋鹦鹉洲"（崔颢《黄鹤楼》）；"无边落木萧萧下，不尽长江滚滚来"（杜甫《登高》）；"穿花蛱蝶深深见，点水蜻蜓款款飞"（杜甫《曲江》）；"日出江花红胜火，春来江水绿如蓝"（白居易《忆江南》）；"春种一粒粟，秋收万颗子"（李绅《悯农》）；"生当作人杰，死亦为鬼雄"（李清照《绝句》）。清人李渔所著《笠翁对韵》，专论对偶句（对仗、对联）的基本特征和基本要求，并举出众多例子，如"天对地，雨对风，大陆对长空，山花对树海，……"。

有一副传为佳话的对子："昨日偷桃钻狗洞，不知是谁？他年攀桂步蟾宫，必定有我！"上联是私塾老师为查找偷桃的学生，别出心裁地出的句子。下联是少年学生郭沫若当场对成的。且不论上联的格调如何，下联却是对得完美绝妙，充分表露出郭沫若少年时即才华出众，胸怀凌云壮志。后来的事实证明，他当时并非妄发少年狂，他终究壮志酣酬，成为佼佼出众的"攀桂"人。

①风声雨声读书声，声声入耳
家事国事天下事，事事关心
②风声雨声不吱声，了此一生
国事大事不问事，平安无事
③风声雷声悲叹声，枉也一生
险事难事天下事，争当勇士

例①是明代顾宪成在东林书院写的一幅著名对联，表达了对书院学士的期望和嘱咐：读书莫忘国事。例②是某君仿照例①写的。例③是胡耀邦针对例②改写的，意在奉劝某君莫消沉，鼓励大家不畏艰险，争当振兴中华、实现"四化"的勇士。如果从对偶句的对仗结构形式上来看，三幅对联基本上符合对仗要求。从思想内容和技巧上讲，例③是意高手妙的。

作家冰心的寓所里，对联多幅，均为珍爱之品。如：

①知足知不足；有为弗有为

②海阔天高气像；风光月霁襟怀

③雷霆走精锐；冰雹净聪明

④穷达尽为身外事；升沉不改故人情

⑤海纳百川有容乃大；壁立千刃无欲则刚

五幅对联偶句，匀称工整。对句往往富于音乐美感，使表达具有互相协调、衬托等乐美效果，常用于绘景、抒怀与言志。有的格言、警句、座右铭、人生哲理，也往往用它来作为表现形式。例①蕴含着为人的骨气；例②寄寓着对人世间朗然高格的向往、“咏赞”；例③给人以阔远清朗之气；例④明言对故友情的观点；例⑤挥洒着一股“凛然正气”。

对偶句的结构形式，有严式和宽式之分。严式对偶句要求字数、结构完全相等、相同，词义、词性以至字调，要完全对称、相协，而且字不重用。前面列举的古代诗歌中的对偶句中，除少数之外，均属严式对偶。宽式对偶句的结构、词义、词性、字调，只求相近或大致能对称、相协，但字数要相等。

2. 对偶的种类和运用

对偶的种类可以从不同角度划分。刘勰在《文心雕龙·丽辞》中所说：“虽字句或殊，而偶意一也。”他又说：“造化赋形，支体必双，神理为用，事不孤立，夫心生文辞……自然成对。”这说明对偶之产生，在于“偶意”（内容的对称），在于“支体必双”“事不孤立”。因而，应以内容为准来划分。

（甲）正对

正对，是“事异义同”，即以同一范围、性质的两个方面，平列起来论理、绘景、抒情的一种对偶。

①亭亭座座珍珠塔，

层层迭迭翡翠楼。（张志民《秋到葡萄沟》）

②在青春的世界里，沙粒要变成真珠，石头要化做黄金，……青春的魅力，应当叫枯枝展出鲜果，沙漠布满森林；……这才是青春的美，青春的快乐，青春的本分！（郭小川《闪耀吧，青春的火光》）

③略其所当，详其所详；

轻其所轻，重其所重。（丁伟志《马克思主义与宏观研究》）

④科技大海无边惟勤是岸 云天高程有路以志为梯（春联）

例①用两个相类似的借喻形象和两组重叠式量词，构成一对美如珍珠翡翠的句子，绘出了葡萄沟的葡萄大丰收情景，抒发出丰收的无限欢欣。字句结构整齐，内容形象对称，辉映成了一幅明灿迷人的丰收小景，谱出了一首欢乐动人的丰收短歌。例②的两个对偶，从内容到形式，都比较严整。把它们嵌在散句中，如同谱进两小段节奏匀称鲜明、意境奇伟绚丽的乐曲，展示着青春世界之富有，说明青春的真正意义。例③是个宽式对偶句，从两个方面论述了详与略、轻与重之间的辩证关系，突出而富有论证力。例④是个对子，字数句式相等整齐，内容（两个相近的事物和事理）两相平列，有力地论述了志者勤者事竟成的道理。

（乙）反对

反对，是“理殊趣合”，即把范围、性质相反的两个方面，对比起来论理、绘景、抒情的一种对偶。

①满招损，谦受益。（《尚书·大禹谟》）

②无实事求是之意，有哗众取宠之心。华而不实，脆而不坚。（毛泽东《反对自由主义》）

③横眉冷对千夫指，俯首甘为孺子牛。（鲁迅《自嘲》）

④一丘一壑，楚楚有致，简何尝不好！

繁山复水，处处宜人，繁何尝不好！（郭因《艺廊思絮》）

例①是三字一句的对偶句，十分严整，从两个完全相反的思想作风所造成的两种截然不同的结果的对比中，强调谦虚的重要。例②用正反两个方面的对比，揭露了主观主义者的心理状态，批评了对革命的不负责任的态度。例③可谓对偶句的典范，它体现了反对式对偶句形式的特点和内容形式的完美结合及其强烈的感染力和无可置疑的表现力。这个对偶名句，是作者战斗一生的真实写照。例④以两个大致对称的对偶结构，和不同的内容的对比，说明简繁各有千秋的道理，是较宽的偶句。

（丙）串对

串对，是“事联意合”，即把范围、性质相关的两个或几个方面相连起来论理、绘景、抒情的一种对偶。这种对偶，上联下联之间往往有因果、假设、条件顺承等逻辑关系。串对又叫“流水对”。

①望三门，门不在，
明日要看水闸开。
责令李白改诗句：
“黄河之水‘手中’来！”
银河星光落天下，
清水清风走东海。（贺敬之《三门峡歌》）
②辛苦采得百花蜜，
美味酿成万家香。（《中外谚语选》）
③“一着不慎，满盘皆输”，乃是说的带全局性的，即对全局有决定意义的一着，……（毛泽东《中国革命战争的战略问题》）

例①的结尾两句是串对式对偶，上下两联之间是顺承关系，字数、句式匀整和谐，读起来朗朗上口。作者在整齐对称的对偶形式中，形象地赞扬了变水患为水利的工程远景，展示了作者如“银河星光”般阔远璀璨、如“流水清风”般明畅自然的联想和想象力。例②是个条件关系的串对，通过两个动态借喻形象，说明任何成就来自辛勤和广采博集。为了结构上的对称，倒换了“美味”和“酿成”的位置。例③的上下两联也是假设关系，串对的内容和形式，明显而典型。此对偶以简洁、晓畅的一对句子，说明起步对全程、局部对全局至关重要。

对偶是汉语所特有的、效果独具的一种辞格，历来是汉语语言艺术化的重要手段之一。如果能恰当地运用，可以充分发挥它的表现力。对偶，既有对称的内容，又有格律化或趋于格律化的形式，二者应是自然协调地结合。运用对偶必须遵循形式服从于内容的原则。在服从于表达需要的前提下，注意形式的锤炼。如果表达内容并无“偶意”，可不必单纯去追求偶式的形式美，否则将流于形式。

对偶的产生，是有其客观基础的。“自从有了语言，也就有了排偶，因为人和物情有许多是天然相配的。古今中外，都有许多排偶语言”（王力《汉语诗律学·导言》）。排偶后来分化为排比和对偶。到唐代，对偶已成熟、被引入律诗，成为格律诗的重要规格之一。将对偶句从诗歌殿堂转入千家万户而为实用性艺术形式，起始于对联创始人孟昶写的一副对联。他在桃符上题的对偶句是“新年纳余庆，佳节号长春”。

对偶之所以能成为汉族人民常用、习用的辞格形式，跟汉语自身的音节、声调特点及汉字记录汉语的特点有关系。

对偶句，在一些思想杂谈、小品，特别是在散文诗或诗情浓郁的散文里，也常出现。近年来如《青年文摘》《文摘周报》《演讲与口才》等刊物的散文诗般的“卷首寄语”中，更是常见，增添了诗语的浓情韵味。例如：

> 您来了，您是出访海外二十六国归来。胸膛像长城一样厚实，步履如黄河水一样豪壮。杜鹃声声啼血，英雄处处长啸，让全世界看到真正的中国……终于，古圣寺英才辈出传天下，凤凰山青松千寻成栋梁……
>
> 巍巍乎，万世师表；
>
> 皓皓乎，不朽师德；
>
> 洋洋乎，无边师魂！（吴筱峰《您来了——写在陶行知铜像前》）

（七）排比

1. 排比

排比，是由三个或三个以上内容相关、结构和字数相同或相近、语调一致的句子组成的一种辞格。排比句子，往往以带有相同或相近的领起语或收尾语为标志。恰当运用排比，可以循着纵的或横的方向，多方面多层次地阐述同一性质范畴的事理，描绘同一性质范畴的事物，抒写同一性质范畴的情感。它使论理明晰周密、层层深入；使绘物细切分明、栩栩如生；使所抒之情，步步推进、酣畅淋漓。排比同时是创造意境、渲染气氛、烘托形象的极重要、极有效的表达方式之一。由于表达上的极强的说服力和感染力，而使其具有语体的广泛应适性（除了在公文语体中有一定局限之外），它的使用效率可以同比喻相提并论。自古以来，不少诗文名篇，大量运用排比句。例如《孟子 ·公孙丑上》中的“无恻隐之心，非人也；无羞恶之心，非人也；无辞让之心，非人也；无是非之心，非人也。”《木兰诗》中的“开我东阁门，坐我西阁床。脱我战时袍，著我旧时裳。”夏完淳《长歌》中的“我欲登天云盘盘，我欲御风无羽翰，我欲陟山泥洹洹，我欲涉江忧天寒”。至于《文心雕龙》《文赋》《艺概》等文化专著中的排比句，更是目不暇接。

2．排比的种类和运用

排比句之间内容上的关系，有的平列，有的层递；从结构成分的排比情况看，有词语的排比、句子的排比、段落的排比。两种分类取用哪一种皆可。我们按结构成分的排比情况分类做介绍。

（甲）词语排比

这是指句中包含有三个或三个以上的、内容相关的、结构相同相近的词或词组的一种排比。

①在夏天的花卉中，茉莉是偏受欢迎的一种。……若论香之浓、清、远、久，茉莉确可算得是人间第一。（仇春霖《群芳新谱》）

②与农民生活、接触，听其所言，观其所行，终悟乃国民品性之根。这发现，常令我夜不成眠。农民朴实、节俭、勤劳、温和，但也憨直、驯顺、偏狭、固旧这品性之形成，生产力固为基本，然几千年传统旧俗之圈，亦未必不是重要原因。（吴若增《研究国民品性，提高精神素质》）

例①以四个单音节形容词的平列，说明堪为“人间第一香”的茉莉花香的几个特点。几个单音词的平列，呈现出语言的凝练和匀称美。例②是两组双音节词的并排，全面概括了我国农民的优质品性和不良习性。这两组表现两类品性的双音节词的并列和对照，突出了“国民品性”的两个方面。

①畅游、打滚、呼喊、歌唱……
世界多么美好：
微风、大海、沙滩、阳光……（邓海南《海滨浴场》）

②十一届三中全会以来的新的政策，新的生活，新的现实正在产生着新的理想，新的梦。那些与八十年代的新农民赛了球、联了欢、唱了歌、跳了舞的清华大学生，当他们于当晚午夜回到清华园以后，他们能够不做一些美好的梦吗？反正在大韩继，我看到了新的现实，也看到了比五十年代的梦更美好、更新鲜也更有坚实的基础的新的梦。（王蒙《新的年代的新的梦》）

例①第一句由四个双音节动词并排组成，第三句由双音节名词组成，绘出了一幅笑语喧哗、雀跃欢快、明媚绚丽、动静有变的海滨浴场图景。用语凝练、形象、活泼、匀称而富于跳跃的节奏感。例②前一组排比，由四个嵌入“了”而构成的词组组成，一气呵成地述说了八十年代新农民的蓬勃欢快的文化生活。结尾一句是三个偏正词组的排列，节奏平匀、短促、急切，有力地肯定了如梦一般的新农村的新现实。

祖国！人民的祖国！你是多么富饶，多么广袤！你蔚蓝的明朗的天空，你新鲜柔嫩的草原，你参差栉比的村庄，你浓荫护盖的绿色林带，你温柔多姿的河流，你雄伟的古城和繁花似锦的新都……（丁玲《杜晚香》）

这段抒写犹如一曲激越高亢、节奏分明的祖国交响乐章，又如一幅幅驰展着的“江山多娇”的画卷。文中并列关系的词语，结构是近似的，都以“你”为领起语，其后是形式相近的修饰语和音节整齐、结构相同的名词。整个排比，气势贯通，清晰明畅，富有强烈的感染力。

（乙）句子排比

句子排比是用三个或三个以上结构相同或相近、内容相关的句子组成的一种排比。

①凌霄花是一种婀娜别致、古朴典雅的观赏植物。栽培在庭园中，或依棚架，或缘大树，或攀墙垣，或附奇石，柔枝纷披，疏影参差，碧叶葱葱，红英灼灼，充满了诗情画意。（仇春霖《群芳新谱》）

②它似乎不曾留下烙印
却悄然地融进血液
它会在你的两腿上
留下一种干练、果断的步伐
它会在你的瞳孔里
留下一丝难以捉摸的警觉
它会在你一生中
永远留一幅出击者的雕像
挺起枪刺般的脊骨，
宁折不弯，是意志的钢铁（周涛《生命里有一段当兵的岁月》）

③如果有百分之五十的利润，它就会铤而走险；为了百分之百的利润，它就敢践踏一切人间法律；有百分之二百的利润，它就敢犯任何罪行，甚至冒上断头台的危险。（林默涵《文艺商品化的倾向亟待克服》）

④山野的篝火是美的
港湾的灯塔是美的
夏夜的繁星是美的
庆祝胜利的焰火是美的
一切的美都和光在一起（艾青《光的赞歌》）

例①以字数、结构相同的四个四言短句并举平列，将凌霄花的枝、影、叶、花的情态和姿色，历历呈现于读者眼前，完整而鲜明地突出了凌霄花的美的形象。语句的音调十分和谐，富于节奏感。例②以深切的体验、独特的联想，形象地反映出“当兵岁月”对铸造一个人革命品格的潜移默化作用和难以磨灭的力量。这一组排比句，结构近似，“它会在你……”是这一组排比句的明显标志。例③是作者用自己的话转引英国评论家的一段论述，层层推进地揭示了金钱亡命徒的本性。这个排比，由三个结构相近的复句组成。例④从对几种发光物体的肯定的判断，充分证明了“美与光”的美学原理，表达了作者对光的礼赞。每句末尾以字数、结构相同的“收尾语”为这一组排比的标志。

（丙）段落排比

在一些诗歌和散文诗中，还包含着段落的排比，有的诗文甚至整篇由排比的段落组成。段落排比是由三个或三个以上结构相同相近、内客相关的段落组成的一种排比。侧如：

这种特殊的职业
少不了必备的气质
那是渴望钢盔的头颅
敢于和死亡角逐的躯体
……
那是农民的坚韧
工人的集体感和精确
……

那是鹰的飞扬、雄狮的威猛
骆驼的顽强
……（周涛《军人的素质》）

这种段落排比，使全篇语气贯通，音调一致，脉络分明，浑然一体。

排比和对偶，有同有异。它们在结构上的相同相近、内容上的相关相连是大体一致的。二者的区别在于：句数上，排比必须具有三个或三个以上的句子，而对偶只有两个；字数上，排比相等相近均可，对偶必须相等；结构上排比相同相近均可，对偶则必须或力求对称工整。排比句中往往包孕着对偶句；对偶句数的扩展，往往也能构成排比句。从表达需要上看，排比更适用于情感的畅发，事物的畅写，事理的畅议。运用排比，也要遵守形式服从内容的原则，切不可单纯追求形式的匀整，为排比而排比。

（八）顶针

1. 顶针

顶针，是在前后相连的句子中，将前一句的结尾词语，用作后一句的开头词语，从而使前后两句首尾顶接、上下蝉联的一种辞格。顶针又叫"顶真""顶接""联珠""蝉联"。恰当运用这一辞格，可以清晰而严密地表达事理的种种逻辑联系，描述事物的出现、发展的层递和承接关系，抒写感情潮水的浪接波连的推进过程，使语句之间结构缜密，势贯气畅。顶针是我国传统的辞格之一，适用于除公文文体之外的各种文体。古代诗、词、曲中有不少采用这种辞格的。例如："楚山秦山皆白云，白云处处长随君。长随君，君入楚山里，……"（李白《白云歌送刘十六归山》）；"青青河畔草，绵绵思远道。远道不可思，宿昔梦见之。……"（汉乐府诗《饮马长城窟行》）；"我銮舆，返咸阳；返咸阳，过宫墙；过宫墙，绕回廊；绕回廊，近椒房；近椒房，月昏黄；月昏黄，夜生凉；夜生凉，……"（马致远《汉宫秋》），语句上递下接，清晰流畅，朗朗上口，节奏齐整鲜明，颇富情趣。

2. 顶针的种类和运用

根据顶针结构成分的不同，可分为三种。

（甲）词语顶针

这是在相连的句子之间，将前句结尾的词或词组用作后一句开头的词或词组的一种顶针。这种顶针以相同的词和词组为连结的纽带。

①召之即来，来之能战，战之能胜。

②葡萄沟呵，葡萄沟，

葡萄沟横抹千山秀。（张志民《秋到葡萄沟》）

③他赢而又赢，铜钱变成角洋，角洋变成大洋，大洋又成了叠。（鲁迅《阿Q正传》）

④打上鱼来挑大的，

大的里头挑活的，

活的里头挑好的。……（李永鸿）

⑤指挥员正确的部署来源于正确的决心，正确的决心来源于正确的判断，正确的判断来源于周到的和必要的侦察，和对于各种侦察材料的联贯起来的思索。（毛泽东）

例①②③都是词与词的顶接。例①论述精兵锐伍的强大战斗力，其语气之贯通，音调之铿锵，语意之逻辑力，除了采用凝练而整齐的排比之外，主要仰赖于前后句子首尾动词的上递下接。例②前一句是“反复”，后一向将前一句中的反复词“葡萄沟”作开头，从而更为鲜明地绘出了葡萄沟的“珍珠”“翡翠”缀满“千山”的一幅绚烂丰收图，抒发了丰收的喜悦，吟出了赞美之情。这个顶接的巧用，自然流畅而情韵浓郁。例③形象有趣地写出了阿Q在赌场上的亨通赌运。三句之间词语的顶接，简洁地勾勒出阿Q“节节取胜”的场景。例④⑤是词组顶接。例④中“的”字结构的蝉联绵结，绘出了渔民精心而快速地挑选上等鱼的热闹场面。诗中顶针的运用，不仅音调协调，节奏欢快、跳跃、齐整，而且一气呵成地、分明而又紧凑地描绘出一连串挑选上等鱼的连续动作。例⑤通过两组偏正词组在句间的首尾递接，层层推进而有力地论述了指挥员正确部署的来源。

（乙）句子顶针

这是在相连的句子之间，前面和后面两个句子蝉联相接的一种顶针。

①此身常想向天游，无奈双脚被地留。

踊跃奔驰离不得，九州万国共一球。

九州万国共一球，东方自在西务囚。

安得一夜似电变，人间净化塑琼州？

人间净化塑琼州，万方亿兆喜心头。
应知人定胜天定，看我中华跃上游。
看我中华跃上游，革故鼎新事事侔。
共产主义飞天外，万国岂必共一球？
万国岂必共一球，太阳之外太阳稠。
谁能给我新世界？宇宙红光照上头。
宇宙红光照上头，理想现实两相投。
不要空言不事事，不要近视无远谋。（陈毅《示儿女》）

②咱们做的事越多，老百姓就来得越多；老百姓来得越多，咱们的力量就越大；咱们的力量越大，往后做的事就越多。（欧阳山《高干大》）

例①借助句子的连环式蝉联，使句子环环相扣，结构绵密，语势畅豁，而且具有鲜明贯一的节奏感。作者在这种特殊的语言形式中寄托了自己远大坚定的理想、乐观的情绪、阔大的革命胸怀以及对后代的谆谆切切的教导与期望。例②通过几个句子的顶接，步步推进，有力地论述了“为百姓多做事是团结和力量的源泉，同时团结和力量又是为百姓做事的基础和推动力”的相互依存的道理。

（丙）段落顶针

段落顶针是在相连的段落之间，用前一段的结尾词语作后一段的起始语的一种顶针。

望三门，门不在，
明日要看水闸开。
责令李白改诗句：
“黄河之水手中来！”
银河星光落天下，
清水清风走东海。

走东海，去又来，
讨回黄河万年债！
黄河女儿容颜改，
为你重整梳妆台。

青天悬明镜，
湖光映光彩
黄河女儿梳妆来！

梳妆来呵，梳妆来！
百花任你戴，
春光任你采，
万里锦绣任你裁！
三门闸工正年少，
幸福闸门为你开。
并肩挽手唱高歌呵，
无限青春向未来！（贺敬之《三门峡歌》）

这首诗共有九个小节，这里只引用其中三个小节。全诗除两段之间未能顶连之外，其余每节，都是句末句首词语的递连。段落顶针的运用，使全诗思路清晰、诗情畅豁、结构紧凑、语势贯接、节拍匀朗、浑然一体、意趣独特、格局别致。

从上面三种顶针的全部例子，可看出顶针辞格的共同特点和特有的表现力：显示事物、情感、意念之间的相辅相依和层进递接关系。运用这一辞格，必须适应特定语境和特定内容的特殊表达需要；否则，便会因为单纯追求形式的趣味性而反成无趣味的形式。

（九）回环

1. 回环

回环，是将两个相连的词组或句子，做次序上回环往复安排的一种辞格。这种辞格，形式上呈现出齐整美、来复美和整体美，内容上主要是揭示事物、事理之间对立统一的辩证关系，造成内容上的相互映衬，增加肯定或否定语气，具有独特的表达效果。古代诗文中，不乏回文和回环的例子，如“善人者不善人之师，不善人者善人之资”（《老子》）；“知者不言，言者不说”（《老子》）；“池莲照晓月，幔锦拂朝风”（王融《春游回文诗》）；可回读为“风朝拂锦幔，月晓照莲池”；“江畔何人初见月？江月何年初照人?”（张若虚《春江花月夜》）上述回环例句，多为宽式。

2. 回环的运用

从回环所反映的内容看，可分两类：一是相辅相成；另一是相并相对。从形式上看，可分严式和宽式。严式指字数、词语内容结构（词序）和句子的回绕完全相同。宽式指字数、词语内容结构（词序）和句子的回绕相近相似，并可增减词语。

①重重青山抱绿水，弯弯绿水绕青山。青山绿水风光好，江水来往打鱼船。（王明希《渔民恨》）

②井冈山的毛竹，同井冈山人一样坚负不屈。血雨腥风里，毛竹青了又黄，黄了又青，不向残暴低头，不向敌人弯腰。（袁鹰《青山翠竹》）

③科学需要社会主义，社会主义更需要科学。（郭沫若《科学的春天》）

④批判的武器当然不能代替武器的批判，物质力量只能用物质力量来摧毁；但是理论一经掌握群众，也会变成物质力量。（马克思《〈黑格尔法哲学批判〉导言》）

⑤今天天色不早了，我愿用一句话来纪念先生：许多人是不战而屈，鲁迅先生是战而不屈！（邹韬奋）

⑥人家是说了再做，我是做了再说，人家是说了也不一定做，我是做了也不一定说。（闻一多）

⑦要想自己的作品能够收列在图书馆里，得先把图书馆安放在自己的作品里。（钱锺书）

⑧一个人如果从肯定开始，必以疑问告终；如果从疑问开始，则会以肯定结束。（培根）

⑨中国商品市场化，商品市场中国化。

例①以宽式回环句，描绘出青山绿水环相依傍的秀丽景色，节奏平匀、舒朗，富有浓郁的反复咏唱的韵味。例②通过两向中“青”和“黄”两个形容词位置的倒回，形象地反映了时序的交替，赞扬了井冈山人与毛竹的顽强生命力和坚贞不屈的战斗力。例③除句中的“更”之外，前后两分句字数相等，名词与动词所表示的词义和字数相等相同，仅仅在后一句中，将前一句的词语次序作一倒复，便说明了科学与社会主义密切的相依关系。这种表达，经济而又具有极强的逻辑说服力。例④的回环词组，实际是修饰语和被修饰语的换位，即相互构成修饰与被修饰关系。这个仅仅在同一句子中词语结构成分的回复，便概括了深刻的哲理论断：有枪战，必有论战；有武器的批判，必有批判的武器的批判。两种战型的批判的总目标是一致的，在斗争中缺一不可。然而它们肩负的具体任务和要达到的具体目的却不相同，使用的时机、场合、对象也不同，因而只能相互配合而不能相互代替。这样一个仅仅包含两个词语回复的回环句子，内涵如此深广，论辩色彩如此浓烈，不能不归于这种具有高度概括力和来复旋律美的回环辞格的巧妙运用。例⑤借助词序的倒换，造成对比，“以宾衬主”，烘托中赞扬了鲁迅先生勇毅的战斗风格。例⑥词语顺序的回复，形成“我”与“人家”在“说”和“做”上的鲜明对比，有力地表白了“我”的“说”“做”准则。例⑦中词语的倒复，明示了立说与博学、成功与勤奋的因果关系。例⑧中所谈的治学方法，切中要害，语者仅将词语作倒复变化，即将治学法浓缩在一个较简而易解的二重复句里。例⑨高度概括了当今商品经济的方针和特点。

运用回环，要抓准事物之间的关系，要充分而鲜明地体现它们之间的不可分割而又截然有别的联系。回环如果使用不当，则必然导致戏耍文字之弊。

（十）拈连

1. 拈连

拈连，是在同时表述几种事物时，将表示前一种事物的动态词语，“随机应变”地用作后面所表述事物的动态词语的一种辞格。这种辞格，实际是巧妙地将“顺势拈来”的词语作意义上的临时移用。这种巧移，比使用“原词”更意味深长而易于引人联想、品味，因而适用于抒发含蓄、深沉、浓郁情感的诗歌、散文等文艺作品。这种重在“抒发浓情蜜意”的辞格，古代诗文中广泛运用。例如：“凉风度秋海，吹我‘乡思’飞”（李白），“只恐双溪舴艋舟，载不动许多愁”（李清照《武陵春词》），“无言独上西楼，月如钩，寂寞梧桐庭院锁清秋”（李后主《相见欢》），“敲碎离愁纱窗外，风摇翠竹”（辛弃疾《满江红》）。上述诸例，亦可看出古诗中一种拈连格，一般是隐去前一句的动词，而将其在后一句中显露出来。这种前隐后现的拈连，诗的情意更为含蓄，韵味更为浓郁，意境更为幽远，格调更为别致。这种拈连，与移就格有些相近。

2. 拈连的运用

①不夸口的人并不是没有气魄，因为他懂得世界上的事情都是做出来的，并不是夸出来的。

②天寒热泪也冻成冰，冻不住心头的爱和恨！（阮章竞《送别》）

③国民党……打了整整十年的内战，结果把一个日本侵略者打了进来。

④蚕在吐丝的时候

想不到吐出一条“丝绸之路”（艾青《花与刺》）

⑤种瓜的得瓜，种豆的收豆，谁种下仇恨，他自己遭殃。（《二月里来》）

⑥在五千年的古庙里狠命地敲钟。敲出工学团，敲出小学生，敲出新旅万里行，敲醒四万万中国人。（吴筱峰《您来了——写在陶行知铜像前》）

例①的前一个“夸口”，是指说大话、空话，“夸”有“虚说”的意思；后一个“夸”，是前一个“夸”的拈用，临时借来表示所要讲出的意思。例②中的“冻成冰”是正常的表达；而“爱”和“恨”这种人的感情的某种状态的形成，用表示凝冻物体的动态词语来表述，是非常规的。但因为是在特定语境和情感的驱使下采用和出现，这种“非常规”，即词义的临时转移、词语的临时变通运用，反而变得更富于表现力，更能表现“爱”的炽热深沉，“恨”的刻骨镂心。例③中两个“打”字的拈连，深刻地揭露和嘲讽了国民党假抗战、真反共所造成的罪恶和罪恶行径。例④中的桑蚕吐丝，是自然现象；桑蚕吐“路”，事实上是不可能的。然而，没有丝，便没有通向中亚南欧的友好交往之路，因而也更不会有充满悲欢离合之情和邦国之间历史友谊的光彩斑斓的艺术瑰宝《丝绸之路》。这一“吐”字的拈连，包含了作者何等深邃的且巧且华的构想，融进了作者对桑蚕这种小生灵对人类文明所做出巨大贡献的无限敬佩之情。自然，其中还寓含着格言般的哲理内容。可见拈连还是一种容量饱和而十分经济的语言表达形式。例⑤中将表示农事耕作的自然规律的动词，拈来用到阶级之间、民族之间的关系和矛盾斗争的社会规律的论述上，自然而巧妙。明畅而有力。例⑥中“敲”字被顺势拈来作变通性连用，一气呵成地赞扬了陶先生在千辛万苦中创建的伟大业绩，那唤醒中国人、启迪中国人心智的钟声，因着这“敲”字的拈用，将永远回荡于中国教育史篇。

运用拈连，要顺其自然，要注意拈连的两体是否有拈连的客观基础和必要，要新鲜而不落套，切不可给人造成生硬拼凑、难以捉摸的印象。

（十一）对比

1. 对比

对比，是将意义相反或相对的词语，即将两种相反相对的事物或同一性质范畴事物的相反相对的两个方面平列起来加以比照的一种辞格。对比往往由一组或多组反义词语、句子构成。恰当运用对比，可以鲜明地突出相反相对的两种事物、事理、情感的不同特点，从显晰的比照中，表达作者的思想观点和感情倾向。例如：“真的、善的、美的东西总是在同假的、恶的、丑的东西相比较而存在，相斗争而发展。”（毛泽东）“只有比较才能鉴别”（同前），说明对比的作用和基础。对比是艺术表现手法，也是修辞格式。这种辞格的语体、文体适应性较强。自古以来，它就是诗文作者常用的艺术表现手法之一。

对比这一辞格，在古代诗、词、曲、文、民歌、民谣中，广泛运用。例如："举秀才，不知书；举孝廉，父别居；寒素清白浊如泥；高第良将怯如黾"（《后汉书》），"悲莫悲兮生别离，乐莫乐兮新相知"（《楚辞·九歌》），"壮士阵前半死生，美人帐下犹歌舞"（高适《燕歌行》），"直如弦，死道边；曲如钩，反封侯"（《汉书·五行志》），"只许州官放火，不许百姓点灯"（谚语）。

2. 对比的种类和运用

对比辞格，以内容的相对相反为基础，反映到结构形式上，是表现相对相反内容的词语、句子以至段落的比照。

（甲）词语对比

①我相信，到那时，到处都是活跃的创造，到处都是日新月异的进步，欢歌将代替了悲叹，笑脸将代替了哭脸，富裕将代替了贫穷，康健将代替了疾苦，智慧将代替了愚昧，友爱将代替了仇杀，生之快乐将代替了死之悲哀，明媚的花园，将代替凄凉的荒地！（方志敏《可爱的中国》）

②……他所领导的大韩继大队面貌的深刻变化，正是一曲关于人的尊严和人的价值的昂扬舒展的礼赞；这是一个脚踏实地的而非虚无飘渺的，壮阔的而非狭隘的，真正的而非空想的关于人的尊严与价值的实现的新的乐章！（王蒙《新的年代的新的梦》）

例①通过六个句子中的六对反义词和两个句子中的两对反义偏正词组的一连串对举，将新中国的光明和旧中国的黑暗形成强烈对比，从而表达了鲜明的爱和憎，表达了对新中国的无限向往、热情讴歌和必能实现的坚定信念、乐观精神与革命豪情，具有极大的感召力。例②通过一个个特定语境下反义词和词组的平列并用，从正反两个方面的对照中，有力地阐述了大韩继大队面貌的深刻变化及其重大现实意义。可以设想，如果不是运用对比，不是运用音节数相等的反义词语和结构相同相近的句式的鲜明比照，是不会从截然迥异中加深印象，从平匀整齐的节奏感中强化对比效果的。

（乙）句子对比

①为人民利益而死，就比泰山还重；替法西斯卖力，替剥削人民和压迫人民的人去死，就比鸿毛还轻。（毛泽东《为人民服务》）

②学术上的启蒙者呵，政治上的蒙昧者；新的先驱，旧的忠臣；一半朝前向往，一半向后顾恋；在书本上驳斥着陈旧，在现实中恐惧着新生。不可调和的矛盾，凝成了大苦闷，终于撕碎了你的心，胀裂了你的灵魂，并酿成了昆明湖这一节严酷的悲剧。

雪飘落着，雪花在为你叹惜！是呵，如果活的不被死的掐住了咽喉，如果前进的不被守旧的拖住了脚跟，如果春的萌芽不被冬末的残雪征服，那么，活着的，前进的，萌芽的，该会散发出多少更加浓郁的生命的芬芳。

例①是个多重复句，第一层次的两个并列关系的分句，将两种死的不同意义，形成天壤之别的强烈对照，突出了生命的真正价值所在，体现了共产主义者的人生观。例②是一篇散文诗的两个片断。其中有词组（偏正和“的”字等词组）的对比，也有句子的对比。作者以充满诗情的语句和结构匀称的对比，揭示了一位清末杰出的学者内心世界的深刻矛盾——悲剧的根源。作者一方面高度地评价了他学术上那开拓者的卓见、胆识和巨大贡献，另一方面严厉地指出他所犯的不可饶恕的历史错误：政治上的守旧、倒退和愚忠，体现了对历史人物评价所应具有的历史的公正和辩证唯物主义观点。这首抒情诗，文辞是精美的，效果是异乎寻常的，重要原因恰当地选用了对比辞格，使内容和形式达到了罕见的完美地步。

（丙）段落对比

①青春的岁月像条河，
岁月的河呵，汇成歌，汇成歌，汇成歌。
一支歌，一支深情的歌，一支拨动着人们心弦的歌；
一支歌，一支深情的歌，幸福和欢乐是那么多。

一支歌，一支消沉的歌，一支汗水和眼泪凝成的歌；
一支歌，一支消沉的歌，忧郁和颓丧是那么多。

一支歌，一支振作的歌，一支蹉跎岁月里追求的歌；
一支歌，一支振作的歌，憧憬和向往是那么多。

一支歌，一支奋进的歌，一支高亢的旋律谱成的歌；

一支歌，一支奋进的歌，希望和理想是那么多。

……（叶辛《一支难忘的歌》）

②艺术，

你决不应成为任何反动统治阶级装饰秃头的假发，遮盖黄脸的胭脂，粉刷宫廷的油漆，点缀宝座的浮雕；

你更不应该成为任何反动统治阶级束缚群众的锁链，啖筮人肉的餐巾，打击异己的棍棒，杀害无辜的绞索。

艺术，

你只应该成为人民大众发现病菌的显微镜，揭露黑暗的探照灯，抵抗压迫的机关枪，反对剥削的冲锋号，铲平阶级的推土机，扫除垃圾的铁扫帚；

你只应该成为人民大众喷发悲愤的胡笳，倾吐哀愁的箫管，追求光明的翅膀，探索真理的浮槎，建设乐园的瓦刀，装点江山的花朵，讴歌幸福的唢呐，抒泻爱情的竹笛。（郭因《艺廊思絮》）

例①是《蹉跎岁月》的主题歌词。作者以结构整齐的段落形式和内容的对比（主要是第二段与前后段落的对比），概括了“史无前例”的年代里，一代青年令人难忘的一段曲折坎坷的生活道路。作者饱含热泪和激情，谱写了青春生命的颂歌：他们曾经消沉、沮丧，但终究没有就此沉沦、颓唐下去而被历史的倒潮横飙所淹没，因为在我们社会主义时代里，青春生命的搏斗终究必然获胜，必然重新振作，憧憬未来，奋进在人生的征途上。例②通过一系列的比喻形象，造成了两种不同性质范围的艺术职能的鲜明对比。一组组充满驰骋想象的群谱般的比喻形象的映照，给人以强烈的印象。这一对比中，有力地、令人信服地论述了真正的艺术应当为人民大众、为祖国服务，应当成为人民的心声、社会主义建设的推动力。

对比这一辞格，很富有表现力，恰当地运用，可以大大加强表达效果。自然，采用哪种对比，要因内容的对比需要而定。

（十二）引用

1. 引用

引用是在口头或书面表达过程中，借引现成的诗文、诗文中的语句以及成语、谚语等熟语，以增强表达效果的一种辞格。恰当的引用，可以使作者的表达言简意赅、形象生动、独具意趣，具有较强的说服力、感染力。引用，是一种灵便、经济的语言表达形式。自古以来，它被广泛用于诗文的叙事、绘物、抒情和说理之中。历代的诗文名篇中，引用的范例，屡见不鲜。例如“峨眉山月半轮秋，影入平羌江水流。谪仙此语谁解道，诸君见月时登楼”（苏东坡《送人守嘉州》）的前两句，援引于李白的《峨眉山月歌》。“请君莫奏前朝曲，听唱新翻杨柳枝”（刘禹锡），“古歌旧曲君休听，听取新翻杨柳枝”（白居易），刘禹锡和白居易是同时代、同年生、同是公元9世纪的50年代故去的诗人，两首诗的末尾两句惊人得相似，我们可以视为巧合，也可以看作不知是谁引谁的诗句的引用。“庙堂无策可平戎，坐使甘泉照夕烽。初怪上都闻战马，岂知穷海看飞龙！孤臣霜发三千丈，每万烟花一万重。稍喜长沙向延阁，疲兵敢犯犬羊锋。”（陈与义《伤春》）诗中加着重号的前一句，实际是援引李白的诗句，加点的后一句实际是援引杜甫的诗句，引用得恰到好处，抒发了作者一腔忧愤之情。

2. 引用的种类和运用

引用一般分两种：明引、暗引。

（甲）明引

这是直接引出所要借引的原文（或原话）、并说明出处（包括作者、书名等）的一种引用。

①司马迁用他的宏篇巨著记载了我国历史上的许多伟大人物振奋的故事：“昔西伯拘羑里，演周易；孔子厄陈蔡，作春秋；屈原放逐，著离骚；左丘失明，厥有国语；孙子膑脚，而论兵法……”这些难能可贵的往事，正可以作为后来者奋发图强的榜样！（柳嘉《振奋精神赞》）

②如果一个艺术家为了表现某个主题，不曾“独上高楼，望尽天涯路”（晏殊），不曾“为伊消得人憔悴”（柳永），不曾“众里寻她千百度”，他就不会有“蓦然回首，那人却在灯火阑珊处”（辛弃疾）。（郭因《艺廊思絮》）

例①直接引用《史记》所记载的历史名人在逆境中发奋图强、功绩卓著的故事，有力地证明了“我们伟大的民族便是从振奋中成长起来的”的论点，突出了赞扬振奋精神的全篇意旨这一明引，使论述有了充分、具体而可信的论据。由于所引用的语句凝练精粹，大大增强了说服力，鼓动力。例②虽然把引语揉进作者的论述中，却注明了所引语句的原作者，因而也应属于“明引”。作者自然、恰切而极为巧妙地将三位诗人的三个诗句，用自己的寥寥数言将其组接起来，构成一个完整而形象的、概括创作过程中所必经的三个阶段的文论片断。这一引用，将创作的基本理论寓含到充满诗情的诗歌形象和意境里，让人们从富于美感的意象中去领悟道理，可谓新颖、活脱，如嚼橄榄，余味无穷。

（乙）暗引

这是在说写过程中，将所要引用的语句顺势组编进作者自己的话语而不说明出处的一种引用。

①为了学习中国革命的历史教训，以便“惩前毖后，治病救人”，使“前车之覆”成为“后车之鉴”……

②我看见

你们——

我们古代的诗人们！

……

啊，我熟读过你们的

《登幽州台歌》

《茅屋为秋风所破歌》……

那无数美妙的

诗章。

但是，

面向你们

我

如此地骄傲！

我要说：

我们的合唱

比你们的歌声

响亮！

啊啊…“前不见古人”……

但是，

后——有——来——者！

莫要

“念天地之悠悠”吧
莫要
“独怆然而涕下”
“君不见”——
“广厦千万间”
已出现在
祖国的
四野八荒!”（贺敬之《放声歌唱》）

例①接连引用了几个成语，简洁有力地说明了党的六届七中全会对若干历史问题作出决议的道理和目的。例②更是闪现出作者巧借妙引的机智的火花，体现着作者高超的语言艺术技巧。作者将陈子昂、李白、杜甫的著名诗句，恰到妙处地组接、编织进自己的诗句中去。通过比拟、反仿、古今对比等，以放歌的高亢、昂奋音调，淋漓致尽地抒发了社会主义时代的炎黄子孙共和国大厦的建设者们胸中的浩然之气、豪迈之情。读着这铿锵作响的诗句，使人感到汩汩热流和奋进力量荡激胸怀，充盈躯体。

运用引用辞格，必须确切理解所引用的原话，而且要自然贴切。明引定要说明或注明出处；暗引要防止造成表意上的不相协调和含混。表达意情，主要是用自己的话语，引用毕竟应是适量、适当的。

（十三）反复

1. 反复

反复，是在说写过程中将某些相同的词语或句子特意地重复使用的一种辞格。反复的恰当运用，可以使重点更为突出，事物和情感表述得更为鲜明生动而浓烈。这种辞格，主要运用于文艺作品的描写和抒情，特别是民歌民谣。《诗经》中的民歌，大都采用了反复辞格。例如：“君子于役，不知其期……君子于役，如之何勿思！……君子于役，不日不月，君子于役，苟无饥渴！”（《诗经·君子于役》），“不稼不穑，胡取禾三百廛兮？……彼君子兮，不素餐兮！……不稼不穑，胡取禾三百亿兮？彼君子兮，不素食兮！”（《诗经·伐檀》）等。

2. 反复的种类和运用

根据反复的不同情况，可分为两种：顺连式反复和间隔式反复。

（甲）顺连式反复

这是同一词语或句子，一个个接连地重复出现的一种反复。

①我疑心这是极好的文章，因为读到这里，他总是微笑起来，而且将头仰起，接着，向后面拗过去，拗过去。（鲁迅《从百草园到三味书屋》）

②起来，起来，起来，我们万众一心，冒着敌人的炮火，前进！冒着敌人的炮火，前进，前进，前进、进！（《中华人民共和国国歌》）

③我还有什么话可说呢？我懂得衰亡民族之所以默无声息的缘由了。沉默呵，沉默呵！不在沉默中爆发，就在沉默中灭亡。（鲁迅《纪念刘和珍君》）

④出现了哟！出现了哟！耿晶地白灼的圆光！从我两眸中有无限道的金丝向着太阳飞放。（郭沫若《大阳礼赞》）

例①是两个承前省略的句子的反复，生动、逼真地描绘出这位“渊博的宿儒”念书时自我陶醉的可笑形象。如果只用一个“拗过去”的句子描绘，老学究那副得意神气，就不会如此活灵活现。例②的反复词句，有力地感召着人们为民族的生存，投身烽火连天的抗日斗争，奋勇杀敌。例③两个句子的反复，无比悲愤地倾诉了作者胸中压抑着的反抗怒火，控诉了国民党反动派惨无人道的罪行。例④以两个感叹句子的反复，喷发出作者火一般燃烧的追求光明、迎接太阳的炽热诗情。

（乙）间隔反复

这是同一词语或句子，隔行间段地重复出现的一种反复。

①我小心地从信封中取出用玻璃纸包着的太阳花，捧在手上。我心头充满庄严之感，倏然间，一种激情涌上心头，我觉得：

这不是花，是鲜血，
这不是花，是生命，
这不是花，是光明，
这不是花，是太阳。（刘白羽《散文三题：太阳花之歌》）

②多雨的江南的雨
是无声的极细的雨
多雨的江南的雨

是不知不觉便湿了窗棂和花裙的雨

……

多雨的江南的土地有好多好多的种子

多雨的江南的雨总在细细密密地同种子议论着萌发的机缘……（饶庆年《山雀子衔来的诗·多雨的江南》）

③“难啦——”

他从前常说这句话：

叹天上不会下米，

幺姑娘没啥陪嫁，

老土屋山墙要塌……

他见人就说，

边说边骂，

披一件老伴的棉袄，

到镇上去喝闷茶。

“难啦——”

他现在还说这句话；

说老伴要买穿衣镜，

私房钱都给外孙娃，

穿皮鞋去踩稀泥巴……

他见人就说，

边笑边骂，

看完了今晚的夜戏，

还折去看望亲家。（廖公弦《走乡·难》）

④地球，我的母亲！

天已黎明了，

你把你怀中的儿来摇醒，

我现在正在你背上匍行。

地球，我的母亲！

你背负着我在这乐园中逍遥。

……

地球，我的母亲！

我过去，现在，未来，

……（郭沫若《地球，我的母亲》）

例①的四个反复句子，其间距离较近，虽然都隔着各自的后一分句，仍属间隔反复。四个句子的反复，饱含激情，突出强调了作者的否定对象，相应而有力地强调了作者肯定的事物，抒发了对那从南方寄来的、经过硝烟战火考验的、受过战士的鲜血浇灌的太阳花的赞叹，歌颂了自卫反击战中的英雄业绩。例②是一首诗情浓郁而质朴的村歌的片断。诗中的“多雨的江南的雨”多次出现，情思绵绵地倾吐了对江南风土人情的眷恋透过蒙蒙的雨帘，展现出江南农村的新风貌。例③是语句的隔段反复，巧妙地将实际含意不同的同一个词句遥相重复，反映出新的经济政策执行前后农民生活的巨大变化，别具一格，饶有兴味。例④是全诗的几个小节。全诗共二十一小节，每一节都以“地球，我的母亲！”开头，一共反复了二十一次，抒发了作者对地球母亲的深沉、执着的无限深情。这种隔段反复，不仅突出了主题，而且文思分明，全篇畅响着匀整鲜明而层次分明的节奏强音。

反复不是简单的毫无意义的重复。反复语句虽然相同，但反复语句情感色彩的浓度、重点强调的程度以至于词句音调的强度都不尽相同。反复这种辞格的运用，主要是为了强烈地表达强烈的情感和所要强调的思想观点，鲜明突出地描绘动作情状的特征，因而，如果没有特殊需要，就不必为追求反复形式而使其反成无实之壳。

（十四）反语

反语，是使用与原意相反的词句去表述原意的一种辞格，即通常所说的“说反话”或“正话反说”，具有鲜明强烈的揭露本质、讥刺嘲讽、幽默有趣的表达效果。反语多用于杂文、幽默小品、论战性政论等文体之中。

《大不列颠百科全书》的狗照相上，就很有几匹是咱们中国的叭儿狗。这也是一种国光。（鲁迅）

文中的“国光”，实际是指“国耻”。这个“反语”的运用，比“正话”的直说，讽刺得更辛辣，它揭示了“国粹派”们的丑恶嘴脸和本质。

反语包括先正说后用反语，或先用反语后正说，以及给反语加上引号以示区别于正面论述等几种使用法。运用反语时，还须注意从表达内容的需要出发，并分清对象和掌握分寸，更忌滥用。

（十五）仿拟

仿拟，是在一定语境（上下文）中己有的词句的比照下，临时地、“随机应变”地仿造一个意义相反、相似或相近的词句的一种辞格。这种辞格，如果能恰当运用，能突出事物的本质，使语言表达新鲜、风趣而寓含幽默讽刺意味。

仿拟不同于新词的创造。仿拟的词，是在原有词语格式的启引下偶发而成。既是偶发之词，便只能在原词和仿词的对照的语境里才能存在并显其功效。

如果仅仅把鲁迅看成一个“文艺家”，或称之“文化人”，当着他逝世四周年的时候我们这类半吊子的“武艺家”或“武化人”，对于文艺……

文中的“武艺家”“武化人”，是仿拟“文艺家”和“文化人”而成的。这一仿拟，比平直的论说，来得诙谐、饶有兴味，并且起到两相对比从而突出对鲁迅先生的高度评价的作用。

《红楼梦》中的仿拟格运用频繁，有“仿句”“仿调”“仿词”等区别，往往起到了滑稽嘲弄、幽默风趣、诙谐讽刺的作用。如：

①黛玉道：“你的那些姑娘们，也该教训教训。只是论理我不该说。——今儿得罪了我的事小，倘或明儿‘宝姑娘’来，什么‘贝姑娘’来，也得罪了，事情可就大了。”

②这里宝钗只刚刚做了两三个花瓣儿，忽见宝玉在梦中喊骂说：“和尚道士的话如何信得？什么‘金玉姻缘’？我偏说木石姻缘！”

例①中“宝姑娘”和“贝姑娘”的仿拟，表面上是诙谐风趣之戏言，实则是黛玉内心深处的痛楚的宣泄，也是对黛玉性格把握和刻画的妙笔。例②的“金玉”与“木石”的反仿，喊出了宝玉深藏内心的爱情抗争和对黛玉的衷情。

（十六）移就

移就是将适用于甲事物特征动态词语移用于本不相适应乙事物特征动态描述的辞格，

实际是描述特定事物词语的超常而临时的挪移。这一辞格的恰当运用，给语言表达染上浓重的艺术色彩，增添独有的艺术魅力和氛围而意味深长。

①孤独又忧郁的马蹄声，自远至近，敲响在沉默的街上……

②天渐渐亮了，东门外，开始出现了一株株树……接着，红的，黄的，绿的和蓝的颜色慢慢浮现出来了，那么快，不知不觉中，天空出现年轻而快活的一抹红色。

③生命里也应该有这样一种澄澈的时刻吧？可以什么也不想什么也不希望，只是一笔一笔慢慢地描摹，在月亮底下，安静地做我自己该做的功课。（席慕蓉《写给幸福·写给生命》）

④请你们不要碰我的牧歌，不要轻易毁损了一个民族那么多年所传下来的声音。请让一首蒙古族的牧歌留在那一望无际、空旷和单纯的草原上。（席慕蓉《写给幸福·我的抗议》）

例①的“孤独又忧郁”和“沉默”，是将描写人的心境和性格情感的词语，移用于对“马蹄声”和“街上”的描写，看似错位，实则表达了作者在特定环境中的独特入微的感受，是移情于物。例②中“年轻而快活”一语，一反常规地修饰“一抹红色”，但并非怪诞，一是红色特别是刚显露的天边的红色，自有给人以“年轻而快活”之感，再就是表达出人在微明时对旭日报晓即将初霞东升的欣喜。例③中用描绘无云之晴空、无杂质之净水的词语修饰时刻，意在借它对人世间难得的无红尘琐事烦忧的虚静时刻的企盼。例④中的一个“碰”字的移用，表达了作者对自己民族文化财富的珍爱和保护；“单纯”二字的挪移，把草原的自然、纯净描绘了出来，其中自然还含有深意。

移就的心理基础是通感，“通感是一种感觉，是人们在习惯基础上借助联想而产生的一种积极的心理活动现象”。人的五官，原是“各司其职”的，但它们之间可以“相互传导、呼应、挪移、代替、转换、打通”，正如钱锺书所说：“寻常眼、耳、鼻三觉亦每通有无而忘彼此，所谓‘感受之共产’即如花，其入目之形色，触息之气息，均可移音响以揣称之。”（《管椎编》）还有一些群格，其实由通感而来，艺术语言的美质往往仰赖于种种感觉、感受之相通。

三、辞格的综合运用

前面将十余种常用辞格，分别做了粗略介绍。如果仔细观察介绍某些辞格时所举的例子，便会发现它们并非某种辞格的专用例句，即非单一性的，往往是既为此格，又为彼格等。这充分说明辞格既可以单用，也可综合运用。事、物、情、理，千差万别，千变万化，相依相存，作为具有这些特点的事、物、情、理的特定的语言表现形式，也是丰富的，多样的，相辅相成的。为了更好地根据题旨情境的需要增强表达效果，必然寻找最完备的语言形式，必然多方面地、集中地、最大限度地发挥具有种种修辞效能的不同辞格的表现力，因而也就必然地出现辞格交叉的修辞现象，即辞格的综合运用现象。例如，有时为了更形象地表达所要表达的内容，便自然要采用打比方的说法，可又觉着这样表达还不够充分，于是接着采用比拟说法；有时，认为一个比方还很不够，需要多方设喻，而且还希望把一连串的比喻，表述得更匀称、整齐，于是，同时采用排比句式；有时，又为了强化表达效果，将多种辞格集中和糅合到一起，这样，就产生了辞格的连用、兼用、套用等综合运用的种种现象。

辞格的综合运用，是自古以来常见的修辞现象。如果能做到恰切地综合运用，可以将所需辞格的不同特点汇聚于一体，高度发挥它们的潜在的表现力，使种种语言格式的艺术美，交相辉映，使形式和内容在更新的高度上、更广的幅度上完美地统一。

（一）辞格的连用

辞格的连用是指在同一段文字中，同类辞格之间、异类辞格之间，以及同、异类辞格之间平等并列地连续运用的一种辞格用法。连用的辞格，互不糅合，各自独立，也没有主次关系。

①林荫道上，
机器如乐队！
森林铁路上，
火车似滚雷。（郭小川《祝酒歌》）

②天上的云，真是姿态万千，变化无常。它们有的像鱼鳞，有的像羊群，有的像雄狮，还有的像奔马，像河川……

③我看樱花，往少里说，也有几十次了。……雨里看，雾中看，月下看……日本到处都有樱花，有的是几百棵花树拥在一起，有的是一两颗花树在路旁水边悄然独立。春天在日本就是沉浸在弥漫的樱花气息里！（冰心《樱花赞》）

例①“如乐队”和“似滚雷”是同类辞格——两个比喻的连用。两个比喻的连用，描绘了森林里欢腾、热烈的场面。例②是同类辞格的连用，五个比喻体将天上的云描绘得真真切切，千姿百态的云被写活了，极富情趣而引人悠悠联想，绵绵遐思。例③中的“雨里看，雾中看，月下看”是排比句，与“—两棵花树在路旁水边悄然独立”是不同辞格连用，使得这一段观赏樱花的回忆文字，发挥了两类辞格的表达效果，既在描写上生动形象，又在句式上呈现整中有散、散中有整的参差美。

在辨别辞格连用时，还要注意与在一个整段中一种辞格运用的区别，例如：

……而不论是千年以前或者千年以后，不管是在印度的喀什米尔或者在中国的江南，只要夏天到了，在浅水的塘里，荷花总是欢然开放。每一年、每一季，总是按着秩序，没有一朵花会忘记，……（席慕蓉《有一首歌・夏天的日记》）

这段文字，寓意深刻，只用了比拟格，不要因为对水塘里的荷花的拟人描写词语如“欢然开放”“没有……忘记”先后出现（一种辞格的内部描写）而误以为是比拟辞格的连用。

（二）辞格的兼用

辞格兼用是指在同一段描述或一个句群形式中兼用不同类的辞格的辞格用法。这种兼用多种辞格，又简称为“兼格”。虽是多格共用同处，却并不是格格不入，而是有机结合，浑然和谐，并使异类辞格的效果更集中地发挥出来，使它们凝聚于一体，高度集中地、综合地将种种辞格的艺术美呈现出来，相互辉映，充分地表达作者的浓情、密意和新颖、独特的感受，并将多种辞格的描绘功能，会聚在描绘对象上，使其更能生发出艺术光彩。

①呵，友情，你是严冬的炭火，你是酷暑的浓荫，你是湍流中的踏脚石，你是雾海中的航标灯……我曾在马克思、恩格斯的通信集里，听到你娓娓动听的话语，我曾在杜甫的《梦李白》的诗里，看到你情深似海的心地，我曾在白求恩输给八路军的血液里，看到你慷慨的笑意……

②饥寒的年代里，理想是温饱；温饱的年代里，理想是安定；安定的年代里，理想是繁荣；繁荣的年代里，理想是文明。

③桃树、杏树、梨树，你不让我，我不让你，都开满了花赶趟儿。红的像火，粉的像霞，白的像雪。（朱自清《春》）

例①中有两组兼格。从“你是严冬的炭火”到“你是雾海中的航标灯”，是排比兼比喻；从“我曾在马克思……”到“看到你慷慨的笑意……”是排比兼比拟。这些兼格的运用，将抽象的“友情”具体化了，将友情“给人的温暖、慰藉、光明、信心、力量、鼓舞，绘写得那么形象动人、激动人心，给人以广阔的联想空间和对“友情”这种人间美好情怀的向往与憧憬。例②是排比与顶针的兼用，层层推进地表述了人们在不同年代里的由低到高的追求。句式上富有齐整美，音调上富于节奏美，表意上富于严谨、绵密的逻辑美。例③的末三句，是排句与比喻的兼用，把春花的色调、状态绘写得极真切、形象，呈现出一幅繁花似锦的春景。几个整齐的排比句，短小精巧，如一支春歌中跳荡着的三个小曲段，富于旋律变化美。

（三）辞格的套用

辞格的套用，是指某辞格中包孕着另一种辞格的用法。套用自然意味着有大有小，有主有次，“大”和“主”是指包孕着另一群辞格而言；“小”和“次”，是指被包孕而言。其间有从属和被从属的关系。被包孕的辞格，统一在包孕辞格中起着辅助表达的作用，往往是极好极妙的镶嵌，极增色的点缀。

①多么动听的蒙古族民歌。

那“好来宝”轻快流畅，像山泉一样；那摔跤歌激动人心，似号角一般；那《黑骏马》曲折辽远，神秘悠扬，变化无穷；那《嘎达梅林》深沉悲愤，如泣如诉。

②一站站灯火扑来，像流萤飞走。

一重重山岭闪过，似浪涛奔流。（贺敬之《西去列车的窗口》）

③我读着大师们手中每一瓣散文诗的叶片。

我读出人生，读出一个灿烂的星空，读出他们漫长而艰苦的思索。我读出文学的迷人和媚力，吸取生活中的力量和养分。（席慕蓉《芊芊芳草·迷人的大地》）

例①是排比辞格套用比喻。第一、二个排比句中包孕“像山泉一样”“似号角一般”两个比喻；第四个排比句中包孕“如泣如诉”这个比喻。其实，“如泣如诉”这个比喻中又包孕着拟人。整段文字应是辞格的多层的、比较复杂的套用。辞格套用的效果从这段文字中充分体现出来。作者借用排比，酣畅淋漓、一气呵成地倾吐出丰富多彩的蒙古民歌给人们的种种感受，既有涓涓流淌、神秘悠扬，又有雄壮昂扬、深沉悲怆，可谓情调各异，动人情怀。包孕和被包孕的辞格融为一体，虽然有主有次，但这里的“次”格，大大增添了排比的形象美感和民歌的迷人色彩，因而它们远远超过了辅助、点缀的“次”位，几乎发挥着“兼用”中的辞格作用。从这个意义上讲，视为“兼格”亦非不可；但从整体讲，还应是辞格套用，尽管这个有包孕关系的融合体中，彼此不可分割而交相映衬。例②也应是多种的辞格套用，对偶句中包孕拟人和比喻，它与上例大致相同，即被包孕的拟人和比喻亦可视为非平列关系，彼此也是包孕关系。诗句中的辞格套用，将黑夜中列车行驶之迅速，灯火、山岭之目不暇接，行驶中诗人所见所感，绘写得真切美妙。比拟中的“扑、闪”，将“快速”写活了，比喻中的两个飞速流动的喻体，将诗人独特感受形象化了，它们富于诗质诗情，是诗人绝妙高超的联想力、想象力的产物。它们被嵌在对偶句中，如自身置入节奏匀整的旋律中，又将节奏匀整的偶句赋予优美的诗象，溢出浓浓的诗情。例③是排比、拈连、比喻的套用。几个排比句包孕着拈连，拈连又包孕着比喻。排比中将从作者大师们的散文诗中获得的教益、吸取的精神力量，涌动般地畅发出来；“叶片”形象化了散文诗篇的小巧、自然、轻灵、浓浓的诗韵和对绿绿的生命的咏叹，把散文诗篇比作“叶片”，实在是散文诗的多种内涵特点和形式特点的高度浓缩，“星空”这一喻体，展示了一个令人向往、憧憬的神秘幽渺的空间，用来诉说所受教益的一个方面。

在艺术语言的天地里，辞格的连用、兼用、套用，是极为普遍而必然的修辞现象。对此现象还有待于我们去细心揣摸，做深层研究。

四、辞格运用结语

辞格是语言的特定表现形式。辞格的形成和运用，有着共同的或相异的客观基础与主观条件，因而必需根据主客观的需要和可能，即表达内容的需要和辞格本身的特点和表达效果，使二者和谐地统一起来。形式的选择必须服从于内容，是运用辞格的基本原则。

某种辞格的运用，是为某种情境所使然。任何辞格的成功运用，都必需在一定的语言环境中体现出来；离开一定的语境，选用辞格的任何努力，必是徒然。运用辞格，要注意不同辞格对不同语体、文体的适应性。总的说来，辞格对诗歌的适应性最强。可以说，诗歌离不开辞格，辞格离不开诗歌。离开了辞格，难以成诗；离开了诗，辞格便失去最广阔的“用武之地”。自然，文艺作品和其他文体的成功的语言表达，也往往在不同程度仰赖于辞格的成功运用。辞格在科技语体中很少运用（除科幻小说等之外）；而对公文语体，几乎无适应性可言。

运用辞格，不能只满足于辞格的恰当选用，还必须对表述辞格的语言加以锤炼，使其更为精粹完美，从而最大限度地发挥其修辞效能。如果某一辞格选用得很好，语言却啰嗦不畅、诘屈聱牙，必然大为减色，关于这点，前面已述。运用辞格，是“自然所趋”“随机应变”“应运而生”之事。人们在说话行文之中，运用辞格之前，不可能每每想着：此处夸张为妙，彼时双关为高。辞格的当用和巧用，在于“积累”，在于“熟练”，在于这种“积累”“熟练”与表达需要，顺时应地、自然巧妙的契合、汇融。这里所说的“积累”和“熟练”，即指本节开头部分所讲的丰富的生活体验、深入细致的观察力、感受力、联想力、想象力的培养和运用辞格的经验和技巧的形成。“积累”和“熟练”的途径是多方面的。只有从现实生活的广阔天地里索取，从浩瀚的书海中广采博集，从长期的不断的苦练中潜心领会，才能有效地提高，才能得心应手，从而在语言艺术园地里，酿出晶黄芳香的甘蜜，结出灿烂夺目的硕果。

第五章　语体风格

语体风格是语言风格的一个分支。

语言风格，是语言表达上种种特点的总体综合所呈现的格调和风貌。这格调和风貌如果是由个人的禀性、才情、经历、识见等形成的，叫做语言的个人风格；如果是根据社会交际特定需要而形成的，叫做语体（或功能）风格；另外，还有因整个民族的素质、习俗等和整个时代的风尚、潮流等形成的，分别叫做语言的民族风格和时代风格。

这些从不同视角划分出的语言风格类别之间，彼此紧紧以“制约”与“体现”的纽带关联着，相互促进着。无论哪类语言风格，都以被选择的语音、词汇、句式、辞格等语言材料为物质基础，同时也涉及到非语言形式的因素，如“题旨情景上的制导因素”。我们主要是谈语体风格。

一、语体和语体类型

语体，是一种语言交际功能类型，是在全民语言基础上为适应特定交际目的、任务、内容、范围等需要而形成的特有的语言表达体式。语体不是独立于全民之外的语用体系，它对语言形式的选择是受制于特定表达需要的。不同的语体，要求不同的语音、词语、句式、辞格等语言形式和手段与之相适应。语体与语言形式和手段之间存在着的这种彼此选择的关系，反映了语体与修辞的密切关系。语体制约着修辞手段，修辞手段形成和完善着语体。

语体与文体不是一个概念。这里讲的文体是文章学范畴的文体（有的书上把语体也叫作文体)。语体是因特定交际需要而形成的语用“样式”，文体是文章的体裁。但语体与文体之间有着较整齐单一的对应关系。例如语体中的文艺语体，适应于文学的多种体裁，如诗歌、散文、小说等；公文语体适应于公文和应用文体裁，如通知、总结、合同等。只是这种对应关系不是绝对的，即语体与文体之间的对应线不是不可以逾越的，甚至有时是两种语体的语言形式汇入某一种文体，如杂文、科幻小说等。

语体的分类，一般将语言交际功能、文体特点、语言存在的物质形式结合起来进行。语体可分为日常口头语体和书面语体两大类。书面语体中又分公文语体、政论语体、科技语体和文艺语体四类。

语体知识（语体分类等)，有着较大的语用指导意义，有助于提高语言运用与题旨情境、文体特点相适应的主动性语言意识。

二、日常口头语体风格和书面语体风格

不同类型的语体，因不同语言形式和语言手段系列而形成不同的总体特色。

（一）日常口头语体的风格特点

这是一种适应日常社会生活中口头交往的需要而形成的语体。这种语体因其交际场合的非正式性，产生一系列特点，书面上的口语也保持了这些特点。

跟人打交道——真难

余德利：“头一回和人打交道吧?”

蕾丝：“是。”

余德利：“防着点，别傻诚实。这人和你们机器人可不一样，区别大了，看着都一个鼻子两眼儿，怀里揣着的心啊肺啊可不是一个型号。”

蕾丝：“是么?”

余德利：“要不怎么说你们机器人没心没肺呢，好赖话听不出来。他们造你的时候都没教吧？光给你们输了个实心眼儿的软件?”

蕾丝：“噢，让我们老实，听话，让干啥，就干啥，讲文明，讲礼貌，对任何人不笑不说话，与人为善和气生财……”

余德利：“给你们也讲这些?”冲冬宝戈玲：“你们听听，听见了吧？跟人家机器人也说这个……”

李冬宝：“真坑人。”

余德利："对好人，比如像我这样的，可以，对有的人，比如……坏人什么的，那得横眉冷对——你悬了悬了，一点儿是非观念都没有。"

李冬宝："造你们的公司也是太不负责，输这么一个软件最起码也该套一个校正分辨系统，瞄准镜什么的，专瞄好人。就这么把这帮机器人放在社会上，不出三天就得被人拐了卖了，都不知道找谁去——亏你们也放心。"

蕾丝："我们有，安了，怎么分辨好人坏人。"

李冬宝感兴趣地："是么？你过来你过来。"把蕾丝让到桌前。"你给我们说说，多大口径的是好人，什么尺寸的是坏人？"

蕾丝："很简单。"指着余德利："像你这样的，自称好人的，一准是坏人。"

蕾丝："我们这预警系统是这样工作的：年轻男性，汉族，满脸堆笑凑过来，红灯就亮了，提醒我们，危险。要是你进一步表示关心，言词动听，危险记数器就开始记数。如果你再开始说别人坏话单独表扬自己，警笛就会'嘟嘟'响起来。这时，无论你再说什么，是请吃饭还是打听住址单位电话，电源都全自动切断，并同时把这人的语调音频变为数码储入记忆。以后不管在哪儿再见你，只要你一张嘴，电源就跳闸——现代化的警笛已经响了。"

余德利："你别跳闸，千万别跳闸，继续通着电吧，我不说了还不行么？"

李冬宝："哎，我再打听打听，判断这人是好人都要哪些条件？是不是张嘴就骂的，鼻子不是鼻子脸不是脸的就是好人？"

蕾丝笑道："那也不是——不能告诉你，分辨好坏人的标准是保密的，要是泄了密，你们都该装好人了，两句话一说我就晕了。"

戈玲："还挺贫，蕾丝，你这北京口够正的。"

蕾丝："哦，我的设计师是北京人。"

李冬宝："你这设计师一定挺油的，社会经验丰富，他还教你什么了？"

蕾丝："什么都教了。譬如说，刚到一新环境，要给人一个好印象，干活主动点，多受点累，等以后混熟了，情况摸清了，再偷懒也不迟。""还有，跟领导关系要搞好，跟群众关系也要搞好，特别注意靠拢落后的群众。落后群众往往在单位挺有势力，得罪了他们比得罪了领导日子还难过。"

蕾丝："我那设计师没饭局不来，你开顿饭，让他讲讲吧。"

李冬宝："你听听这话，多有水平，咱还想开导人家呢，倒让人给咱上了一课。"

戈玲："要是咱也跟蕾丝似的，不用吃饭，光晒晒太阳，那得省多少粮食。"

李冬宝："就是，待会儿你试试，你的饭我帮你吃。"

戈玲："你忍心么?"（王朔《编辑部的故事》）

这是余德利、蕾丝、李冬宝和戈玲的一段口头对话，以"跟人打交道真难"为话题。整个对话与全剧所挖掘的"北京人情感宝库的幽默和宽松"气氛是和谐一致的。它也充分体现了日常口头语体的主要特点。

1. 广泛通用

有人把日常口头语体称做"多功能"的语体，这是因为它的社会使用范围十分广泛，几乎充斥于整个社会日常生活的各个角落。这种广泛的社会日常生活适应性来自这种语体内容方面的无所不包，从生活琐事、生产劳动到政治生活、科技信息以至文学艺术的见闻、随想等。表现在语言材料和语言形式的运用上，具有相当的通广性。自然，冗繁的长句、文言词语、专门术语、对偶等辞格，是不常用的。就拿词汇材料来说，从常用词、通用词到方言词、新生词及多种熟语，均可随谈话话题、意兴、氛围而随机应用，信口而出。《编辑部的故事》中余、蕾、李、戈的这段对话，几乎将上述全民语言中各类词语、句式包罗进去，形成热烈、自然、亲切、谐谑气氛，给人以切近生活的语感。其中的"怀里揣着的心呵肺呵可不是一个型号""实心眼儿的软件""你悬了悬了""与人为善和气生财……""最起码也该套一个校正分辨系统，瞄准镜什么的""还挺贫，蕾丝，你这北京口够正的"等词句，很富有情趣，洋溢着当代北京人的生活气息。

2. 生动多变

日常交谈的场合的组合，往往是临时的、随意的，交谈的目的性不那么强，气氛也比较宽松，交谈双方的心境处于比较坦然无拘的自然状态，再加上双方感情性格的某些特点，话语往往随兴而来，脱口而出。句式多变，短句居多，词语的感情色彩和描绘色彩随兴而浓而变，多种修辞格随机拈用，加上一些非语言手段——手势、面部表情、身姿模拟等的参与，使得交谈的话语，生动活泼，多姿多彩，轻松自如。《编辑部的故事》中四方的一番对话，即是在宽松的心境、日常生活的自然气氛下进行的，语言形式灵活多变，生动活泼，趣味盎然，幽默而又富于深味。生动来自宽松，宽松中的日常对白，映出深层的社会观念、文化心理和个性倾向。

3. 简略粗疏

这一特点的产生与上一特点大体相同。由于交谈的场合、气氛和双方心境的自然宽松，交谈的目的性不那么强，必然在语言形式、手段上不那么讲究，也不可能在句式、语词、用格上做一番推敲，只能是随着谈兴、话题的起伏、变化而信口说来，因谈话人的个性特征、文化修养、知识范畴、经历识见、关系亲疏的不同，而在话语上呈现不同情况的简略，不同程度的粗疏，不同层次的简略与粗疏。句式简短，限定和修饰性定语少，更不用那些悠悠绵绵、让人崎岖跋涉的长句，而省略句大量采用，还偶尔出现一些残缺、语序不当、句界不明、词句松散等现象。尽管如此，因谈话的双方同处一个场合，面对着面，再加上非语言手段的运用，这简略与粗疏也不会导致彼此交流的障碍（至少在语面意义上）。日常口语的简略和粗疏，是不可避免的，同时应当说，这种特点更能体现日常口语的生活气息和亲切感。自然，这不意味着不提倡口语质量的提高。

《编辑部的故事》的对白，应是比较典型的口语。无论是哪位谈话者的口出之言，均多多少少，不同程度地体现了简略疏约的特点。也唯其如此，使人倍感亲切自然而富于兴味。

如："年轻男性，汉族，满脸堆笑凑过来。红灯就亮了，提醒我们，危险""是么？你过来你过来""像你这样的，自称好人的，一准是坏人""就是，待会儿你试试，你的饭我帮你吃"，其中词语的省简，两个句子的不加标点地联在一起等，是不大符合语言规范的。但正是这种粗简，形成口语风格特色。

我们这里所谈的，是日常口头语体的特点。这些特点，在书面形式的日常口语中也大致相同，这是因为书面创作中需要表现人物个性、生活气息等。至于正式场合的交谈，例如国家首脑的会谈、外交谈判等，则必是消除了上述一些特点的口语，某种程度上呈现书面语色彩。例如"今天让大伙儿凑在一起，有几件事儿得一块儿琢磨琢磨。"这样的话语，是不可进入天下大事的会谈中的。

（二）书面语体的风格特点

这是用文字将话语形于书面的一种语体。书面语体与口头语体密切相关，是在口头语体的基础上产生的。书面语体规范着口头语体又依存于口头语体；口头语体丰富和发展着书面语体又受益于书面书语，二者相存相依，互促共进。

书面语体实际也是文章体裁语体，因为是借用文字书写成文章进行交际的。书面语体是为超越时空局限进行更广泛更久远的交际需要而存在的，同时因为在将运载思想感情的话语"形"于书面时提供的条件，即由于交流的时空需要和形成书面语体的可能性，书面语体必要而且方可产生一些与口头语体相对不一的特点。例如它所具有的规范性强于口头语体。无论在词语的采用上，句式、句群的选择和组接上，都符合词语规范、语法规范以及用语规范。这种规范性在书面分支语体尤其是政论语体、科技语体和公文语体中体现得比较明显。

三、政论语体风格

政论语体是在全民语言基础上，为满足广泛的社会政治生活领域的交际需要而形成的系列特点的语言体式。政论语体也是一种宣传鼓动语体，其功能是以正确鲜明的立场观点，对现实社会生活中带有政治性的问题和事件发表意见，阐述主张，感召人民群众为真理正义，为民族利益、为国家繁荣、为世界和平而努力奋斗。政论语体与政治现实联系很紧密，它的功能决定了它极强的政治评论性、社会针对性，因而常用于以社会政治问题、典型事件为主要内容的政论文体，如社论、宣言、时评、声明、短评、杂文、文艺评论、新闻报道等。由此，又可把政论语体按其适应的内容、文体、语言手段，分为一般性政论语体和文艺性政论语体，二者相联系而又有区别。

（一）准确严谨

政论语体的目的在于针对现实中的种种社会政治问题和事件，阐发自己的观点、主张，达到宣传鼓动的目的。如果用词不确，用语不当，用句不妥，就无法准确无误地表达自己的思想；如果语句松散拖沓，枝丫横生，冗繁蔓延，就难以迅速地以逻辑力量去“钳住”被说服的对象。政论语体的语言，首先是思辨色彩很浓的理性语言，它要求概念明确，判断恰切，推论缜密。

> 毋庸讳言，我们前进的道路上，还存在着数不清的障碍和困难，无论在思想理论领域，还是在现实操作中，真理与谬误的抗争依然是长期的，复杂的。过去已经习惯了传统，也许要被今天十分陌生但富于挑战的意识取代；往昔四平八稳的现实，也许要被未来的震荡打破。一切的权力和利益，将在“社会主义市场经济”理论的指导下，进行重新分配。每一个人都要在这场蜕变中付出代价，作出牺牲。但这一切都是暂时的，“病树前头万木春”。（《观念一新　万两黄金》）

这是一篇社论的结语，是在论及“新的思想解放运动给中国带来什么”之后做出的。这个结论本身又是一段小论：是结论，又是议论。其中指出我们前进道路上的困难的特点，以及这些挑战性困难将引起的社会震荡和巨变，最后以前程光明作结。与这一结论相应的语言形式，十分精彩，具有极大的说服力，感召力，甚至富于逻辑魅力。词语之准确，句间之谨严，与这一结论的“理”及由“理”而生的“气”相适应，而且达到相当完美的地步。政论语言，往往以其力度为特征。这力度主要来自逻辑性。语言的逻辑性，以准确谨严为基本特征。

（二）生动形象

政论语体不仅要求以理服人，还要求以情动人，以气鼓人，甚而以彩照人。古人云“鼓天下之动者存乎辞”，这就是说，语辞是具有感召天下人的功能的。但是，这语辞必须是既富于逻辑说服力、又富于形象感染力的，是理性而富于文采的语言。政论语体的语言正是这种以准确严谨的逻辑说服力为基本特征，同时又辅以鲜明形象的感染力的语言。只有鲜明形象的伴辅，才可避免纯理性的、概念的、推断的、枯燥的逻辑运行，才能发挥从理性上启迪而信服、从感性上激发而奋起的宣传鼓动效果。因而，政论语体具有多重性特点，综合性特点。可以说，除去公文语体的程式化（又称规格化）特点之外，兼有多种语体特点。各种风格色彩的词语材料，各种不同的句式，各种不同的辞格，它均可在保持自身基本特点的前提下，因着社会政治内容和宣传鼓动的需要，加以选取择用。古今中外，凡广为流传、发挥巨大社会政治启迪、感召、催人奋然前进、推动历史进程的政论文章，都在以准确、严谨的语言形式的逻辑推理之外，还生动形象而“洋溢着美妙的笔调”，不只是木质之实，还有斑斓之文。理论的“逻辑发展完全不必限于纯抽象的范围，它需要历史的例证，需要与现实不断的接触”。为了这个“逻辑的发展”更趋完美而具有理性说服、情感调动的力量，必须采用多种语言手段，鲜明生动地去呈现“历史的例证”，去与“现实不断接触”。我国古代先哲们的政论，文评家的文论如此；现代文豪鲁迅的杂文，革命领袖毛泽东的政论、文论也是如此；马克思、恩格斯的政论和哲论以至经济著作，亦是文采飞扬的。当今改革开放时代的政论体文章，亦应一反理论语言的“零度风格”而异彩纷呈。

自然，不同政论文体对政论语体的利用，情况有所不同。政论文体中的杂文、文评等，较大量地采用感情色彩和形象色彩较浓的词语，灵活多变的句子形式，形象生动极富表现力的种种辞格。特别要提到的是，文艺评论的用语，除理性的鞭辟入里、力透纸背的逻辑语辞格之外，还需要给人美感，还需要造成美感与评论对象的艺术形象、意境、气氛相协调的语言感应；否则，就会以枯干嶙峋的评论破坏丰满生动的艺术形象，以贫血冲淡丰腴。

“鸡声茅店月，人迹板桥霜”，温庭筠这联名诗，读千年而不厌。可感其美，而不知其所以美。就执著与朋友、同事“共欣赏”“相与析”。数载求索，近日才读破“机关”：原来作者在创作时打破常规，把再创作的自由权下放给读者了。你看，作者只把鸡声、茅店等静态景物“碎片”交给了你，至于怎样将这些“碎片”编织成生动具体的“旅人早行图”，则要靠读者自己“劳其神，贯其理”，才能办到。

就诗而论，放权与用权还只是涉及能否跻身名诗行列的问题。在经济工作中，是否放权与怎样用权，可就是关乎企业能否搞活以及经济能否不断上新台阶的大问题了。

近日来访，用两件事，感触颇深。一是，一家市属企业要兼并一家区属企业，企业两厢情愿，可区里点头格外吃力，好事平添几丝多磨。二是，某实力雄厚的研究所，一些科技人员觉得在里面不好充分施展才能，想“扑通一声跳海”，可所里发下话来：放行，可以；每人必须留下一万元“买路钱”，还得把住房退回。走到门口的人只好望着“海”长叹一声，转身而归。

经过十多年改革，产品经济和集权机制的影响，远未尽被“雨打风吹去”。某些政府部门还习惯于把保险拉得紧紧的，唯恐一松手便有什么闪失；某些企业也还不敢放开手脚，自己去翻筋斗。

转变政府职能，一是把企业的自主权不折不扣地还给企业；二是以搞活企业为出发点，努力做好计划、协调、监督和服务工作。兼并，是国家赋予企业的一项自主权，被兼并企业所在地政府，应本着资源合理配置和优化企业组织结构的原则，牵线搭桥，促使好事早成。如果在那儿皱眉头、撇嘴角、慢点头，就“悖乎情逆于理”了。

转换经营机制，企业要完成从依附到独立、从官场到市场的大调向、大转移，不但要掌好权、用好权，还要大胆试验，敢闯敢冒。国家政策已允许并鼓励一部分科技人员分流出来，办实体，搞开发，举咨询，兴服务。这对生产生活，对优化产业结构和就业结构均有利，可你在那里关起大门，按兵不动，这同时代踔腾激昂的步伐实在不合拍。

一联小诗，通过如此这般的“放权与用权”，已位列诗作上品。经过转变政府职能和转换企业经营机制的配套改革，经济发展活起来、快起来，每隔几年上一个新台阶也不难水到渠成。（段振江《名诗·放权·用权》）

这是一篇思想杂谈。它构思新巧，行文自如；谈的是当前搞活市场经济中的一个关键性的问题。作者由一首小诗赏析过程的所悟所得，联及到现实中转变政府职能、转换经营机制的“放权”与“用权”问题。用语上体现了政论语体的基本特征，在井井有序的论述里，准确谨严而不僵硬呆滞，形象生动而不失态过度，二者和谐为一体，达到入情入理的宣传效果。行文中，不时巧用引语，排比铺陈，形容描绘。

> 读叶文玲的散文，总感到有股浓烈的清丽的情感腾腾地向你扑来，卷来，涌来，但绝不像盛夏的暴雨，那样喧嚣，那样粗犷，摆出唬人的阵势。读叶文玲的散文，总像遇到一位纯情的少女，穿着不长不短的裙幅，在草地林边，深情款款地然而利落爽然向你陈吐心曲，伴着轻笑声，浅浅笑意，但绝不似那春雨，羞涩地含在云絮里，一丝一缕地扯不完，那么朦胧、柔细、缠绵。读叶文玲的散文，如逢那别具风情的仲夏日之雨，它莽莽苍苍，蓬蓬勃勃，潇潇洒洒，充沛流畅地洒向大自然，飘向人世间，清清的，暖暖的，无论是给你的视野里，听觉上，还是情感的皱褶间，总涨漫流溢着清新明丽的色调，隽逸舒爽的情韵。我觉得，这就是叶文玲散文的风格。
>
> 多情而善感，是散文家最理想的心理气质。叶文玲是位多情的人，爱动情的人。她登山，则情满于山；观海，则意溢于海；交友，则情谊躁动于心，袅袅无绝。《不了情》中的每篇散文，都是她情意涌动的女儿。她那对故乡的长长思情，对客居二十四年的第二故乡的萋萋别情，对祖国这个大故乡的热乎乎的深情，对师友铭感于心、萦绕不已的友情，总是浓浓的，沉沉的，悠悠的。有时梦寻，忽而神游，或发奇想，乃至痴迷。总还是写不尽，吐不完，剪不断，成了不能了、无法了、了不了的情意。
>
> 从《不了情》里，我们还发觉，作家总是含着微笑来照视生活，来探看生活里的人们。她乐意尽可能地提示生活的亮色和暖色，爱记住那些富于人情味的美好东西。尽管有时她也黯然神伤，但她绝不愿皱起眉头，而只是用她那女性的手指，轻轻地拉开生活陋室的窗幔，让阳光照进来，温暖抚慰身历坎坷、背负灾难、心受创伤的人们。对生活的忧患、创伤、丑陋，她往往轻撩则止。作家并非曲意地去粉饰，也非无力去探究，她只是感到，人世间的苦痛委实太多了，太重了，人们那小小的柔弱的方寸之心，已盛不下那许多，经不起那许多；我们觉察到，她那敏锐的眸子、易响的情弦、洒脱的笔墨后面，还有着一颗盛满爱的善良的心。（夏启良《怎一个情字了得》）

这是从一篇文评中摘取下来的文字。评论的对象是叶文玲的散文集《不了情》。作者在评论中咏赞了叶文玲那以“情”字铸成的风格。可以说，这篇文评自身亦是一篇散文，一篇蘸满“情”的海水写成的散文，那“情”之浓、之深、之切、之美、之烈，恐怕不下于散文家本人和本人的集子。但也应当看到，就在评论者一泻千里般的情感和熠熠文采背后，是理性的文学思考，是聪智的美学发现，是独特格调的阐述。评论者的评论对象与其情采洋溢的语言形式，达到较大程度的和谐；评论与被评论的内在与外在，相互协调，从而使评论更具有实感性、感染性、可信性和可读性。应当指出的是，同一种政论文体的语言，即如文艺评论的语言，往往因为所评对象、内容、特点，特别是评论者的性格素养、情感倾向、艺术感受力及语用习惯等，而各有所异。

政论语体为了达到宣传鼓动的目的，除了广泛运用带有自身特点的多种语言形式和修辞格式之外，还大量使用随着政治、经济、文化发展而涌现的新词，即新的政治、经济以至必用的科技术语，甚至还要调动一定的语音手段如调整音节、平仄和语调，使其语流更为畅达铿锵，避免因较多地使用长句和句群中的关联词语而诘屈聱牙，音调不协。

四、文艺语体风格

（一）文艺语体概说

文艺语体是在全民语言基础上为满足文艺创作的需要而形成自身特点的语言体式。这种语体与政论语体、公文语体，乃至科技高速发展时代的科技语体比较来说，交际范围相对地不那么通广，再与社会实用语体相比，它的专业性较强。文艺语体广泛应用于文艺创作，公文语体一般不用于文艺作品；文艺作品对政论语体、科技语体的容纳是有限的。

文艺语体对文艺文体有着极适切、极广泛的相应性。文艺作品的艺术形象的塑造，艺术境界、情感的表达，只有靠文艺语体的艺术语言来完成。文艺语体的功能在于塑造艺术形象，这使得文艺语体必然具有种种艺术美质，而非处于全民通用语言的纯自然状态。它是在全民通用语言的基础上经过艺术加工处理获得种种艺术美质的语言体式，因而它又叫艺术语体。

文艺创作活动总是具体的。在长期的具体的创作活动中，产生不同特点的文学样式，同时也形成与这些不同文学样式相适应的语言表达上各具特点的艺术语言体式，尽管它是在文艺语体自身总体特点的范畴内的分化。一般说，文艺语体可分为两大分支语体，即“韵文体”和“散文体”。韵文体中又包括诗歌、词曲、曲艺等各体；“散文体”中包括以描述为主要表达方式的散文、小说、戏剧等各体。

（二）文艺语体的总体风格特点

1. 形象性

形象性是文艺语体的本质的、永恒的特性。这一特性取决于文学反映生活的特殊职能。“形象性是艺术的最主要的特点”，作家“一面形象地理解世界，一面又借助形象解释世界”。作为一开始就伴随以形象为特点的艺术构思活动、直到将整个艺术构思活动的成果被赋予物质形式的语言，必然而且必须具有相应的形象特质。文艺语体具有描摹富于美学意义的形体、状态、色泽、声响的性能，能将作者构想中的人和物、境和事，富于艺术美感地引人产生艺术联想和想象，通过联想和想象，被描写的事物变成读者眼前心中可触可感的意象物，获得临物置境的真切感。

艺术语言的形象性往往和生动性相伴。艺术形象的塑造，不仅要求以细腻的笔触，浓淡相宜的彩墨，给读者以视觉上的形体感、色泽感，更要求动态感，要求艺术形象跃然笔下，立乎纸上而呼之欲出。物有生机，体有动态，绘写之语，唯有传输出千体万物外在与内在的动态，方能动人、感人。

这样，文艺语体必然在词语、句式、辞格运用上，调动一切可以调动的修辞手段，大量使用富于形象色彩的语言形式，以达到形象鲜明、活脱动人的目的。

千山飞鸟绝，万径人踪灭。

孤舟蓑笠翁，独钓寒江雪。（柳宗元《江雪》）

好一幅寒江独钓图！画面上，读者看到的是江山、万径、孤舟、蓑笠翁、独钓和寒江，感受到的是茫茫雪原的荒寂、寥廓、空漠、凛冽和渔翁的孤清，进而领悟到阴冷社会背景下“独钓翁”孤愤不阿的高洁人格。作者情怀的宣泄和心灵归宿的追求，与读者的感应、体验达到一定程度的默契交流与“对接”；这都仰仗于艺术语言的造型功能，使读者由视觉观赏腾跃为心灵升华。形象性，可谓艺术语体之本。

这天，钟老头又蹒跚着把两脚挪到了馆里来，小支书起先心一窜像是错了位，怕是自己忘了活动日？细一看日历没搞错，一颗心才回归原位。小支书两眼直兮兮疑惑钟老头这是来干啥，一边就给让坐，沏茶。钟老头颤悠悠在藤椅里坐了，一只枯手筛着就往腰兜里去。筛了半天，筛出薄薄一扎钱来，齐崭崭地举到了小支书的面前：“俺救灾哩，一百元……”小支书浑身热了一下，记起来了上次党小组会上动员过的。不过，眼下这光景，捐献的名目就像酒席上的菜肴，一道一道层出不穷眼花缭乱，大伙儿在这问题上永远默契，10 元 20 元，有个心意就行，钟老头何必这么看重呢？

小支书的目光落在了那扎钱上，那钱在钟老头手里瑟瑟地筛着。“老钟同志，你……交这么多？”钟老头好像没听见，脸面木木的欲言无言。小支书自知失了口，一面孔唐突，连忙将钱接过，登登登就去会计处开了收据单来。（徐卓人《飞升的青烟》）

小说《飞升的青烟》写的是为灾区捐献的事，它刻画了一位风烛残年、退休多年的老共产党员形象，表现了他克己为人的高尚精神风貌。全篇小说无一句说教空言，均以平朴风格的艺术语言写出老支书钟老头的外貌、动作、神情和不多的言谈。上面所节录的一段，是对退休老支书钟老头捐献救灾款的场景的描写。作者侧重在以描绘老支书拖着病弱之躯进馆（老支书工作过的博物馆）交款的情状，托出他“心系灾民”的高尚情怀。“又蹒跚着把脚挪到馆里来”“颤悠悠在藤椅里坐了”“一支枯手筛着……筛了半天，筛出薄薄一扎钱来……齐崭崭地举到了小支书面前……那钱在钟老头手里‘瑟瑟’地筛着……脸面木木的欲言无言”。这些描绘中，大量使用了富于形象色彩的状摹词语，将一个垂暮病老能蹒跚地挪着走、手只能颤悠悠地筛着举动、虚弱得脸面只能木木地无言却党性犹存的高大形象，跃然于读者眼前，感人至深。同样地以“起先心一窜像是错了位”“两眼直分兮疑惑”“小支书浑身热了一下”“自知失了口一面孔唐突……登登登就去会计处开了收据单来”等形象化词语，生动地反映了年轻一代共产党员对老一辈前任的尊重和理解。透过对两代人的外貌、行动的描写，刻画出两代人在新时期困难面前的心灵及其相通点。这不足 3000 字的文艺作品，却启发着人们深刻思考。

值得提到的，文艺语体的形象性，不完全在于重彩浓墨，白描素绘亦可塑造栩栩如生的艺术形象，这往往与题材及个人的语言表现风格有关。前面引用的那段描写中，句式灵活多变，短句居多，干净利落，再加上一些方言词语和拟人辞格如“心一窜像错了位”“一颗心才回归原位”等的适切运用，并适应着题材的要求，因而平朴自然而形象动人。细心的读者，不难看出作者个人质朴的语言风格和运用语言的功力、素养。

2. 情感性

情感性是文艺语体的又一基本特性。文学是社会生活的形象反映，但不是如实地影写；文学是语言的“造型”艺术，却不是语言的纯模式构筑。文学是以写人的心灵、情感、性格等为中心而反映客观世界的。写的是人，又是人所写，笔端自然透出感情倾向，在艺术对象上自然打上心灵印记。即亦是“无情之物皆有情，无意之物皆有意”。寄情于物，借物抒情，成为语言造型艺术的传统的重要手段。因此，文艺语体必然广泛运用表情的语言手段，作品中情感色彩较浓的词语、句式、辞格大量出现。“有情芍药含春泪，无力蔷薇卧晓枝”（秦观《春日》），描绘的是一夜春雨后的庭院小景，透出的是多情而慵倦的年轻女人的娇柔之态，隐含的是诗人触景生情、情长意绵的内心蕴藉。“每只泪盈盈的眼睛，都充满对阳光和雨水的感激。”（雷抒雁《葡萄》）那一颗颗透亮的滴着雨珠的葡萄，在诗人心中幻化成一只只泪眼，感激着自己的滋育者，它们是那样地通人情，解人意。作者内心久积的情怀，巧遇到寄托之物，便产生了情与景在虚拟中达到的沟通和交融。这种沟通和交融，“驱使”着诗人的笔端流出最佳辞式——拟人；只有拟人，才能淋漓地抒写那动人的艺术情怀。

记住，没有蓝天的深邃何以有白云的飘逸；没有大海的壮阔何以有小溪的悠然；没有原野的芬芳何以有小草的翠绿——生活中没有旁观者的席位，我们总能找到自己的位置，自己的光泽，自己的声音！

我们有美的胸襟，我们才活得坦然；

我们坦然地活着，生活才给我们快乐的体验！（邓皓《坦然：美的胸襟》）

这段文字很美。美在以比喻、比拟、排比等修辞手段，绘写了种种坦然的心境，坦然的向往以及坦然的高尚境界之美。“深邃”“飘逸”“壮阔”“悠然”“芬芳”“翠绿”是“坦然”的朦胧化寓意，而它们的拥有者的分别限定，使“坦然”更形象具体、更富高格而令人神往。在这一个个“坦然”的形象里，贯注着作者的深情，浸润着读者的心田，让失意者乐观，沮丧者自信，淡泊者奋然。

上述特点是文艺语体所共有的。文艺语体还因着文学样式的不同艺术构思、体裁特点等，生出种种相应的体裁化的语言特点。例如文艺语体中的“韵文体”语言和“散文体”语言就有着不同程度的体裁化的相异性。

（三）诗歌语体风格特点

诗歌是以凝聚着艺术语特性的语言、借助丰富的想象和联想，高度集中地反映社会、抒写主观情意的一种文学样式。体裁形式和内容的高度集中，使诗歌语言成为语言艺术特质的高度集中的体现者。诗歌体裁要求诗语更富于绘画美、凝练美、抒情美、音律美。

1. 绘画美

诗歌大都借助于高度浓缩或典型化图景，形象地抒写浓情深意。“诗是无形的画，画是有形的诗。”这一判断，揭示了诗与画这两个不同艺术门类的汇融性的相通关系。诗中的画，不同于别样的文学体裁中的景象境地，它是典型的艺术画面。这就要求调动种种修辞手段，绘出这般画面。“你天外的来客/多么自由自在……湖上的浪花/天上的云彩”（艾青《天鹅》）两个美妙联想中的喻体，如画师笔下的轻轻点染，展现出造型完美、洁白如雪、“崇高而又温柔”的天鹅形象，透出诗人的深情咏赞，饮慕情怀，引发读者对美好事物的向往，对天远与湖阔的空间的天鹅悠然飞翔的翩翩联想，心灵也随之净化、飞升。

2. 凝练美

无论是诗象、诗境、诗情和诗意，都是高度凝结的。作为外在表现形式的语言，自然应具有高度凝练的美质。“理想的文学语言是晶莹而精圆的。”诗歌语言就应是如珠似玉般凝练。只有凝练，才能包容精邃的意蕴、浓重的诗情、鲜明的诗象和诗境，才能有回味不尽的含蓄和韵致。诗的凝练，实质上是表现诗象诗情的词语内涵的饱和，是词句的大幅度跨越。诗歌这种文学样式的特点决定着不是写诗思过程，而是写结果；不是诗思诗情的轨迹的记录，而是诗思诗情晶体的闪烁；它不是河床，而是浪花。那过程由读者在“晶体”“浪龙”的启发和感悟下，通过想象和联想，去联结、组合、甚而重创心目中的感情形象。“诗像星星，不妨疏疏朗朗，闪闪烁烁；散文像活水，要娓娓地流下去……”这是对诗歌形象也是对诗歌语言的跃跳性的绝妙表述。诗语很少用维系过程的锁链式的关联词语，而多用意合句；多采用变式句子，少用常规句式；多选用高度凝聚形、色、态的词语，少用单一化语义的词语，以便适应它的诸种美质的特点。

3. 抒情美

诗歌比起别的文体来，更富于主观色彩，即更情意化。“诗者，抒情的韵律文字。”这一界说，应视为对诗歌体裁特点和诗歌语言的最简洁、最概括的表述。浓情与韵律的晶体便是诗。无论哪种格调的诗人，笔下的诗行，不是漾起情感的涟漪，便是荡着情感的波涛，尽管往往与诗象的绘写与呈现交融在一起。“呵，母亲/我对你的甜柔深溢的怀念/不是瀑布/不是激流/是花木掩映中唱不出歌声的古井。”（舒婷《呵，母亲》）诗人以永不枯竭的默默滋润心田的古井，寄托着对祖国深沉永恒的眷爱。

4. 音律美

严格说，任何文学样式的语言，即文艺语体的语言，都应是讲究音律美的；甚至政论语体，也应适当调整音调，以铿锵之音响助鼓动之效。诗歌语言，是“韵律文字”，尤其讲究音调的旋律美、节奏美。这就要求充分调动语音手段，使声韵、字调、音节协调匀称。诗歌语言的强烈的乐感追求，对使用具有音乐素质的汉语的诗人来说，有着得天独厚的条件，而且也是传统的诗作要求。我国古典诗歌语言是极富于乐美的。《蒹葭》伴着怀念、追求、惆怅、伤感的缠绵低回的音调；“采菊东篱下，悠然见南山”，踏着闲舒怡然的心灵漫步；“随风潜入夜，润物细无声”，漾着春夜细雨润物无声的幽声渺音；“大江东去，浪淘尽、千古风流人物”，是豪放激越的铮铮音响；“春蚕到死丝方尽，蜡炬成灰泪始干”，则是苦恋心灵静静吐滴的绝吟。著名诗人艾青、郭小川、贺敬之的新诗，是很注重音韵之美的。当代的一些诗作者，也没忘记让自己的诗行回荡着美妙音响。

昨天，造纸歌谣把神州文明传唱，
印刷术映出祖先喜悦的容光，
昨天，炸药爆开世界崭新的视野，
指南针指引民族之舟乘风启航……

曾经是何等奇妙的梦想——
我们扣开天门，向宇宙飞翔，
遥访星河，漫步太空，
拥抱银辉闪烁的月亮。

曾经是多么迷人的幻像——
我们潜入深深的海洋，
在海底世界轻歌曼舞，
接受龙王奉献的宝藏。

可是，面对新时代的挑战，
该怎样续写历史诗章？
可是，面对艰难坎坷的征途，
该如何踢开绊脚的路障？

前进的列车，呼唤着能源，

民族的大船，呼唤着热量，

工矿企业呵，呼唤着效益，

中华的振兴，呼唤科技繁花竞放！

……（彭乐西《升起科技的太阳》）

这是改革开放新时期对科技太阳的呼唤与高声歌唱。作者不仅适应着这种内心呼声选择了富于“阳刚”之气的“唐”韵作韵脚；而且在诗句的音节数、甚而音节的平仄上做了调节，使这首政治抒情诗似鼓点号角般地昂扬浩壮，颇富鼓动力、感召力。

诗语的种种美质，往往凝聚在修辞范畴的变异性手段上。诗象诗情的高度集中的绘写和抒发，在受到常规语言框架的束缚时，必定在一定程度和范围内，做超乎寻常的语言变用。但“变异”要适度，有分寸，它与“错乱”之间存在着一个分明而又极易逾越的界限。“变异”是艺术，是诗语高度凝练、含蓄、独特、新异、奇美的途径；搞语构大翻个儿的“错乱”，是令人困惑不堪的“怪诞”。变异性表达，包括词语的临时活用，句式结构成分的挪移、省略、短语组合上的调整、变更以及比喻、拟人、拈连、移就等辞格的独特运用。“你的耳朵在侦察/你的眼睛在倾听/你的指挥棒上/跳动着神经。”（艾青《小泽征二》）诗人“以耳为目，以目为耳”，在视听感觉的交相沟通的艺术心理基础上，做了超常的表达，使独具风格的指挥家的浪漫而精彩的指挥风姿，活脱脱地呈现于读者眼前。

（四）散文语体风格特点

散文体中的文学散文语言，与诗歌语言相比，有着自身的特点。散文这种文体的显著特点是形式自由，内容不拘，被人称之为“飞的艺术”。其实散文的真谛在于形散神聚，如纸鸢漫天游弋，悠然自得，却受着一根绳索的牵引。一篇散文，可以上涉盘古，下及当今；可以神思千里，情纵碧霄，却不可没有主旨，散乱一片。散文，同样需要精心谋篇，潜心酌辞。为适应这独具特色的文体表达要求，散文语言除具艺术语体的共同特点之外，尤其倾向于自然流畅、简洁洗练、灵活多变、参差有致；无论是哪种个人风格的散文语言，都应如此。“尽道散文是美文”（柯灵《散文漫咏》），散文应有美的情思，美的语言。这美不论是壮美、奇美，还是秀美、柔美，都离不开美的语言形式。最近有一个新创的较高层次的散文刊物，名曰《美文》，足以说明人们对文学散文的美学追求。应当说，散文应是无韵的诗，富于诗质，有诗的意境，有诗的情意，有不分行不设韵的较多地具备诗语种种美质的语言。老一代散文家朱自清的《春》《荷塘月色》《绿》等散文名篇中，语辞便有着“温润碧玉”般的凝练，“轻风流水”般的清新自然，“飞花碎玉”般的生动形象，“欹斜腾挪”般的多姿，“红艳欲流”般的情韵，语辞中流淌着涓涓音响。杨朔的《雪浪花》比起作者的其他散文名篇来，语言更为质朴自然，洗练灵巧，色调也更为恬淡清朗。它没有过多的彩笔渲染，没有令人心醉的荔枝蜜的黄灿晶亮和香甜，也没有火焰般的茶花的艳红和与之映衬的叶碧。它除去结尾处一片霞光的点染之外，几乎全是白描。然而，正是在白描素写里，语语平中见奇。如：

西天上铺着一片金光灿烂的晚霞，把老泰山的脸映得红彤彤的。老人收起磨刀石，放到独轮车上，跟着道了别，推起小车走了几步，又停下，弯腰从路边掐了枝野菊花，插到车上，才又推着车慢慢走了，一直走进火红的霞光里去。

好一幅恬静苍悠、撩人情思的夕归图！这幅画的笔触，自然得像天边缓缓舒卷的云朵，寻常得像路边一小蔟野菊花，明快得像老泰山一“收”、一“放”、一“掐”、一“插”的利落动作，而最末一笔，却是浸润着诗情的景语，映现着诗景的情语，是诗质语言，寓意深远。完成这幅图景的语句，极富散文句式灵活多变的参差美，语流的音调节奏，畅然明快，多变有致。

（五）小说戏剧语体风格特点

小说和戏剧语言的主要特点是性格化。无论小说还是戏剧，主要是塑造人物形象；场景的描写和情节的展示及发展，都要服从写人的需要。写人，主要是写人的性格、心灵。小说主要以记叙、描述的语言表达方式完成艺术形象的塑造，因而它的语言特点大致与文艺语体及其中的文学散文语言特点、形式相同，小说中尚有不少对话，因而它还兼有戏剧语言的某些特点。戏剧语言（有人划为与诗歌等并列的语体不无道理；但从语言表达方式的分类来讲，仍属散文体，这也是一种习惯的语体分类）则更有自身的特点，即除个性化之外，还应是口语化和具有动作性、场景性。戏剧语言从开场到结束，整个人物形象的塑造和所伴随的剧情的开端、发展、高潮、结尾，几乎全以对话形式来完成（有的加旁白），因而语言必须有鲜明的个性特征（包括身份、年龄、职业、经历、习性以至文化层次、情感特征等）。剧中对话，总是在特定场面中，受此时、此景、此情和此对话对象、氛围等特定条件的限制，不超越所提供的特定条件，因而使得对话语言，具有与特定场面协调的场景性；人物的内心世界、性格特征的展示、剧情的推动，往往借助于“动感”强烈的语言，并仰赖外部动作性强的对白。戏剧对白，应是动作性极明显的；剧中的人物对白，实际是将生活场景的对话搬上了舞台，因而很接近口语，具有种种口语的风格特色，自然是经过艺术加工的。戏剧语言是艺术加工的书面口语，或者说是书面口语的艺术化。它既要与日常口语形式基本保持一致，又要不失艺术语体的特质。优秀剧本的语言，无论因个人表现风格的差异，还是因题材内容的差别而不尽相同，但多应是简练、含蓄、富于诗意诗情，甚而寓含人生哲理的；它不仅要求“富有浓厚的近似对象原型”的生活气息，更需要剧作者赋予剧中角色的对白以动人心弦、启人深思的艺术魅力。

戏剧语言的种种特点，要求在语言形式和修辞手段上与之相适应。多用短句、省略句、非主谓句、叹词句、疑问句、祈使句、感叹句，以及刻画人物性格特征、展示人物感情流向、揭示人物心理活动、显示外部动作的修辞格式，如呼告、示现、双关、婉曲、对比、比拟、比喻等。

辛弃疾：嘟，罪犯雪满江，来至大堂你为何不跪?

江贞：我雪满江何罪之有?

辛弃疾：你可知“盗贩私茶者抵罪”?

江贞：哼！岂不见我黎民百姓食不果腹，衣不遮体，白骨成山，哀鸿遍地，难道让我们活活等死吗?

辛弃疾：这……你们集结刁民，不服拘捕，挟持兵仗，攻城夺地，你罪不容诛!

江贞：当今昏王无道，各级官吏横征暴敛，我百姓不甘于水火之中，盟誓结义，奋起抗击，何罪之有!?

辛弃疾（无言以对）这……

江贞：（越说越气愤）忍看西北中原山河破碎，血流成河，坐视侵寇铁蹄践踏国土，屠杀百姓，你难道就不感到羞愧吗?

辛弃疾：（戳至痛处）啊!

江贞：难道你手中的龙泉剑就是专来对付我们的吗?!

辛弃疾（惊视江贞）哦……

辛明：大胆，再敢胡言乱语，管叫你皮开肉绽!

辛弃疾：放肆，退后。（离座走近江贞，绕江贞踱步）此话直戳心深处，此声隐隐甚耳熟，身形楚楚何相似，莫非她……?! 呀，胸涛突起难平伏。（趋前压低声音）

你可是江贞？

江贞：（闻言不由仰面相视，亦悲亦怨）你……（目光相撞的一瞬，又猛然转身掩面）

辛弃疾：你，你你你真是江……（突止）

周洪：（念）圣旨曰："近悉茶商军残余有集聚之势，雪满江乃茶寇要犯，为免生意外，敕令辛弃疾于明晨五更时分将其斩首。钦此。"

[辛弃疾震惊]

[叠音回荡："明晨五更时分将其斩首。"辛如雷轰顶，晕厥，辛明急上前扶住]

辛明　辛大人，辛大人！

[光暗]（杨利、单良全《长剑悲歌》）

这段对白，充分体现了戏剧语言的诸种特点及其相应的修辞手段。只是因为是新编历史剧（主人公辛弃疾），对白中有较浓的文言色彩。

五、科技语体风格

科技语体是在全民语言基础上为适应科学技术内容和交际范围的需要而形成的特点的体式。科技语体的功能是客观准确说明自然、社会及思维现象，并论证支配这些现象的客观规律，从而为促进生产力发展、推动社会和科技自身的进步服务。

科技语体因交际范围、对象、目的及科技门类等方面的不同，可分为专门科技语体和通俗科学语体两类。专门科技语体一般用于科技学术论文、科技专著、科技教材、科技报告、科学考察报告、实验报告等；通俗科学语体用于各种普及性通俗科技读物、科幻读物等。

（一）专门科技语体的风格特点

精确、简洁、谨严是科技语体的基本特点。无论是对自然、社会、思维现象的说明，还是对其内在的客观规律的论证，都必须高度地"如实"，纯粹地"客观"，不能掺杂半点对"现象""规律"的虚浮和扭曲，不能在逻辑推理上出现差误，这就要求标记客观事物现象、概念的符号——词语的高度准确性，不生歧义，不出另解；表述事物现象的性质、状态、特征的界说及事物现象的关系，论证现象内部规律的客观性、逻辑性等的句式和限定性词语要严密、准确，要与证论对象的高度吻合，无隙无缝，无多余的繁言冗语；还要求词语与词语之间、句与句之间衔接紧凑谨严，达到最大限度的密度；尤其对显示种种逻辑关系的关联词语，避免误用、滥用。语言精确、简洁、严谨，方能使科技原理之所论，具有无懈可击，无可辩驳的逻辑效果，从而增强论证力可信性，力求将指导科技实践的失误性，降低到极有限的范围内。

另外，科技语体还在词语、句式及非语言手段的表达上，呈现一些特点，即专业术语性、句式的单一性、符号的显示性。

①“交换”概念实际上是一个具有普遍性的属于哲学范畴的概念。交换是指由付出到获取的方式和过程。从静态看，交换是由交换者、交换对象和交换手段构成；从动态看，交换由交换起点、交换程序和交换结果构成。科学证明，非生物界之间，生物界与非生物界之间，人与自然界之间，人与人之间以及人们的思想等都在进行交换活动，以达到互相补偿的目的，维持其存在和发展。“交换”的特点具有价值指向性、客观性、互补性和历史的继承性。“交换”的功能和作用则表现在：它使事物间互补、渗透、联结，使整个世界统一起来；它是事物间产生对立统一的根源；它使人的价值得以实现；合理的交换是社会稳定和顺利发展的保证；人们在实践活动之外所产生的认识，都可以从交换中得到说明。（李胜光、郑美玲《论交换概念的哲学意义》）

②我们知道，天体内部的“引力”和“斥力”的矛盾，是根源于物质内部要素相互间的能量、物质的交换。科学试验证明：当粒子A发射出那个被交换的粒子时，它就向后运动，以使动量守恒。每当粒子B接收交换的粒子时，它也因同样理由而向后退。由于被交换的粒子来回弹跳，粒子A和B就向互相远离的方向运动，以致它们似乎遭受到一种压力。但是，如果被交换的粒子沿着飞去来器的路线运动，从粒子A的后面发向粒子B的后面，那么，这两个粒子就被推得相靠近，似乎受到一种吸引力的作用。所以引力和斥力都是交换粒子的结果。（李胜光、郑美玲《论交换概念的哲学意义》）

③我国的酸雨主要是硫酸型，其源于空气中的二氧化硫污染。原因是大量使用煤来发电、取暖和做饭；石油的使用量不断增加；对土法炼硫和土法炼焦未能严加控制造成。

煤、石油 $\xrightarrow{\text{燃烧}}$ 二氧化硫 $\xrightarrow{\text{遇水蒸汽}}$ 酸雾 $\xrightarrow{\text{随雨降落}}$ 酸雨

我国酸雨的分布很广，以秦岭——淮河以南地区的大一些城市存在比较普遍，主要集中在西南地区，以贵州省最为突出。

上述三例，均体现专业科技语体精确、简洁、谨严的特点。例①是对交换概念的哲学意义的高度概括。仅用300余字，就将“交换”的学科范畴、概念定义，由不同视角所产生的不同“构成”，存在与发展的基础、特点和功能的众多内涵，包容无遗。句式基本是单一的，即主谓句、完全句。例②是对“交换对事物发展的功能”的一个方面的论证。大量的专业术语出现，表示因果、转折、假设等逻辑关系的复句、多重复句及相应关联词语的密集而正确的使用，体现了高度精确和严密。这种精确、严密和缜密的逻辑论述，必然多用主谓长句（常用逗号将句中成分隔开）。这长句的附加成分，全是表示性质、范畴和逻辑关系等限定性词语，目的是使界说清晰。专业科技语体一般不用修饰性定语、状语，更忌用种种辞格手段，尤其是在理论层次较高的专业性极强的科技文体中。例③是对酸雨的类型、来源、造成的原因及在我国的大致分布，做简要的说明。文中用一图表显示酸雨的形成原因和过程。运用符号、公式、图表等一套非语言手段的特殊表达方式，在科技语体中是极常见的，它增加了说明、论证的简明性。

（二）通俗科技语体的风格特点

通俗科技语体用于普及性科技知识的通俗科技读物和科幻小说等，目的是增强可感性、体验性、可读性，起到广为传播科技知识、启迪科技智慧，引发科技兴趣和幻想作用。因而它有着与专业科技语体不同的特点。它在不影响科技知识的正确、可信的前提下，可以将口语（书面口语）和文艺语体的特点引入，使其通俗易懂、生动活泼、趣味盎然。在用故事小说形式介绍科技知识的体裁里，更是大量地采用多种描绘性词语、参差多变的句式以及使表达斑斓多彩、具体形象的修辞格式。自然，在这种语体中，专业术语、符号的辅助说明，是常有的。

①习习的春风送走了寒冷的冬天，花草、树木全都换上了绿装，整个大地一派生机勃勃。在充满绿色的世界里，人们也格外显得精神焕发。

是什么原因让人们偏爱绿色呢？大家为什么愿到绿色的树林、草地边散步、游玩呢？这不单是因为绿色让人觉得富有生气，更主要的原因是那里的空气清新，使人感到舒畅。

我们知道，人类和动物每时每刻都在进行着呼吸，呼出二氧化碳，吸入氧气。当空气中二氧化碳超过一定程度时，人们就觉得憋闷，甚至头脑发胀不舒服。二氧化碳越少，人们就越感觉空气新鲜。

植物的叶子在进行呼吸，只是它呼出的是氧气，吸入的是二氧化碳，这样，在树木、花草多的地方氧气就多，二氧化碳就少，因此，空气就显得格外新鲜。

另外，绿色的叶子对空气还有净化作用。在地球表面的空气中飞扬着大量尘埃微粒、这些尘埃有的是被狂风从大地吹入空中的；有的是烟筒中排出的；有的是人们在活动时使尘土形成了细细的粉末，弥漫在空中的。尤其是干旱多风的季节，在阳光下便可看见空气中飞扬着无数的小颗粒，这些尘埃污染了空气，使空气变得混浊。

绿色的叶子就好像过滤器一样，使空气得到净化，因为树木能够降低风速，阻挡风沙，使空中飘浮的微粒降到地面。还有，树木的叶子大多表面粗糙，并有很多小纹络，有些还能分泌黏液或油脂，这样，空气中的尘埃很容易吸附在树叶上。大面积的树林和绿色植物，就像吸尘器一样，吸掉了空气中的尘土微粒，同时，一些有毒气体也就一并被吸掉了，空气被绿色叶子过滤后，自然要干净清新多了。

……（安平《绿色加工厂》）

②马利一个猛子扎下去，潜进海里。

一个黑蜮蜮的铁家伙朝他们轻轻地开来，是一艘潜水艇。开潜水艇的竟是马利的死对头铁甲龟。原来白胡子富翁从铁甲龟那里买来的“蜡像”变成活的，走了，他气得给铁甲龟打电话；要铁甲龟归还他的1000金币，外加飞机运输费。

铁甲龟得知马利复活，心中也害怕起来。他知道，在这个世界里，只要马利还活着，他的日子总好不了，随时会被马利押回游戏卡里，继续在游戏机里当马利的靶子，又苦又累名声又不好。

于是，铁甲龟坐着飞机，赶到大沙漠。然后，一路打听，顺着马利的旅途，赶到大海边。他租了一艘潜水艇，秘密跟踪“随风号”。现在，眼看马利他们就要登陆了，他决定悄悄下毒手了。

可是他把潜水艇开得再隐蔽，还是被马利发现了。

马利立刻返回海面，一面招呼大家快游，一面掏出一只黑颜色的蘑菇，往海里扔去。

这是只墨弹蘑菇。海里立刻漆黑一团。铁甲龟从那望孔里往外看，黑黑的一片。他失去了攻击的目标，不由长叹一声……（庄大伟《超级马利传奇》）

例①是一段通俗科技读物的节录，主要介绍绿叶对空气的净化和对环境的美化作用。

与其说是通俗科技读物，还不如说是知识散文，因为基本上是用散文笔调介绍知识的。其中不乏形象色彩、感情色彩较浓的词语、多变的句式，加上比拟、比喻等辞格的运用，显得生动有趣。这类文章，往往给人以清新、亲切的语感，舒缓、轻松、娓娓道来的语调，说明行文时适当注意了音调的调整。例②《超级马利传奇》是一篇科幻童话小说，描写马利在科幻世界的奇特经历。海洋生物知识的介绍，完全是用小说样式，既活灵活现地塑造了勇敢机智的马利形象，更借以将读者（主要是小读者）引入一个迷人的神奇世界；可谓将知识教育、品格教育和审美教育融为一体。语言材料、形式、手段，基本与一般小说语体相同，尤其多用比拟、比喻、借代、夸张等辞格。有的科幻小说，比拟手法贯通全篇。这类语体中，自然常有科技术语出现，而且以形象地介绍科技知识为主要目的。

六、公文语体风格

公文语体是在全民语言的基础上为适应事务交往目的而形成特点的语言体式。公文语体又叫事务语体。公文语体与社会生活有着密切的、广泛的联系。社会事务不管有多么广泛、复杂，与之相应的文体名目不管有多么繁杂，其用语均属于公文语体。它的主要功能是在各级国家机关、社会团体之间、企业事业单位之间、社会个体成员之间起联系、传达、交流作用。公文语体用及的公文范围，包括党和国家机关的文件、条约、法令等，社团和企业事业单位的合同、规章、协议书、声明、广告、启事等，社会个体成员的借条、书信、感谢信等。公文中的日常事务性文体，叫应用文。

公文因立文者和受文对象的层级、公务内容和目的等方面的不同，语言特点在共有点之外也有相异之处。同时，由于时代的发展变化，在用语上必然打上时代印记。有的公文，如命令、指示、声明等，因立文者的传统习惯的不同，也不完全拘于统一的程式，尤其在语言风格上还有一定的各自的特色。

（一）公文语体的语体特点

公文语体因其自身特有的事务交往功能，必然以“眉目清楚、目的明确、语句通达、简洁质朴、是非鲜明”为语用的标准。

1. 准确性

国家机关、社会团体、企业事业单位及个人之间的事务联系，关系重大。它直接关系到国家的施政管理和社团、企业事业和个人事务处理所带来的切身利害。因而，对时间、地点、人、事的表述，必须准确无误做到“实叙其事，从某年某月日而来，从何地何人证据，一一叙明，语言确凿，不得一词娇艳，毋庸半字虚浮”（洪秀全语）。这就要求词语义、句意最大限度单一化，最大可能地排除多义性、模糊性，对词、句及限制性成分潜心斟酌，如在较多运用的介词短语、联合短语上，需要反复推敲。同时，在一些公文中，如法律条文之类，要选择具有高度概括性的、能准确限定范畴的词语加以说明，譬如“的”字短语和复杂结构的长句、肯定句、否定句等。公文语体，一般不讲究语言的艺术化，不要求含蓄动人，而要求准确地表达意图，不能模棱两可。

2. 简明性

公文用于事务交往、联系，从办事的效率和社会效应考虑，内容应当简明扼要、清楚明确，句句落在实处，语语切中问题所在；不需要过多的说明和论证，尤其是语言要简清明快，不能隐讳生涩。即便是报告等公文，除特殊情况之外，也不宜长篇大论，大写特书，千字左右即可。为此，词语的组合，句子的衔接，要求紧凑谨严而不松散，也可适当运用一些文言词语和仿古句式。公文的语言要求严格，尤其忌用形象感情色彩较浓的描绘性词语，如双声迭韵词、迭音词、摹状的形容词，还有口语词、方言词（尤其是土语）以及生僻词语和谚语等。

3. 规格性

公文的文体样式，大都是程式化、模式化的。因此体现这类文体的语言形式，在一定程度和范围内，也带模式色彩，随意性是极有限的。它往往有一套专门性词语、句式、行款。体现规格性的词语，“兹因”“特此”“欣悉”“值此”“事宜”“竭诚”“洽谈”“谨启”等，以“对于”“关于”“为了”“按照”“依照”等介词组成的介宾短语，以“严加”“予以”“准予”等组成的带非名词性宾语的句式，以“凡……者”等构成的文言句式。法律条文中句式也有一定范围。

（二）广告的语体风格

随着改革开放、市场经济带来的社会巨变，商业性的广告引人瞩目。不少都市的商界掀起了广告大战，荧屏、广播和报刊的广告汇成了“叫卖”的汪洋大海。“……这就是广告的威力。一则深得人心的广告，犹如一曲广泛流行的小调，是任何人力权威都无法消除和毁灭的。能制造一则成功广告的策划者，就是一位商界的成功者。”（程乃珊《我，这样看广告》）商业性广告受到时代浪潮的冲击，已从传统的模式中挣脱出来，从内容到形式，做真善美的追求。“广告是现代文学中最难写最有趣的一种形式。”（英·赫胥理）足见广告已向文学样式倾斜。从广告的现状看，不仅注重广告文的布局与构思，更注意语言的艺术性，从而将大量的文艺语体的语言形式、修辞手段引入，而且是竭力地奔着获得最大经济效益、社会效益的目标而呕心沥血。从某种程度上讲，广告反映了一个国家的文化，一个国家的人民的理念与追求。自然，必须反对和抵制那些庸俗、低劣、令人作呕、伤风败俗的广告。

广告的浪潮，把广告自身推举到众多应用文的重要位置上而成为一种特殊的文体，它的语体特点也随之起着变化，有待专门研究。

①《中国青年》在她的第 70 年将有一个新生

本刊明年扩版：48 页→64 页

1993 年——

把握思潮与展望趋势是《中国青年》的任务

服务青年与具体指导是《中国青年》的宗旨

青春活力与现代节奏是《中国青年》的特色

干预社会与理性思维是《中国青年》的优势

1993 年《中国青年》将迎来 70 岁生日。光荣与梦想伴随《中国青年》风雨 70 年，而今天，站在世纪之交的门槛上，《中国青年》的生命之旅是——更新。

1993 年《中国青年》将从 48 页扩为 64 页，扩版后的《中国青年》奉献给读者的将是全新的内容和更多的信息。当来年的《中国青年》展现在读者面前时，我们有信心说：《中国青年》经历了 70 年的风雨，但她的每一页都是崭新的，她的生命依然是年轻的！

②清妃香水——献给变化多姿的你！

这香水有些特别，来自法国，却拥有一个中国名字。她先让你感觉有些中国古宫廷的神秘，随着时间的推移，那香味会显出浓郁的法国情调，越来越浪漫。飘散清妃香味、漫步街头的你，每一款步尽显古典的浓情和异域的浪漫。

浓浓香氛几许，款款心香无限

（地址：本市各大百货商店）

法国莱莉雅公司

上海家用化学品厂合作生产

③时代呼唤人才 人才需要口才

欢迎您订阅《演讲与口才》

在新的一年里，《演讲与口才》只有定价维持现状

邮发代号 CN22—1020。全年定价：14.4 元。

例①是《中国青年》“扩版”的广告。改革开放浪潮中，书刊亦商品化，为在竞争中立于不败之地，极力发挥广告语言的宣传力、影响力。这则广告在格式上，词句上，都有所突破、创新。词语的感情色彩、比拟、排比的运用，特别是刊物在 1993 年的新任务、宗旨、特色等的表述上，注重音节数的整齐匀称，句式中词语结构的对称安排，使四个排句更具有高度概括力，强烈的节奏感。尤其值得提及的，是四个句子主宾成分搭配得十分贴切，表意准确、深刻。广告下端的附言，用的几乎是散文笔调，但它的描绘性、表情性言词，用得稳妥适中，因而使得整则广告富于庄重色彩，充分表现了制作者的语言功力。这种在激烈竞争中的富于时代感而又十分得体的广告风格，值得提倡。例②是清妃香水的一则广告，宣传清妃香水之妙，字里行间漫溢着香水味，神秘而浪漫，那“每一款步尽显古典的浓情和异域的浪漫”等语辞，对当代的一些追求故国高雅、异国风情的女青年来说，是有较强的吸引力的。语调一反声嘶力竭，而是娓娓道来的女生的轻柔，极易流入当代女性的心田。词语的表情性、描绘性及对偶辞格（文末一副对句）的运用，将会给这则化妆品广告带来可观的经济效益。例③是《演讲与口才》的一则广告。这则广告，与众不同，寥寥数语，获最佳效应。正文以顶接和宽式对偶套用的句子，概括了口才的时代需求，人才的口才需求。“在新的一年里，《演讲与口才》只有定价维持现状。”这是绝妙的、智慧的宣传语言，一语顶百言，意味深长。该刊物在新的一年里的新的面貌和追求，字面上未曾明说。这种“意在言外”的含蓄手法实在高超。其妙处还在于既昭示了刊物将有新的腾飞，又在字面上明白地说明定价之稳定。在一语说明订价如常之中寓示广告的主要意图，可谓是醉翁之意在酒亦不在酒，一箭双雕。广告构思奇巧，表达灵慧，饶有兴味。同时，宣传效应和宣传自身的经济效益，都已获得，可谓巧妙之至。

七、语体与文体的适应和发展

文章有体裁之别，语言有体式差异。文体与语体之间，往往存在着一定的对应关系，如政论语体适用于政论文章，文艺语体对文学的种种样式有较强的适应性，科技语体与科技文体，公文语体与公文文体，也是如此。社会向前发展，自然科学与社会科学也随之发展，必然引起学科之间的交接、汇融，大量出现边缘学科。这样，文体与语体之间的相应性，在一些学科范畴中，要受到不同程度的冲击、突破，出现新的文体和新文体

中语体的兼用现象。例如在杂文中，政论语体和文艺语体一定程度上汇融；科幻小说中，科技语体与文艺语体一定程度上汇融；诗剧中，韵文体和戏剧体语言一定程度上汇融；当代广告中，公文语体与文艺语体、政论语体、科技语体一定程度上汇融。只是这种汇融和交接，因交际的目的、内容、对象、新文体自身的文体类属不同而有所侧重；或以某语体为主，辅以别样语体，这就是一般所说的语体交叉。一种文体中使用交叉性语体越来越常见，这是时代科学飞速发展的需要和必然趋势。

后　记

河北大学文学院出版“河北大学文学院教授文库”，对发扬教学优良传统、加强学科建设、培养后继人才有重要意义。本人教学科研成果作为文集也忝列其中，感到十分荣幸。感谢文学院张朋钊老师、陈双新老师、武文杰老师的大力支持和帮助。感谢文学院语言学及应用语言学专业的硕士研究生帮助制作此书的电子文稿，他们发挥团队精神，克服困难，付出了艰辛劳作，令人感动，深表感谢。他们是董艺文、高彩云、周映萱、张锦、王娇、孙丽楠、齐孟远、侯世钦、李渊然。同时也感谢陈英杰、王亚彬二位老师的关心和帮助。最后还要感谢我的先生彭黎明，是他帮助收集我的文章与专著编辑成文集，并进行校订。

所有美好记忆，永存心中。

罗淑芳

2022年11月11日